心理关羽
ISBN: 9787564573690
This is an authorized translation from the SIMPLIFIED CHINESE language edition entitled《心理关羽》published by 郑州大学出版社., through 陈禹安, arrangement with EntersKorea Co.,Ltd.

심리학이 관우에게 말하다 ①

현대 심리학으로 읽는 삼국지 인물 열전
심리학이 관우에게 말하다 ①

펴낸날 2023년 7월 10일 1판 1쇄

지은이 천위안
옮긴이 유연지
펴낸이 강유균
편집위원 이라야 남은영
기획·홍보 김아름 김혜림
교정·교열 이교숙 정아영 나지원
경영지원 이안순
디자인 바이텍스트
마케팅 신용천

펴낸곳 리드리드출판(주)
출판등록 1978년 5월 15일(제 13-19호)
주소 경기도 고양시 덕양구 청초로 66 덕은리버워크지산 B동 2007호~2009호
전화 (02)719-1424
팩스 (02)719-1404
이메일 gangibook@naver.com
홈페이지 www.readlead.kr

ISBN 978-89-7277-377-1 (04320)
978-89-7277-603-1 (세트)

* 잘못된 책은 바꾸어 드립니다.
* 책값은 뒤표지에 있습니다.

◈ 현대 심리학으로 읽는 삼국지 인물 열전 ◈

천위안 지음
유연지 옮김

심리학이 관우에게 말하다

1

의리를 무기로 천하를 제압하다

리드리드출판

◆ 추천사 ◆

현대 심리학으로 충의의 표상 관우를 들여다 보다

위·촉·오가 천하를 삼분하여 호령하던 중국의 삼국시대에는 그 어느 시대보다 인재가 넘쳐났다. 그러기에 판세를 엎치락뒤치락하는 수많은 책략과 전술이 펼쳐졌다. 《삼국지》에는 수많은 인물이 복잡하게 등장하고 피비린내 나는 전쟁과 권력투쟁이 수없이 벌어진다. 각 등장인물이 보여준 파란만장한 이야기와 그들 나름의 생존기술과 지혜는 시대를 막론하고 교훈과 감동을 준다. 나는 이것이 《삼국지》가 세대를 뛰어넘어 사랑받는 이유라고 믿는다.

시대가 영웅을 만든다고 했던가! 삼국시대에는 걸출한 인물들이 저마다 눈부신 업적을 남겼다. 이 시대를 살다간 수많은 영웅은 시대가 흘러도 여전히 역사에 남아있다. 세 나라가 천하를 다투는 상황에서 뛰어난 모사의 지략은 나라의 흥망을 좌우할 정도로 중요했다. 그들은 피바람이 몰아치는 난세에 목숨 걸고 싸우면서 지혜와 능력을 길렀다. 그 결과 역사적 경험과 교훈을 남기며 세월이 흘러도 수많은 가르침을 주고 있다.

저자 천위안은 '현대 심리학으로 읽는《삼국지》인물 열전 시리즈'의 인물로 우리에게 가장 큰 영향력을 발휘하는 조조, 제갈량, 관우, 유비, 손권, 사마의를 선택했다. 심리학을 통해 이들의 삶과 삼국시대의 이야기를 재해석한 방식은 이제껏 접근하지 못한 새로운 방식이다.

이러한 참신함에 다양한 의문을 제기할 수 있겠으나 반드시 짚고 넘어가야 할 질문은 두 가지다. 하나는 현대인의 시선으로 2천 년 전에 살았던 인물들의 심리를 추측하는 것이 과연 신빙성이 있는가? 좀 더 직설적으로 표현해 심리학적 분석이 과연 역사 연구에 도움이 될 수 있느냐이다. 다른 하나는 조조, 제갈량, 관우, 유비, 손권, 사마의를 '현대 심리학으로 읽는《삼국지》인물 열전 시리즈'의 인물로 택한 것이 타당한가? 이들이 과연 삼국시대를 대표하는 인물일까? 나는 평범한 독자의 시각에서 이 두 가지 문제를 생각해 보려 한다.

심리학은 근현대에 발전한 사회과학이다. 이것으로 2천 년 전 난세 영웅들의 심리를 분석하고 해석하려는 시도는 대단히 흥미롭고 학문적 의미도 크다. 천위안의 '현대 심리학으로 읽는《삼국지》인물 열전

시리즈'는 처음부터 끝까지 철저하게 심리학적 각도에서 역사적 인물을 분석한 최초의 작품이다. 심리분석을 통해 인물과 시대를 해석한 것은 방법적인 측면에서 이의를 제기할 수 없다는 뜻이다. 마치 근대 고고학에서 탄소14를 이용해 유적이나 유물의 제작 시기를 분석하는 일에 비견할 수 있다. 과학과 수학, 통계학을 활용해 고대 역사를 연구하는 것처럼 심리학이 역사 연구의 또 다른 도구가 될 수 있다는 것을 보여준다.

물론 고대인과 현대인은 서로 다른 시대를 살고 있으므로, 오늘날의 시각으로 고대인의 의도나 당시의 실제 논리를 완전히 간파할 수는 없다. 이 점은 독자들이 유념해야 한다.

역사 고증의 목적은 역사 속 사실과 인물의 갈등을 찾아 대리 경험과 교훈을 얻는 데 있다. 또한, 역사적 사실에 다양한 소재를 가미시켜 이야기로 풀어내는 역사 연구(연희)는 '즐거움의 가치'를 지니고 있다. 역사의 재해석으로 현실의 삶을 깨닫고 전달하는 것이 바로 역사의 '현대적 가치'다. 그런 의미에서 이 책은 역사를 통해 깨달음을 얻는 데 머무르지 않고 현대적 가치를 발굴해내는 가치를 실현해내고 있다.

삼국의 주축은 위나라와 오나라이고, 촉나라(촉한)는 위와 오에 비해 아주 작은 땅을 차지한 나라이다. 삼국 중 가장 일찍 멸망한 촉나라가 삼국 역사에서 차지하는 부분은 극히 일부에 지나지 않는다. 하지만 촉나라는 삼국 중 통치가 가장 잘 이루어졌으며 한나라의 정통을 계승한 나라이다. 유비와 함께 촉나라를 세운 관우는 당시 엄청난 영향력을 발휘했다. 여러 맹장을 단칼에 날린 천하무적이었으며 그의 이름만으로도 적군을 사분오열시켰던 영웅 중의 영웅이었다. 삼국 역사의 기여도를 따지자면 삼국의 창시자인 조조, 손권, 유비의 기여도가 가장 크다. 이 세 사람이 세운 삼국의 영토 크기 역시 같은 순서이다. 하지만 민간에서의 영향력은 관우, 제갈량, 조조 순이다. 관우는 죽고 나서도 역대 제왕들로부터 십여 차례 봉작을 하사받았다. 건륭乾隆 32년에는 관성대제關聖大帝라는 칭호까지 받았다.

나 역시 삼국 역사에 관한 몇 권의 책을 냈지만, 기존의 연구 방법에서 탈피하지 못했다. 새로운 것을 개척해나가려는 창조 정신이 부족해 그저 문헌을 이용하여 재해석하는 수준에 그쳤다. 이런 내게 심리를 통한 역사 연구라는 좋은 사례를 보여 준 천위안의 도전은 소중한 귀감이 되고 있다. 이 책에 큰 동의와 큰 박수를 보낸다.

역사 연구가 장다커張大可

◆ 차 례 ◆

3부 홀로 말을 타고 천 리를 달리다

4부 다섯 관문에서 여섯 장수를 베다

1부

관우, 한나라에 투항하다

삶 자체는 눈에 보이는 방향대로 살 수밖에 없다.
하지만 생각은 물구나무를 서듯이 거꾸로도 할 수 있다.
만약 거꾸로 보는 시각으로 역사를 이해할 수 있다면
우리 인생에서 겪게 될 수많은 시행착오를 비껴갈 수 있을 것이다.

눈에 보이지 않는 약속이 목숨보다 중요하다

"관우關羽는 절대 항복할 자가 아닙니다!"

조조曹操가 아끼는 모사 곽가郭嘉가 한 말이다.

당시 주변 상황은 이러했다. 유비劉備가 이끄는 군대는 조조에게 참패를 당해 모두 뿔뿔이 흩어졌고 관우는 유비의 식솔을 대피시키던 중 조조의 군대에 포위됐다. 하지만 조조는 인재를 귀하게 생각했기에 차마 관우를 단칼에 죽이지 못했다. 결국, 조조는 사람을 시켜 관우에게 투항을 권유해 그를 부하로 삼고자 했다.

이런 조조 뜻을 알고 있음에도 곽가가 이렇게 말한 데는 이유가 있었다. 관우는 충성과 의리를 목숨처럼 생각하는 장수이기에 절대 투항할 리 없다고 생각한 것이다. 왜 그는 충성과 의리를 지키는 장군은 투항하지 않는다고 생각한 것일까? 충성스러운 사람은 충성 때문에 투항하지 않고, 간신은 그렇지 않으니 투항할 것이란 의미인가? 이는 그렇게 간단하게 답할 문제가 아니다.

여기에는 '약속 이행의 원칙'에 숨어 있기 때문이다. 사람들은 대개 어떠한 방식으로든 일단 약속하면 자신의 말과 행동을 일치시키기 위해 노력한다. 따라서 모든 행동은 자연스럽게 자신이 한 약속의 틀 안에서 움직이게 된다. 단, 외부의 강한 압력에 의해 자신의 의지대로 행동할 수 없는 경우는 제외한다. 또한 이러한 행동과 노력이 거듭될수록 약속이 지닌 구속력은 더욱 강해진다.

사람들이 이렇게 행동하는 이유는 자신의 생존과 지속적인 발전을 위해서다. 사람들은 말과 행동이 어긋나는 자기모순을 안 좋은 품성으로 여긴다. 종교적 믿음에 반하는 행동을 하거나, 말과 행동이 일치하지 않는 사람의 경우 우유부단한 사람, 성숙하지 못한 사람, 이중적인 사람으로 여긴다. 이는 사회에서도 마찬가지여서 이런 사람들을 인정해주지 않는다. 결국 이런 사람들은 사회로부터 버림받고, 사회에서 생존 자체가 불가능해진다.

약속을 한 사람이 받게 되는 구속력은 그 약속의 공개 정도와 정비례한다. 약속이 공개되어 알게 되는 사람이 많아질수록 그 약속의 구속력 또한 강해져 약속을 한 사람은 그 구속력에서 벗어나기가 힘들어진다.

10년 전 관우는 한 가지 약속을 했다. 당시 관우와 함께 약속에 동참한 자가 두 명 더 있는데 바로 유비와 장비張飛다. 이 세 사람은 격동의 시기에 함께 의기투합하여 새로운 세상을 만들고자 했다. 그들은 장비의 집 뒤뜰 복숭아밭에서 검은 소와 백마 등 제수를 차려놓고 향을 피운 채 다음과 같이 하늘에 맹세했다.

"유비, 관우, 장비가 하늘에 고합니다. 비록 성씨는 다르지만 이렇게 의형제를 맺었으니, 한마음으로 힘을 합쳐 곤궁하고 위태로운 나라를 구하여 나라와 백성을 평안하게 만들겠습니다. 같은 해, 같은 달, 같은 날에 태어나기를 바랄 수는 없지만 같은 해, 같은 달, 같은 날에 죽기를 바라오니 천지신명께서는 이 마음을 굽어 살펴주시옵소서. 만약 저희 중 의리를 저버리고 은혜를 잊는 자가 있다면 모두 함께 죽이소서!"

이 맹세는 관우의 일생에 매우 중요한 사회적 역할을 부여했고, 그가 '충의를 지키는 장군'으로 살아가게 된 근거가 되었다. 이처럼 '충성'과 '의리' 두 글자는 절대적으로 관우를 지배했다. 평생 이 두 글자에서 한 치의 어긋남도 없었던 삶만 보아도 관우가 얼마나 충성과 의리를 중요하게 여겼는지 알 수 있다.

도원결의가 만천하에 알려지자 그 약속을 아는 사람도 점점 많아졌다. 만약 세 사람 중 어느 한 사람이라도 그 약속을 어겼다면 온 세상 사람들로부터 버림받았을 것이다. 유비, 관우, 장비 이 세 사람은 그들이 한 맹세에 따라 눈이 오나 비가 오나 언제나 그림자처럼 함께 다녔다. 그 세월이 어느새 10년이 훌쩍 넘게 되었다. 그 오랜 시간 그들의 생각과 행동은 서로를 닮아가고 있었다. 비록 그동안 유비가 의탁할 곳 없이 떠돌아다니고 심지어 그가 모시는 주인조차 자주 바뀌었지만, 유비가 누구에게 의지하고 누구를 섬기든 관우는 단 한 번도 유비의 곁을 떠난 적이 없었다. 이 말인즉슨, 관우는 유비를 따라 다른 이에게 투항은 해도 유비를 배신하고 다른 이에게 투항하진 않는다는 의미다. 그리고 지금 유비, 관우, 장비는 모두 조조의 군대에 패배한 뒤 뿔뿔이 흩어진 상태였다. 이렇게 형제들의 생사조차 모르는 상황에서 관우가 유비를 배신하고 적장인 조조에게 항복할 수 있겠는가?

물론 조조에게 당한 참패에 승복하고 싶지 않은 마음도 있었다. 하지만 결과적으로 도원에서 한 약속을 지켜야 한다는 신념이 관우의 모든 행동을 좌지우지했기에 투항할 수 없었고, 감히 투항할 생각조차 하지 못하게 만들었다. 정말 '약속 이행의 원칙'에 그토록 큰 위력이 있을까? 아니면 관우에게만 특별히 구속력을 발휘한 것일까? 다른 사람에게는 과연 어떨까?

우리는 서한의 개국공신 중 한 명인 한신韓信의 예를 통해서도 이와 같은 현상을 살펴볼 수 있다. 한신에게는 이전에 한나라를 배반하고 자신의 세상을 만들 기회가 여러 차례 있었다. 한신이 제나라를 함락시켰을 때, 유방劉邦은 항우項羽와의 싸움에서 사면초가에 몰려 있는 상태였다. 이때 유방은 한신에게 급히 병사를 지원해달라고 요청했다. 항우 역시 사람을 보내 한신에게 자신의 편에 서달라고 종용하며 천하를 항우, 유방, 한신이 삼분하여 나눠 갖자고 설득했다. 이처럼 항우와 유방이 천하를 놓고 죽기 살기로 싸울 때, 한신은 천하의 판도를 결정지을 핵심적인 힘을 갖고 있었다. 즉, 한신이 한나라를 도우면 한나라가 승리하게 될 것이고, 초나라를 도우면 초나라가 승리하게 되는 형국이었다. 설사 둘 다 돕지 않더라도 한신은 어부지리로 이득을 챙길 수 있었다. 이렇듯 천하를 좌우할 열쇠가 바로 한신의 손에 쥐어져 있었다. 하지만 한신은 항우의 손을 잡아주지 않았다.

한신의 모사였던 괴통蒯通은 좀 더 특별한 방법으로 그를 설득했다.

"소인이 일전에 어떤 이를 만나 관상술을 배운 적이 있습니다. 제가 연일 장군의 관상을 살펴본 결과, 정면에서 보면 제후의 상에 지나지 않지만, 배후背後를 보면 귀하기가 이를 데가 없습니다."

괴통의 이 말에는 또 다른 의미가 내포되어 있었다. 여기서 '배背'라는 말은 '뒷모습'이라는 의미도 있지만 '배신'을 뜻하기도 한다. 즉 한나라를 배신하라는 의미였다. 하지만 한신은 괴통의 제안을 듣지 않았다. 시간이 흘러 결국 한신의 운명은 토사구팽으로 끝이 났다. 더구나 삼족이 모두 몰살당하는 비운까지 겪게 된다.

그날의 역사를 돌이켜볼 때 한신이 한나라를 배반하고 자신의 나라를 세웠다면 과연 천하의 주인은 누가 되었을까? 만약 그때 한신이 유방을 배신했더라면, 비록 군주의 자리에 오르진 못했더라도 나름 위풍당당한 위상은 지킬 수 있었을 것이다. 어디 그뿐인가? 죽음은 면치 못했다 할지라도 최소한 여후呂后의 손에 죽을 날을 기다리며 초라한 최후를 맞이하지는 않았을 것이다.

그렇다면 한신은 왜 유방을 배신하지 않았을까? 애초 한신은 항우에게 그다지 인정받지 못하는 존재였다. 관직은 낭중郎中에 머물렀고 직위도 집극執戟에 지나지 않았다. 그뿐만 아니라 항우는 한신의 말을 제대로 들어주지 않았으며 그의 계책을 무시했다. 하지만 유방은 달랐다. 그는 한신을 대장군으로 임명하고 삼군을 통솔할 권한을 내주었다. 그야말로 '일인지하 만인지상'의 자리에 오르게 된 한신은 크게 감격하여 유방에게 절을 올리며 말했다.

"자고로 나라를 통치하는 것은 군왕의 몫이고 군대를 지휘하는 것은 대장군의 몫이요. 불충한 마음을 갖고 있으면 군왕에게 충성을 다할 수 없으며, 심지가 흔들리면 적에게 맞서 싸울 수 없다고 하였습니다. 신, 이 자리에서 명을 받들어 전심전력을 다 할 것이나 어찌 폐하의 하늘과 같은 은혜를 다 갚을 수 있겠습니까?"

여기에서 한신은 자신을 '신하'로 낮추고 유방을 '폐하'로 존대했다. 그리고 유방에게 충성으로서 은혜에 보답할 것을 약속했다.

이 맹세를 계기로 이 둘의 관계가 명확해졌다. 약속을 지켜야 할 책임과 의무를 한신은 스스로 지게 되었다. '약속의 이행'이라는 보이지 않는 구속력이 항우와 유방이라는 두 갈림길에 서 있었던 한신의 선택에 영향을 미친 것이다. 오죽하면 한신은 죽기 직전에 이런 말을 남겼다고 한다.

"지난날 괴통의 말을 듣지 않아 이처럼 계략에 빠져 죽임을 당하니 분통하도다. 정녕 이것이 하늘의 뜻이란 말인가!"

이는 한신이 유방에게 했던 맹세에 심리적으로 큰 부담감을 느끼고 있었으며, 그동안 내면의 갈등으로 얼마나 힘들었는지 방증해준다.

시대의 간웅 조조 역시 약속 이행의 원칙에서 자유롭지 못했다. 당시 조조는 황제를 등에 업고 제후들을 호령했으며 모든 병권을 장악하고 있었다. 황제는 그야말로 허수아비나 다름없었다. 사실 조조가 마음만 먹으면 얼마든지 한의 주인 자리를 넘볼 수도 있었다. 그런데 그는 왜 그 선을 넘지 못한 것일까?

이 역시 '약속의 이행' 원칙 때문이다. 조조의 내면에서도 그 원칙이 작용했다. 물론 조조가 한나라 헌제獻帝에게 옥좌를 넘보지 않겠다는 약속이나 맹세를 한 적은 없다. 하지만 약속이란 것이 반드시 말로만 이루어지는 것이 아니다.

어떤 약속은 굳이 말로써 공식화하지 않아도 이미 내면에서 당연한 일처럼 따르는 경우가 있다. 봉건관료체제에서 한 사람이 관직에 입성하고 얼마나 높은 자리까지 오를 수 있느냐를 결정짓는 것은 조직 내 최고 수장인 황제에 대한 충성도와 조직에 대한 기여도다. 하지만 후자(조직에 대한 기여도)의 경우는 그다지 중요하지 않기에 결국 지위의 높낮이는 곧 황제에 대한 충성심을 상징했다. 따라서 조직 내에서 그 지위에 걸맞은 충성도를 기대하는 것은 당연한 반응이었으며, 그 기대치는 지위가 높아질수록 더욱 커졌다.

군왕이 신하에게 더 높은 관직, 더 많은 포상, 더 나은 대우를 해줄수록 신하의 충성도는 더욱 높아질 수밖에 없다. 그러니 신하에 입장에서 충성은 반강제적인 것이다. 하물며 조조는 신하로서 최고의 위치에 올라 심지어 '위왕魏王'이라는 작위까지 받았으니, 사회 여론이 그에게 기대하는 충성도가 얼마나 컸을지 충분히 짐작하고도 남는다. 상황이 이렇다 보니 당연히 충성에 대한 심리적 압박감은 조조에게 엄청난 스트레스였다. 그렇다고 경거망동할 수도 없는 노릇이었다. 자칫 한 번의 실수로 그의 인생이 천당과 지옥을 오갈 수 있기 때문이다.

일전에 손권孫權이 조조를 황제라고 부르자, 조조는 그의 속셈을 간파하고 크게 웃으며 말했다.

"네놈이 나를 화롯불 위에 올려놓고 구우려 드는구나!"

그뿐만 아니라 조조의 측근들 역시 제위에 오를 것을 청했다.

"지금의 한나라 황실은 쇠락을 면치 못할 것입니다. 천하에 오직 덕이 있는 자만이 군왕에 오를 수 있는 법, 승상을 황제로 청하는 하는 것은 천명을 따르는 일입니다."

하지만 조조는 그들의 청을 받아들이지 않았다.

"그만들 하시게. 만약 하늘의 뜻이 정녕 그러하다면, 나는 주나라 문왕文王이 되고 싶네."

여기서 말하는 주나라 문왕 희창姬昌은 주왕紂王을 몰아내고 나라의 기반을 닦아 아들인 희발姬發에게 주나라를 물려주었다. 그가 바로 주나라의 무왕武王이다. 조조의 말의 핵심도 바로 여기에 있었다. 즉 자신 역시 아들을 황제로 만들겠다는 뜻이었다.

충성을 저버린 자가 치러야 할 냉혹한 비난, 그 비난에 대한 두려움이 조조 심리를 압박한 것이다. 약속을 저버린 대가의 위력이란 바로 이런 것이다. 그렇다. 약속 이행의 원칙 앞에선 그 누구도 예외일 수 없다.

한편으로 이런 질문을 던지는 사람도 있을 것이다. 이 세상에 널리고 널린 것이 배신자가 아닌가? 누군가는 배신으로 더 많은 것을 얻기도 하지 않는가? 자, 그럼 이제부터 정말 '약속의 이행' 원칙을 저버렸을 때 어떤 일들이 나타나는지 살펴보자.

◈ 심리학으로 들여다보기

큰일을 이루고자 할 때는 다른 이가 약속을 잘 지키도록 만드는 것이 중요하다. 스스로 약속을 잘 지키는 것은 자기 의지로 가능하지만 상대가 약속을 이행하지 않으면 계획 자체가 무산될 수 있다. 자기 계획의 영향력 아래 있는 모든 조건을 점검해야 한다는 것이다.

신뢰를 저버리면
반드시 대가가 따른다

여포呂布는 삼국에서 천하무적이라고 불릴 만큼 용맹한 장수였다. 그렇다면 여포의 최후는 어땠을까? 여포가 조조의 손에 죽었다고 말하는 사람은 그가 조조에게 굴복당하자 목을 매고 죽었다고 말한다. 또 여포가 유비 때문에 죽었다는 설도 있는데, 유비가 여포를 위험에 빠트려 조조가 여포를 죽이는 데 결정적인 원인을 제공했다는 것이다. 사실 이 이야기는 그냥 여담일 뿐 진짜 원인은 따로 있다. 여포가 죽게 된 이유는 '약속의 이행' 원칙을 간과했기 때문이다.

여포는 어릴 적에 양아버지를 섬겼다. 양아버지의 이름은 정원丁原, 자는 건양建陽이다. 그런데 동탁董卓이 권력을 장악한 뒤 당시 병주자사幷州刺史였던 정원과 부딪히는 일이 많아졌다. 급기야 동탁과 정원의 세력이 전투를 벌이게 되었다. 하지만 여포를 대적하기에는 역부족이었던 탓에 전투는 결국 동탁의 참패로 끝나고 말았다. 그러자 동탁은 여포를 자신의 수하로 만들기 위해 계책을 세웠다. 그는 이숙李肅이란 자에게 적토마 한 필과 황금 천 냥, 명주 수십 개 그리고 옥대 한 개를 주고 여포를 찾아가도록 했다.

이숙은 여포와 같은 고향에서 자라 누구보다 여포에 대해 잘 알고 있었다. 그러나 그는 여포를 그리 좋게 평가하지 않았다. 그가 생각하는 여포는 한마디로 무식하게 힘만 세고 필요에 따라 행동하는 기회주의적인 사람이었다. 하지만 이숙 역시 양면성을 가진 자였다. 그는 진귀한 하사품으로 사람의 끝없는 욕심(심리학에서는 이를 '문간에 발 들여놓기 효과'라고 말한다)을 이용해 여포를 마음을 흔들어 놓았다. 놀랍게도 그 방법은 적중했다. 여포는 정말 뒤도 돌아보지 않고 정원을 죽인 뒤 동탁의 수하가 되었다.

친부자 관계는 본래 암묵적인 약속 같은 것이 있다. 둘 사이를 말로 명확하게 규정하긴 어렵지만, 아버지가 아들을 사랑하고 아들은 아버지를 공경하는 것은 인간으로서 당연한 도리다. 하지만 똑같은 약속이라도 양아버지와 아들 사이의 약속은 친부자간의 경우보다 훨씬 강력한 힘을 발휘한다. 친부자는 자연의 섭리로 형성된 관계이기에 좋든 싫든 인위적인 선택으로 바꿀 수 있는 것이 아니지만 양아버지와 아들의 관계는 이야기가 다르기 때문이다. 이 둘은 어떠한 혈연관계도 없으며 오직 서로의 자발성에 의해 선택되고 맺어진 관계다. 이러한 관계는 일종의 '계약관계' 또는 '공개적인 약속'과도 같다. 즉 계약으로 맺어진 관계인만큼 당사자들 모두 반드시 이를 지켜야 할 책임과 권리를 갖는다. 다만 이렇게 맺어진 약속의 구속력은 내면에 존재하기에 특별히 그 약속에 대한 책임감을 강하게 느끼는 상황이 아니고선 일방적인 노력만으로 약속의 관계를 유지하기 매우 어렵다.

여포는 정원을 양부로 삼은 이상 자신이 해야 할 도리와 책임감을 느껴야 마땅했다. 그러나 두 세력 간의 힘겨루기가 시작되면서 동탁의 적토마를 선물 받은 여포는 아무 거리낌 없이 관계를 산산조각 내버렸다. 더욱 불행한 사실은 그가 인간적인 도리만 어긴 것이 아니라 '아버지'를 무참히 살해하는 대역무도한 짓까지 저질렀다는 점이다. 여포가 정원을 살해했을 때 내세운 명목은 이러했다.

"내가 정원을 죽인 이유는 인仁과 거리가 먼 사람이기 때문이다."

여기서 끝이 아니다. 여포는 또 한 번 경악할 만한 사건을 저질렀다. 그가 막 동탁의 수하로 들어갔을 때 동탁은 무릎을 꿇어 존경의 표시를 할 만큼 남다르게 예우했다. 만약 여포가 현명한 사람이었다면 동탁이 그처럼 자신에게 예를 갖춰줄 때 조금은 자중하는 모습을 보였을 것이다. 그랬다면 세상 사람들로부터 그토록 서슬 퍼런 질타는 받지 않았을 것이다. 하지만 여포는 동탁을 자신보다 낮은 자리에 앉혔으며 심지어 무릎을 꿇은 채 절까지 하게 했다. 그리고 다음과 같이 말했다.

"내가 오늘 불의의 세력을 처단하고 정의를 실현했소. 내 그대를 나의 양아버지로 삼고자 하오."

동탁은 흔쾌히 그의 제안을 받아들였는데 여포는 그렇게 또 한 번 스스로 양아버지를 만들었다. 하지만 새롭게 맺어진 부자 관계의 결속력도 그리 오래가지는 않았다. 사도司徒 왕윤王允이 치밀하게 짜 놓은 덫에 걸려든 여포가 또다시 제 손으로 '양아버지'를 죽이기 때문이다.

약속에는 보이지 않는 힘이 존재한다. 따라서 그것을 어기려 할 때는 반드시 내면에 반작용이 일어나게 된다. 하지만 세상에 단 하나뿐인 적토마와 절세미인 초선, 이 둘은 여포 내면의 반작용을 꺾을 만큼 강렬한 충동을 불러일으켰다. 결국 두 양아버지의 목숨과 바꾸게 되는 비극을 초래한다. 물론 여포의 두 양아버지, 특히 동탁은 수많은 백성에게 증오의 대상이었다. 아무리 그렇더라도 여포가 그의 양아들인 이상 아들이 아버지를 죽인 행동만큼은 이해받을 수 없다.

동탁의 죽음 이후, 여포 역시 비참한 신세로 전락했다. 이전의 동탁의 부하였던 이각李傕과 곽사郭汜는 동탁의 죽음을 복수하기 위해 병사를 이끌고 장안長安으로 쳐들어왔다. 여포는 겨우 무관武關을 빠져나온 뒤 원술遠術을 찾아가 도움을 청했다. 원술은 여포의 변덕과 변심을 탓하며 그의 부탁을 거절했다. 그러자 여포는 원소遠紹를 찾아갔다. 다행히 원소가 받아주어 여포는 그와 함께 상산常山의 장연張燕을 쳤다. 하지만 공을 쌓은 뒤 의기양양해진 여포는 원소 수하의 장군들에게 오만한 행동을 일삼았고, 그의 이러한 행동은 원소의 분노를 샀다. 결국 또다시 도망자 신세가 된 여포는 장양張楊에게 몸을 의탁했다. 이때 방서龐舒가 장안성에서 여포의 처자식을 몰래 숨겨준 뒤 돌려보내 주었다. 하지만 그 사실이 곧 이각과 곽서에게 발각되었다. 그들은 방서를 처단한 뒤 장양에게 서신을 보내 여포를 죽여야 한다고 압박했다. 어쩔 수 없이 장양에게서 도망쳐 나온 여포는 다시 장막張邈을 찾아가 도움을 요청했다. 마침 장막의 동생 장초張超가 진궁陳宮을 불러 장막과 이 일을 논의하는 중이었다. 그때 진궁이 옛정을 생각하여 잠시 두고 보자고 설득해준 덕분에 여포는 잠시나마 몸을 의탁할 수 있었다.

하지만 여포가 다시 승승장구하는 모습을 그대로 두고 볼 조조가 아니었다. 조조와의 전투에서 패배한 여포는 그 자리에서 생포되어 조조의 면전에 끌려왔다. 이때 마침 유비도 조조에게 몸을 의탁하고 있었다. 여포는 곰곰이 생각하다 일전에 자신이 유비를 도와주기 위해 원문에서 활을 쏘아(원문사극轅門射戟, 여포가 원술과 유비의 싸움을 말리고자 원문에서 150보 거리에 놓아둔 화극의 곁가지를 화살로 쏘아 맞춘 일) 원술의 군대를 물리쳐 주었던 것과 그 일로 자신과 유비가 의형제를 맺었던 사실을 떠올렸다. 유비가 원소와의 전쟁에서 패배하여 도망자 신세가 되었을 때 자신이 그의 처자식들을 보살펴주었으니 이번엔 유비가 자신을 돕는 것이 당연하다고 믿었다. 이에 여포는 유비에게 말했다.

"이보게. 지금 자네는 객장이고 나는 죄수 처지가 아닌가? 밧줄이 너무 꽁꽁 묶여 있어서 버티기가 힘드니 자네가 조공께 이 밧줄 좀 풀어달라고 말 좀 해주시게."

유비는 고개를 끄덕이며 알겠다고 답했다.

그런 다음 여포는 조조에게 말했다.

"조공께서 걱정하셨던 게 이 몸 한 사람이 아닙니까? 그런데 소인은 이미 조공을 따를 준비가 되었으니 천하에 두려울 것이 무엇이겠습니까? 저와 조공이 힘을 합친다면 천하를 차지하는 것은 시간문제가 아니겠습니까?"

사실 그동안 여포가 썼던 상습적인 수법을 생각해보면, 이번에도 분명 조조를 자신의 양아버지로 삼으려는 계획을 품고 있었을 것이다. 하지만 여기에는 '나이'라는 중요한 걸림돌이 하나 있었다. 여포와 유비가 의형제를 맺었을 땐, 그가 유비보다 연장자였기에 유비를 아우라고 불렀다. 또한 기령紀靈이 원술의 명을 받아 유비를 공격하려 했을 때 여포가 이 둘 사이에서 중재 역할을 맡았다. 이때 여포는 기령에게 말했다.

"유비는 나의 아우와도 마찬가지이니 내가 돕는 것은 당연한 일이오."

문제는 조조가 유비와 비슷한 연령대라는 사실이었다. 자기 또래의 사내를 부친으로 모시는 것은 여포로서도 무리가 있었다. 이러한 연유로 '조조가 여포의 부친이 되는 사건'은 일어나지 않았다.

조조는 여포의 제안을 거절했다. 하지만 마음은 그의 말에 흔들리고 있었다. 그런데 이 상황에서 엉뚱하게 유비가 찬물을 끼얹을 줄 누가 상상이나 했을까? 유비의 한 마디는 여포가 겨우 지펴놓은 조조의 마음에 재를 한가득 뿌린 꼴이 돼버렸다. 어디 그뿐인가? 그의 한마디가 여포의 명을 재촉하는 데 결정적인 역할을 했으니 여포로서는 실로 기가 막힐 노릇이었다.

유비는 이렇게 말했다.

"조공, 설마 정원과 동탁의 뒤를 잇고자 하는 것은 아니겠지요?"

이 한마디의 파급력은 실로 엄청났다. 여포는 분에 못 이겨 숨이 넘어갈 지경이었다. 유비에게만큼은 그토록 잘해 주었는데 이 귀만 큰 놈이 어찌 은혜를 원수로 갚는단 말인가!

조조 역시 스스로 그 '세 번째 주인공'이 되고 싶진 않았다. 결국 여포는 죽음의 수순을 밟게 되었다.

약속을 어기는 것은 개인의 신용을 팔아먹는 것과 같다. 따라서 약속을 남발하면 그만큼 신용은 배로 깎인다. 여포는 자신의 신용을 판 대신에 적토마와 초선을 얻었다. 물론 이 둘은 값으로 따지기 어려울

만큼 귀하다. 하지만 여포는 이미 너무 많은 신용을 낭비해버렸기에 그 대가로 목숨까지 잃게 되었다.

여기까지 이야기를 들으면 분명 이런 질문이 나온다.

"삼국시대에 천하의 주인이 그토록 자주 바뀌었는데, 이곳저곳 세력을 옮겨 다닌 자가 설마 여포 한 사람뿐이었을까? 어쩌면 여포보다 더 심한 이들도 있지 않았을까? 신용과 의리를 지켰다 해서 꼭 훌륭한 사람이 되는 건 아니지 않은가?"

사실 여포가 죽기 전에 '귀만 큰 의리 없는 놈'이라고 욕설을 퍼부었던 유비가 대표적인 예다. 사실 유비도 많은 이들에게 옮겨 다니며 자신의 안위를 보존해온 인물이다. 유비가 거쳐 간 사람들로는 원술, 원소, 조조, 공융孔融, 유표劉表, 여포가 있다. 그야말로 천하의 힘 있는 자들에게는 모두 의탁한 셈이다. 심지어 어떤 이에게는 몇 번이나 신세를 졌다. 또한 이리저리 도망 다니며 목숨을 보전하는 과정에서 소리소문없이 사라지거나 속임수를 쓰는 일도 파다했다.

한 번은 조조가 원술을 공격하려 했는데, 그때 유비는 자신이 앞장서겠다고 말했다. 하지만 조조가 부대를 내주자 유비는 그 길로 군사를 이끌고 독립해버렸다. 또 원소가 휘하의 안량顔良과 문추文丑의 결점을 보완하기 위해 유비에게 관우를 불러오라고 시킨 적이 있다. 하지만 유비는 아무런 인사도 없이 몰래 달아나 버렸다. 유비의 이런 행동은 약속을 어기는 행동이 아니란 말인가? 이렇게 행동해도 그의 명성엔 아무런 흠도 생기지 않는가?

당연히 유비도 영향을 받는다. 어느 누구도 '약속의 이행' 원칙에서 자유로울 순 없다. 실제로 유비는 《삼국연의三國演義》에서 만들어진 이미

지처럼 좋은 명성을 떨친 인물이 아니었다. 단지 나관중羅貫中이 소설에서 유독 유비와 조조를 부각한 탓에 사람들이 잘못된 환상을 품게 된 것뿐이다.

다만 한 가지 알아두어야 할 것이 있다. 유비의 배신과 여포의 배신은 본질적으로 다르다는 것이다. 물론 유비와 그가 몸을 의탁하기 위해 거쳤던 강호들 사이에도 '약조'가 존재했다. 옛말에도 이 같은 약조를 비유한 구절이 있다.

"영리한 새는 이곳저곳 옮겨 다니지 않으며 충신은 한 군주만을 섬긴다."

배신과 변절, 이러한 행동은 당연히 사회적으로 질타 받는 게 마땅하다. 하지만 유비가 살았던 시대는 '난세'로 굉장히 특수한 시기였다. 당시 황실의 권위는 바닥까지 떨어졌고 제후들의 기세가 하늘을 찌르고 있었다. 누구든 승자가 왕이 되는 세상이었다. 그가 거쳤던 강호들 역시 당장은 승리의 여유를 만끽하고 있을지 몰라도 내일 또 어떻게 사라질지 모르는 일이었다. 따라서 누구에게 투항하느냐가 굉장히 중요한 문제였다. 이런 난세에서 힘의 흐름을 예측할 '통찰력'을 지닌 사람은 몇 안 된다. 오늘 내일을 알 수 없는 난세에는 목숨이 언제 날아갈지도 장담할 수 없기 때문이다.

어쨌든 이런 시대적 배경으로 그 당시 사회도 대세에 따라 옮겨 다니는 행동을 점점 용인하는 분위기로 변해갔다. 그러나 아무리 당시 사회 분위기가 그랬다 하더라도 너무 약삭빠르게 옮겨 다니는 행동은 신뢰할 수 없는 사람이라는 인상을 남긴다.

반면 여포와 정원, 동탁은 단순히 '약조'로 맺어진 계약관계로 볼 수 없다. 그들과 관계를 맺음으로써 여포는 신분을 얻은 동시에 그들과 '부자' 사이가 되었기 때문이다. 만약 여포가 유비와 같은 상황이었다면 그가 누구를 배신하고 누구를 따라도 마냥 비난할 순 없었을 것이다. 또한 조조도 그를 살려주었을 가능성이 매우 크다. 하지만 여포는 '부자간의 정'을 배반하고 그것도 모자라 두 '의부'의 목숨까지 제 손으로 빼앗았다. 천하에 이런 자를 살려둘 주인이 어디 있겠는가? 또 하나, 여포가 지닌 무시무시한 무예 실력이 자신에게 오히려 독이 되었다. 일단 여포가 적토마를 타고 활보하면 아무도 그를 막을 수 없었다. 그러기에 오직 그를 제거하는 것만이 후환을 없애는 길이기도 했다.

어찌 되었건 유비와 여포도 이전에 형제의 관계를 맺었으니 두 사람 사이에도 의부와 양자 관계처럼 약조가 성립된 것이나 다름없다. 유비는 언제나 형제를 중요하게 생각해온 인물이다. 하지만 늘 한 몸처럼 생각했던 관우, 장비와는 달리 유비와 여포는 번번이 서로 칼을 겨누었다. 또한 유비는 마지막 순간까지 여포의 목숨을 위태롭게 만들었다. 이 둘은 어쩌다 이렇게 된 것일까?

◈ **심리학으로 들여다보기**

쉽게 약속하지 말고 쉽게 약속을 어기지도 마라. 신뢰가 무너지면 주변에서 도움을 받을 수 없다. 사소한 약속을 지키지 않는 사람에게 큰일을 맡길 수 없는 법이다. 그러므로 자신이 지킬 수 있는지 심사숙고해 약속을 정해야 한다.

때론 형식이 필요할 때도 있다

여포와 유비가 형제 관계였다는 것을 아는 사람이 몇이나 될까? 둘의 이러한 관계를 아는 사람이 적은 이유는 그만큼 그 관계를 공개적으로 드러내지 않았기 때문이다. 유비가 여포를 위태롭게 만들 수 있었던 것 역시 그 덕분이기도 하다.

공개된 약속일수록 그 약속을 깨기가 어려워진다. 반대로 공개되지 않은 약속은 쉽게 저버릴 수 있다. 아마 여포는 죽기 전에 분명히 유비와의 관계를 알리고 다니지 않은 것을 후회했을 것이다. 여포가 유비와의 관계를 언급했던 것은 딱 두 번뿐이다.

그 첫 번째 대상은 관우와 장비였다. 유비가 일부러 여포에게 서주徐州를 양보했던 사건이 있었다. 당시 여포는 조조에게 대패한 뒤 서주로 도망쳐왔다. 그때까지만 해도 여포의 명성과 위력이 워낙 대단했기에 두려움을 느낀 유비는 서주를 여포에게 양보하기로 마음먹었다. 여포는 본래 거절이라는 것을 모르는 사람이었다. 덥석 유비의 말을 수락하고 이에 보답하기 위해 이튿날 그를 자신의 집에 초대했다. 유비는 관우, 장비와 함께 여포를 찾아왔다. 여포는 이들을 안채로 안내한 다음 자신의 처첩을 불러 유비를 대접하도록 했다. 하지만 유비는 재차 여포의 호의를 사양했다. 그러자 여포가 말했다.

"아우님. 이제 그만 사양을 거두어주시게나."

이 말을 듣는 순간 장비가 눈을 부릅뜬 채 버럭 화를 냈다.

"아니! 우리 형님께서 얼마나 귀하신 분인데 네놈 따위가 감히 아우라고 지껄이는 게냐! 당장 이리 나와 한판 붙어보자!"

시기를 따져보면, 동탁이 죽은 뒤 여포와 유비는 장안에서 함께 있었다. 두 사람이 의형제를 맺은 것도 분명히 이 시기였을 것이다. 사실 여포와 유비는 이미 여러 차례 안면을 마주한 사이였지만, 여포가 유비를 아우라고 부르는 것을 들어본 사람은 없었다. 또한, 유비 역시 그 일을 다른 사람들 앞에서 언급하지 않았다. 결국, 두 사람의 결의는 상황에 휩쓸려 형식적으로 맺은 것일 뿐 서로에게 큰 의미가 없었던 것이다. 여포가 자신의 처첩까지 불러 유비를 대접하며 의형제의 정을 강조한 것은 어디까지나 패전으로 자신의 처지가 불리하니 현재의 안위이라도 보존하려고 한 일이다.

여포가 두 번째로 털어놓은 자는 바로 원술 수하의 기령이다. 기령이 군대를 이끌고 유비를 공격하려 하자 유비가 여포에게 도움을 청했다. 그때 여포는 기령을 찾아가 말했다.

"현덕玄德과 나는 형제나 다름없소. 형이 곤경에 빠진 아우를 돕는 것은 당연한 일이오."

이때 여포는 심리적으로 우월감을 느끼며 득의양양했다. 하지만 유비를 자신의 아우라고 소개해봤자 여포에게 실질적인 이득이 생기는 것도 아니었다. 오히려 책임감만 지워졌다. 실제로 여포는 그 책임을 지기 위해 원문사극轅門射戟이라는 꾀를 내어 유비와 기령의 전쟁을 막아주었다.

유비는 사실상 조조와도 의형제를 맺은 적이 있다. 물론 이 역시 조조가 먼저 제안한 것이지만 유비는 다른 이에게 이 사실을 언급하지 않았다. 생각해보면, 유비가 이 사람 저 사람 옮겨 다니는 과정에서 수많은 이들과 결의를 맺는 것은 어쩔 수 없는 선택이었다. 하지만 유비는 그들과의 결의에서 단 한 번도 진심이었던 적이 없었기에 심적으론 아무 구속도 받지 않았다. 그는 언제든지 떠날 준비가 되어 있었으며 필요하면 칼을 겨눌 수도 있었다.

그렇다면 유비는 어떻게 그토록 잘 도망 다녔던 것일까? 첫 번째 이유는 유비 자신이 스스로 말하지 않았기 때문이며, 두 번째는 결의를 맺는 과정이 과하거나 소란스럽지 않았기 때문이다. 따라서 결의 자체가 누군가에게 큰 의미가 될 만큼 인상 깊지도 않았다. 그 덕에 유비는 그 결의가 자신에게 미치는 영향력과 구속력을 최소화시킬 수 있었다. 반대로 유비, 관우, 장비가 맺은 결의는 형식을 갖춘 상태에서 엄숙하게 이루어졌다. 각자의 내면에 깊이 각인되었고 서로에 대한 책임감과 맹세가 지닌 구속력도 더욱 강할 수밖에 없었다. 거창하고, 형식적이고, 공개적인 약속일수록 그 약속이 지닌 구속력은 더욱더 강해진다.

한신이 장군으로 임명되었던 사건에서도 약속의 힘을 살펴볼 수 있다. 당시 유방은 한신을 불러 그를 대장군으로 임명하려 했다. 그러자 소하蕭何가 말했다.

"한신은 본래부터 오만하고 무례하기 그지없는 자입니다. 대왕께서 지금 당장 한신을 대장군에 봉하시는 것은 아무 의미가 없습니다. 한신은 분명 언젠가 대왕을 떠날 것입니다."

여기서 떠날 것이라는 말의 의미는 약속의 구속력이 약하다는 것이다. 그러자 유방이 소하에게 물었다.

"그럼 어떻게 하면 좋겠는가?"

"대왕께서 그 자를 대장군에 봉하고자 하신다면 필히 택일을 하시어 천지신명께 제를 올리신 뒤, 무왕武王이 여망呂望에게 했던 것처럼 한신에게 예를 갖추십시오."

유방은 그의 말에 동의했다.

소하는 직접 제단의 벽화를 그렸다. 제단의 높이는 삼 척尺이나 됐는데 이는 하늘, 땅, 사람의 상징이다. 폭은 스물네 장丈으로 이는 스물네 번의 절기를 뜻했다. 동서남북 그리고 중앙에는 각 행 마다 스물다섯 명의 사람을 배치했다. 제단은 삼 층으로 이루어져 있으며 각 층 마다 제기와 축원문이 배치되어 있었다. 주위에는 삼백육십오 명의 기수들이 서 있었는데 이 역시 365도 각도에 따라 배치되었다. 북에서 남쪽을 향해 양쪽으로 문신무장들이 서 있었으며, 중간에는 통로가 설치되어 제단 아래까지 연결되어 있었다. 사방은 엄숙하고 조용했다. 누구 하나 소란을 피우는 자는 즉시 군법으로 처단한다는 엄명을 내렸다. 소하는 관영灌嬰에게 모든 감독을 맡겼으며 한 달 내로 완공할 것을 명령했다.

이렇게 의식을 거행하는 장소뿐 아니라 실제로 의식 역시 매우 엄숙하게 진행되었다. 드디어 장군 임명식 당일이 되었다. 한왕 유방은 우선 제궁齊宮에 올라 손을 씻었다. 세 번의 폭죽 소리가 울리고 순식간에 제단에 향냄새가 퍼졌다. 제를 안내하는 의관은 한신에게 제단 일 층에 오르도록 했다. 모든 문무 제후들은 한신에게 예우를 갖추며 축원문을 읊었다. 제단 이 층에 오르자 소하가 한신에게 예를 갖추며 축원문을 읊었다. 다시 제단 삼 층에 오르자 한왕 유방이 북쪽을 향에 절을 올린 다음 한신에게 친히 옥으로 만든 호부虎符와 금인이 새겨진 옥검을 하사했다. 이로써 한신은 한왕의 삼군을 통솔하는 대장군이 되었다. 물론 이러한 의식이 단순히 형식에 불과한 것이지만 잘만 이용하면 약속을 이행하는데 실질적인 효과를 발휘할 수 있다.

성대하고 으리으리한 규모의 의식은 한신에게도 결코 잊을 수 없는 인상을 남겼다. 감개무량한 한신은 죽을 때까지 유방에게 충성할 것을 맹세하며 온 천하를 유방에게 바치겠노라 다짐했다. 그 때문에 이후 유방이 수차례 자신을 의심해도 맹세의 족쇄를 벗을 수가 없었다. 그는 그렇게 유방에게 충성을 지키다 결국 죽음에까지 이르게 되었다.

이 일화에서 우리는 의식의 규모와 맹세하는 자에게 미치는 영향이 정비례한다는 사실을 알 수 있다. 마찬가지로 의식을 치르는 과정이 간단하지 않을수록 맹세하는 당사자에게 더 많은 것이 요구되며 영향력이 커진다는 사실도 알 수 있다. 더욱 놀라운 것은 근현대에 발생한 어떤 아프리카 원시 부족의 일화로 이러한 논리가 증명되었다.

아프리카 남부에는 퉁지아라는 부족이 있다. 이 부족의 남자아이들은 열 살에서 열여섯 살이 되면 부모가 '수련 학교'에 보낸다. 이 수련 학교는 보통 4~5년에 한 번씩 열리는데, 성년 남성이 미성년 남자아이들에게 모욕과 고통을 주는 행위들이 벌어진다. 성년 의식의 첫 번째 관문은 소년이 양쪽에 몽둥이를 들고 있는 사람들 사이를 지나가는 것이다. 이 과정에서 소년은 옷이 전부 뜯기고 머리까지 밀리게 된다. 그다음 소년을 돌 위에 앉힌 뒤 사자 털을 쓰고 있는 '사자인'을 향해 절하게 시킨다. 이때 뒤쪽에서 누군가가 나타나 소년을 공격하는데 소년이 뒤를 돌아보는 순간 '사자인'이 소년의 성기를 거칠게 잡아챈다. 이런 식으로 여러 사람에게 동시에 끌려다니며 구타를 당한다. 그다음 단계는 '신비의 장소'에서 석 달간 은둔하는 것인데, 그동안 성년 의식을 통과한 사람만이 가족을 만날 수 있게 된다.

성년 의식의 과정은 혹독한 구타, 혹한, 갈증, 고약한 음식 먹기, 징벌, 죽음의 위협 이렇게 총 여섯 가지 시험으로 이루어진다. 성년 의식을 막 통과한 소년은 부족의 연장자들로부터 각자의 임무를 받는다. 성년 의식을 거치는 동안 소년들은 혹한의 추위 속에서 덮을 것 하나 없이 보내야 하며 석 달 내내 물 한 모금 마실 수 없다. 게다가 먹는 음식 역시 양이 소화해 내뱉은 풀만 먹어야 한다. 의식 과정에서 단 하나의 규율만 어겨도 곧바로 혹독한 벌을 받게 된다. 또한, 도주를 시도하거나 이곳의 비밀을 아녀자 또는 미성년의 남자아이에게 발설하면 목을 매달아 죽였으며 시체는 모두 불에 태워졌다. 따라서 그들 모두 이 모든 과정을 순순히 따를 수밖에 없었다.

이 이야기를 읽고 났을 때 가장 먼저 어떤 느낌이 드는가? 너무 원초적이고 비상식적인 문명이란 생각이 들지 않는가? 물론 퉁지아 부족이 굉장히 뒤떨어진 문명을 가진 것은 분명하다. 하지만 이들의 성년 의식은 모든 인류의 심리 반응을 잘 대변해 주고 있다. 이처럼 천신만고 끝에 겨우 얻은 것은 손쉽게 얻은 것과는 비교도 할 수 없을 만큼 소중하게 느껴지게 마련이다. 설령 결과물이 같다고 할지라도 말이다.

한 남자아이가 온갖 모욕과 고통을 참고 견딘 뒤 얻어낸 성년의 자격이 그들에겐 얼마나 소중하겠는가? 자격을 가진 자로서 책임을 다해야겠다는 생각도 더욱 커질 것이다. 결국, 이 부족 안에서 오직 이러한 의식을 거친 성인들만이 극한의 환경 속에서도 살아남는다. 따라서 어떻게 생각해보면 이 부족의 방식이 현명하다고도 볼 수 있다. 그들 역시 현대사회처럼 얼마든지 자신의 아이들을 편한 환경에서 키울 수 있다. 하지만 의도적으로 이러한 의식을 만들어 고통과 좌절을 주며 평생 잊을 수 없는 강한 인상을 남겨준다. 이로써 성인이 된 아이들은 철저히 약속을 지키게 되었다.

현대사회에서도 이와 비슷한 방식으로 조직 구성원들의 자부심, 충성도, 소속감을 강화한다.

미국 해병대 신병은 열 번의 도약 훈련을 완수한 뒤 금색 날개가 달린 브로치를 받는다. 이 브로치 뒤에는 약 1.5센티 정도의 침 두 개가 달려 있었다. 이 침은 신병들의 셔츠 안을 뚫고 들어가 그들의 가슴을 세게 찔렀다. 결국, 신병들은 온갖 소리를 내며 고통을 호소했다. 하지만 이 사건이 신문에 보도된 이후에도 신병을 괴롭힌 대다수 선임들은 아무런 죄책감도 느끼지 않았다. 심지어 그들은 어떠한 처벌도 받지 않았다. 이 사건을 통해 알 수 있듯 오랫동안 지속되는 단결력과 자부심을 중요하게 생각하는 조직일수록 그 조직의 일원이 되는 과정은 더욱 혹독하고 엄격하다.

다시 관우의 이야기로 돌아와 보자. 이제껏 들려준 잔혹한 의식에 비하면 유비, 관우, 장비의 의식은 정말 평범하기 그지없다. 과연 이들이 한 맹세의 구속력이 관우의 투항을 막을 수 있을 만큼 강력한 것이었을까?

◈ 심리학으로 들여다보기

약속의 내용만큼이나 약속의 형식도 중요하다. 다채로운 약속의 형태가 있지만 중요한 정도에 따라 문서화 하는 것이 바람직하다. 꼭 지켜야 한다는 무언의 구속력을 발휘하며 약속 이행을 다짐받는 증빙이 되기도 한다.

모든 문제에는 해결책이 숨어 있다

물론 곽가의 말에도 일리가 있다. 하지만 조조는 여전히 관우를 놓치고 싶지 않았다.

조조가 끝까지 뜻을 굽히지 않자 곽가도 더는 아무 말 하지 않았다. 이때 장료張遼가 나섰다.

"소신 관우와 몇 번 대면한 적이 있으니, 소인이 직접 그를 만나 설득해 보겠습니다."

사실 이 둘 사이에 특별한 우정이나 친분이 있진 않았다. 굳이 따지자면 관우는 장료에게 고마운 은인 같은 존재였다.

한때 장료가 여포의 수하로 있었을 때 화공으로 조조를 죽일 뻔한 적이 있다. 그래서 조조가 여포의 군대를 섬멸했을 때 장료는 죽은 목숨이나 다름없었다. 다행히 유비와 관우가 간절히 청한 덕에 조조는 지난 원한을 묻지 않고 그의 목숨을 살려주었다. 장료 역시 그날로 조조에게 투항하여 중용되었다.

사실 장료가 관우의 투항을 받아내겠다고 나선 것은 자신의 목숨을 살려준 관우에게 은혜를 갚기 위해서가 아니다. 조조의 밑으로 들어간 이상 어떻게든 공을 세워 입지를 다져야 한다는 압박감 때문이었다. 공을 세우는 데 이만큼 좋은 기회는 없었다. 하지만 관우를 설득하는 것은 절대 만만치 않은 일이었다.

장료는 막사로 가 검을 차고 말에 올랐다. 말을 타고 가는 내내 그의 머릿속엔 온통 한 가지 생각뿐이었다.

'아, 관우를 어디서부터 어떻게 설득시켜야 할까?'

일단 힘으로 관우를 압박하는 방법을 생각해봤다. 조조의 군대가 주변을 삼엄하게 지키고 있고 사방에서 관우를 포위하고 있으니 도망치기란 불가능했다. 현재 상황에서 관우가 할 수 있는 선택은 투항 아니면 죽음뿐이었다. 하지만 아무리 생각해도 이 방법은 통하지 않을 것 같았다. 유비와 장비는 이미 포위를 뚫고 달아난 상태였다. 유비도 그 삼엄한 경계를 뚫고 도망쳤는데 관우가 그 정도쯤 못하겠는가? 절대 순순히 포위될 자가 아니었다. 지금 그가 도망치지 않는 이유는 그가 보호해야 할 유비의 가솔들 때문이었다.

유비의 부인인 감씨와 미씨는 이미 조조의 손에 붙잡힌 상태였다. 관우에겐 그들을 지켜야 하는 의무가 있어 포위된 상태에서도 버티는 것이다. 게다가 관우는 강압적으로 대할수록 오히려 더 격하게 맞대응할 자였다. 그러기에 힘으로만 밀어붙이면 결국 이도 저도 얻지 못하는 사태가 벌어질 게 분명했다.

장료는 이치로 따져볼까도 생각했다. 하지만 관우는 누구보다 '충의'를 중요하게 생각하는데, '유비를 배신하고 조조에게 투항하는 것'을 정당화시킬 이치가 어디 있겠는가? 그는 관계를 이용하여 마음을 흔드는 방법도 생각해봤다. 마음을 움직일 정도가 되려면 어느 정도 관계가 있어야 하는데, 조조 진영에서 관우와 친분이 있는 사람은 조조 한 사람뿐이었다.

동탁이 한창 세상을 어지럽히고 있을 때, 원소를 맹주로 열여덟 명의 제후가 혈맹을 맺어 동탁을 공격했다. 사수汜水진 쪽은 동탁 수하의 화웅華雄이라는 장군이 지키고 있었다. 화웅은 굉장히 사나운 장군으로 수많은 장군의 목이 그의 손에 잘려 나갔다. 그 때문에 다른 제후들도 감히 그의 앞에 나서기를 두려워했다. 당시 유비는 현령縣令에 불과했고 관우 또한 유비 수하의 보잘것없는 마궁수에 지나지 않았다. 그런데 그런 그가 화웅의 목을 베어 오겠다고 자청하자 원술은 크게 화를 내며 소리쳤다.

"아니! 지금 우리 제후들을 무시하는 것이냐? 네놈처럼 별 볼 일 없는 마궁수 따위가 화웅과 같은 대장군에게 맞선다는 게 말이 된다고 생각하느냐? 여봐라! 당장 몽둥이를 가져오너라. 내 저놈을 따끔하게 혼내 줄 것이다!"

이때 조조가 황급히 원술을 말렸다.

"일단 화를 가라앉으시지요. 배포만큼이나 용감하고 지략이 있는 자입니다. 일단 한 번 두고 보시는 게 어떠신지요? 만약 화웅을 죽이지 못한다면 그때 가서 죄를 물어도 늦지 않습니다."

맹주 원소는 원술과 형제지간으로 본디 대대로 귀족 가문 출신이라

예의와 교양을 매우 중요하게 생각했다. 원술이 말했다.

"이렇게 위풍당당한 열여덟 명의 제후가 고작 마궁수 한 명을 내보낸다면 분명 화웅에게 비웃음을 당할 게 분명하네."

그러자 조조가 말했다.

"저 평범하지 않은 외모를 보고 화웅이 어찌 이 자가 궁수라는 걸 알겠습니까?"

이렇게 해서 관우는 오롯이 조조의 입김 덕택에 화웅과 싸워볼 기회를 얻게 되었다. 조조는 관우가 출전하기 전에 따뜻한 술 한잔을 따라주었다. 그러자 관우가 말했다.

"이 술은 잠시 이곳에 맡겨두었다 돌아와서 마시겠습니다."

관우가 출정한 지 얼마 되지 않아 그의 기합 소리가 들렸다. 그 소리가 어찌나 큰지 천하가 흔들릴 정도로 쩌렁쩌렁하게 울렸다. 과연 기합 소리가 울려 퍼진 지 얼마 지나지 않아 관우의 말이 막사에 도착했다. 관우는 화웅의 머리를 땅바닥에 내팽개쳤다. 관우가 이토록 체면을 세워주니 조조는 뿌듯해져서 저절로 어깨가 으쓱했다. 하지만 원술은 배알이 뒤틀려 화를 참을 수가 없었다.

"고작 현령의 부하 따위가 힘 좀 썼다고 우리가 마중까지 나가야겠는가?"

그러자 조조가 말했다.

"공을 세우면 그에 합당한 보상이 따르는 법입니다. 어찌 신분의 존귀를 따지십니까?"

그러나 다른 제후들도 모두 인상을 쓴 채 뿔뿔이 흩어졌다. 이에 조조는 조용히 사람을 시켜 유비, 관우, 장비에게 술과 고기를 보내고 위로의 뜻을 전했다. 당연히 이 역시 관우의 인심을 사기 위한 조조의 작전이었다.

장료는 쓴웃음을 지었다. 그렇다고 조조에게 관우의 투항을 대신 받아달라고 할 순 없는 노릇 아닌가? 설령 조조와 관우가 좋은 감정을 가진 관계라도 어디 그 관계가 유비와 관우 사이만 하겠는가? 유비, 관우, 장비는 한 식탁에서 같이 밥을 먹고 한 침대에서 같이 잠을 자는 사이였다. 유비가 사람들이 많은 장소에 앉을 때는 관우 장비가 늘 그의 뒤에 서 있었으며 조금도 지친 기색을 내비치지 않았다. 이 정도로 두터운 관계를 무엇으로 흔들어 놓는단 말인가?

중국인들은 일 처리를 할 때 모든 문제를 '인정', '이치', '법'의 순서대로 해결한다. 그중 인정을 가장 우선으로 여기는데 인정이 이치보다 강하고 이치는 법보다 강하다는 의미이다. 문제를 해결할 땐 우선 서로 간의 교감 또는 감정이 있는지 살펴보아야 한다. 만약 상대방과의 사이에 인정이 있다면 모든 문제를 일사천리로 해결할 수 있다. 둘 사이에 좋은 감정이 있다면 틀린 것도 옳은 것이 될 수 있다. 하지만 둘 사이에 감정이 좋지 않으면 맞는 것도 틀린 것이 될 수 있다.

만약 '인정'으로 문제를 해결할 수 없다면 그다음에 살펴봐야 할 것이 '이치'다. 만약 말에 이치가 분명하여 전혀 반박할 수 없다면 문제를 해결할 수 있다. 이마저도 안 된다면 최후의 방법인 '법'을 이용하면 된다. 여기서 '법'은 매우 광범위한 개념으로 단순히 법률과 법규를 의미하는 것이 아니라 보편적으로 받아들여지고 있는 관례, 규칙까지 포함한다. 이를 직접적으로 표현하자면 강제 수단으로 문제를 해결하는 것을 의미한다.

장료는 역으로 '인정, 이치, 법'을 거슬러 생각해봤다. 이 세 가지 무기는 모두 그 위력이 다른 데 만약 위력이 가장 강한 무기를 사용했는데도 문제를 해결하지 못하면 그보다 작은 위력의 무기를 사용한들 문제가 해결되겠는가? 장료는 다시 거꾸로 생각해봤다. 일단 위력이 가장 작은 무기를 사용하면 실패에 대한 부담도 적다. '인정'의 경우 오랜 시간이 필요하고, '이치'의 경우 총명한 머리와 민첩한 눈치, 유창한 언변이 필요하다. 오직 '법'만이 상대방을 힘으로 압박할 수 있으며 그다지 많은 노력도 필요하지 않다.

사실상 '인정, 이치, 법' 외에도 한 가지 또 다른 방법이 있긴 하다. 바로 이익을 이용한 유혹이다. 정당한 방법은 아니지만 이미 여러 차례 성공이 증명된 방법이기도 하다.

이 세상에는 자기 이익 앞에 의리를 저버리는 소인배들이 얼마나 많은가? 단, 이 방법에는 한 가지 조건이 필요하다. 그것은 의리를 저버리고 얻는 이익이 약속을 지켰을 때 얻는 이익보다 훨씬 커야 한다는 것이다.

하지만 이익은 충의와 천적 같은 관계다. 유비에게 충성을 맹세한 이상 관우는 절대 이익에 미혹되지 않을 것이다. 세상에서 가장 쉬운 방법이 돈으로 문제를 해결하는 것이지만 돈이 모든 문제를 해결할 유일한 방법은 아니다. 세상에는 돈이나 이익으로 얻을 수 없는 사람과 일도 있기 때문이다.

인정도, 이치도, 법으로도 심지어 이익으로도 관우를 사로잡지 못한다면 대체 무엇으로 설득한단 말인가? 만약 관우를 설득하지 못한다면 자신은 조조에게서 내쳐질 것이다. 허나 이미 조조 앞에서 호언장담한 이상 이제는 죽이 되든 밥이 되든 관우를 설득해야만 했다.

1849년 랠프 에머슨Ralph Waldo Emerson이 '만약 어떤 사람이 자신의 재능을 믿고 끝까지 개발해 나간다면 이 세상이 바로 그의 것이다'라고 말했다.

그의 말이 틀리지 않다면 장료에게도 아직 희망은 있었다. 장료는 또다시 머리를 쥐어짜며 생각했다. 관우 한 사람을 투항시키는 것이 유비, 관우, 장비 모두를 투항시키는 것보다 어려울 줄이야! 만약 유비와 장비가 이곳에 있었더라면 얼마나 좋았을까? 그 순간 장료에게 번득이는 생각이 떠올렸다.

'유비는 왜 형제를 버리고 자신만 도망갔을까? 관우는 도원결의의 약속을 지키려고 하는데 유비는 지킬 필요가 없단 말인가? 어디 그뿐인가? 장비 역시 혼자 살자고 도망치지 않았는가?'

장료의 말이 맞다. 같은 약속이라도 약속을 한 사람마다 각자 느끼는 구속력이 다르다. 유비는 상황이 불리해지자 그 길로 청주青州의 원소에게 항복했다. 장비라고 다르지 않았다. 장비 역시 패잔병들을 이끌고 망탕산芒碭山에 숨어들어 도적질을 하고 있다. 관우만이 유일하게 항복하지도, 도망가지도 않고 필사적으로 버티는 중이었다. 장료는 고민에 빠졌다. 이 점을 잘 이용해서 세 사람의 관계를 이간질하면 관우로부터 항복을 받아낼 수 있지 않을까?

앞서 말한 '인정, 이치, 법'으로는 관우를 절대 설득할 수 없다. '인정, 이치, 법'이 관우에게 아무런 효과가 없어서가 아니다. 오히려 그 반대다. 바로 이 세 가지가 관우를 강하게 속박하고 있기 때문이다.

드디어 장료는 관우를 항복시킬 좋은 방법을 떠올렸다. 그를 속박하고 있는 '인정, 이치, 법'을 깨부수는 것이다. 그러려면 우선 '인정'부터 공략해야 한다.

'그대는 누구보다 형제의 정을 중요하게 생각하지 않소? 그런데 왜 그대 혼자만 도원결의의 약속을 지키는 것이오? 유비와 장비를 보시오. 그들은 약속을 지켰소? 한 사람은 청주의 원소에 항복하고 또 한 사람은 패잔병들을 이끌고 망탕산에서 도적질하고 있소. 상황이 불리해지니 그들에겐 같은 날 같은 순간에 죽자던 맹세 따위는 안중에도 없음이오. 그런 형국에 형제의 의리가 다 무슨 소용이란 말이오?'

약속은 한 사람마다 각자 느끼는 구속력이 다르다는 것을 이 대목에서 다시 느낄 수 있다. 우리는 이러한 개인의 차이를 정확하게 직시해야 한다.

장료는 계속 생각을 이어갔다.

'조조는 한나라의 승상이고 유비는 황제의 숙부가 아닌가? 입으로는 한을 위해 충성을 외치면서 어찌 한의 승상과 대립하려 드는가? 유비 역시 조조에게 힘을 실어주어야 마땅한데 하물며 그의 수하인 자네는 더 말할 것도 없질 않겠는가? 조조에게 충성하는 것이 곧 한에 충성하는 것이니 이것이야말로 진정한 충의가 아니겠는가!'

장료의 묘안은 나름 그럴듯했다. 하지만 그 말을 관우 앞에서 내뱉는다면 분명 말이 끝나기도 전에 목이 날아갈 게 분명했다.

관우를 족쇄에 비교하자면, 유비는 그 족쇄를 풀어줄 유일한 열쇠였다. 자신이 선택한 형제이자 자신의 주인이다. 그런 유비를 망나니라고 말한다면 그것은 관우가 사람을 잘못 봤다는 의미가 아닌가? 따라서 유비를 욕보이는 언사는 관우가 절대 용납하지 않을 것이다.

만약 관우에게 채워진 이 단단한 족쇄를 풀고 싶다면 방법은 단 하나, 바로 유비라는 열쇠를 이용하는 것뿐이었다. 안타깝게도 다른 방법은 없었다.

장료는 여전히 깊은 고민에 빠졌다. 어느새 장료를 태운 말이 관우 앞에 도착했다. 장료는 그제야 정신을 차렸다.

◈ 심리학으로 들여다보기

'인정, 이치, 법'을 빼놓고 인생을 논할 수 없다. 그 누구도 '인정, 이치, 법'의 구속으로부터 자유로울 순 없다. 사회적 관계나 인간관계를 통섭하는 맥이 그 안에 모두 담겨있기 때문이다. 사람과 사람 사이의 인간애나 모든 조직의 순환도 여기서 나온다.

간혹 자신에게
설득당하는 순간이 온다

관우가 얼굴을 붉히며 물었다.

"날 죽이러 왔는가?"

목소리에는 패전의 분이 고스란히 담겨 있어 위협적이었다. 장료는 조금 전까지 생각해두었던 말들이 하나도 떠오르지 않았다. 하지만 장료는 임기응변이 뛰어난 자였다. 장료가 황급히 대답했다.

"아, 아닙니다. 그런 게 아니라 갑자기 옛정이 생각나 형님이 보고 싶어 이렇게 달려왔습니다."

장료는 말하는 동시에 손에 들고 있던 칼을 땅에 버린 뒤 말에서 내렸다.

이처럼 절묘한 순간에는 말 한마디, 동작 하나가 인간관계에 결정적인 역할을 한다. 만약 말에 실수가 있거나 행동이 조금만 엇나가도 상황은 전혀 다른 방향으로 흘러갈 수 있다.

장료가 칼을 즉시 땅에 버린 것은 아주 탁월한 판단이었다. 지금처럼 양측이 교전 중인 상황에서 장료가 칼을 들고 나타났으니 관우는 자신과 싸우러 왔다고밖에 생각되지 않았을 것이다. 하지만 장료가 칼을 버리자 교전 상태는 평화 상태로 역전되었다.

장료는 의도치 않게 심리학의 또 다른 무기 '호혜성 원리'를 사용했다. 호혜성 원리의 위력은 약속의 이행 원칙만큼이나 강력한 힘을 가지고 있다. 호혜성 원리의 본질은 'Give and take', 받은 만큼 주는 것이다. 1960년 사회학자 엘빈 고드나Ervin Goodna는 '이 세상에서 호혜성 원리를 따르지 않는 사회조직은 없을지도 모른다'라고 말했다.

유명한 고고학자 리처드 리키Richard Leake는 호혜성 원리가 있었기에 독보적인 인류가 될 수 있었다며 '인류사회가 오늘날의 모습을 갖출 수 있었던 것은 우리 선조들이 각자의 의무를 다한 대가로 식량과 기술을 공유하는 방법을 배웠기 때문이다'라고 말했다.

호혜성 원리는 타인이 당신에게 베풀어 준 만큼 당신도 같은 방식으로 그에 상응하는 보답을 해야 한다는 원칙이다. 조조가 유비에게 술 한잔을 청하면 유비 역시 그에게 다시 청해야 한다. 마찬가지로 동탁이 적토마를 여포에게 선물을 주었으니 여포 역시 동탁을 위해 충성하는 것이 당연하다. 호혜성 원리로 따지면, 관우가 이전에 장료의 목숨을 한 번 구해준 적 있으니 지금은 장료가 관우의 목숨을 구해줄 때였다. 만약 관우도 이러한 원리를 알고 있다면 장료를 자기편으로 만들었을 것이다. 이 원칙대로라면 지금 장료가 할 일은 관우가 도망가도록 도와줘야 한다. 투항을 권유하는 것은 말도 안 되는 처사일 뿐이다.

시작은 어떻게 잘 넘어갔지만, 관우는 절대 쉬운 상대가 아니었다. 관우는 곧바로 그의 말을 받아쳤다.

"그렇다면 투항을 받아내려고 왔는가?"

장료는 정곡이 찔린 것처럼 뜨끔했다. 만약 장료가 '그렇다'라고 대답한다면 결과는 뻔하다. 그 자리에서 곧바로 칼을 들고 싸워야 한다. 그렇다고 반대로 대답한다면 장료 스스로 무덤을 파는 꼴이었다.

장료는 화제를 돌려 어떻게든 위기를 모면하고자 했다.

"그럴 리가 있겠습니까! 운장雲長 형님. 난 형님을 구하러 왔습니다. 지난번에 형님께서 제 목숨을 구해주셨으니 오늘 이렇게 제가 형님을 구하러 달려온 것이 아니겠습니까?"

이렇게 말을 꺼냈지만 그리 간단한 문제가 아니었다. 은혜를 갚는 것은 인지상정의 일이요, 또한 호혜성 원리의 기본이기도 하다. 만약 은혜를 입은 자가 은혜를 갚겠다고 하면 은혜를 베푼 이에게 반드시 그에 상응하는 행동을 보여주어야 한다. 그래야만 은혜를 베푼 자가 정말 자신에게 도움을 주는 것이라 믿을 테니 말이다. 이를 역으로 보면 은혜를 입은 자는 이를 통해 상대방의 신뢰를 쉽게 얻을 수 있다는 결론이 나온다. 이것이 바로 호혜성 원리의 역이용이다.

관우 역시 이 원칙에서 벗어나지 않았다. 관우가 한결 부드러워진 목소리로 말했다.

"그럼 내가 탈출할 수 있도록 도와주러 왔는가?"

"그건 아닙니다."

관우는 이해가 되지 않는다는 표정으로 말했다.

"싸우러 온 것도 투항을 시키러 온 것도 아니고 그렇다고 나를 탈출시켜 주러 온 것도 아니라면, 대체 이곳엔 왜 왔는가?"

만약 둘 관계에 인정이 없었더라면 관우는 분명 그의 말을 듣자마자 크게 화를 냈을 것이다.

사실 관우는 장료에게 자신을 탈출시켜 줄 것인지 물어볼 필요가 전혀 없었다. 오히려 단도직입적으로 말했어야 된다.

"일전에 내가 자네의 목숨을 구해주었으니 이번에는 내가 탈출할 수 있도록 자네가 도와주시게. 그리고 유비 형님의 가솔들을 나 대신 안전하게 보호해주시게. 당연히 그 어떤 해코지도 있어선 안 되네."

만약 이렇게 말했더라면 호혜성 원리의 주도권은 관우가 쥐게 되었을 것이다. 하지만 그는 이미 그 기회를 놓쳐버렸다.

장료는 그제야 관우 앞에선 칼보다 말이 더 유리하다는 것을 깨달았다. 몇 마디 대화를 주고받으면서 마음의 짐을 던 장료는 청산유수처럼 말을 쏟아냈다.

"형님. 지금 현덕공의 행방도 알 수 없고 장비 역시 죽었는지 살았는지 모르지 않습니까? 조승상께서 하비下邳성을 함락시켰지만, 백성 중 누구 하나 다친 사람이 없습니다. 게다가 승상께서는 병사들에게 유비의 식솔들을 보호하라는 명령까지 내리셨습니다. 이 소식을 형님께 전해드리고자 이렇게 달려온 것입니다."

관우는 이제야 이해했다는 투로 말했다.

"결국 네놈의 속셈은 나를 투항시키러 온 것이구나! 내가 이렇게 궁지에 몰려 있다고 목숨을 부지하는 데 연연할 것처럼 보이더냐? 당장 돌아가거라. 싸울 준비를 할 것이다!"

이쯤 되면 이미 장료가 주도권을 잡았다고 볼 수 있다. 장료는 큰 소리로 웃으며 말했다.

"형님. 세상 사람들이 형님을 보고 모두 비웃을 것입니다!"

"내가 충의를 위해 목숨을 바친다는데 누가 비웃는단 말이냐? 네놈이 그 세 치 혀를 놀려 나를 조조에게 투항시키려 할 생각이었다면 어림없다 이놈!"

"만약 형님께서 오늘 전장에서 죽는다면 세 가지 죄를 짓게 될 것입니다!"

"이왕 네놈이 말을 꺼냈으니 들어나 보자꾸나. 대체 그 세 가지 죄목이 무엇이더냐?"

장료는 '뒤도 돌아보지 않고 싸우러 나갈까 봐 걱정이었는데 이렇게 먼저 미끼를 물다니, 투항은 이제 시간문제구나'라고 생각했다.

"형님과 현덕공은 의형제를 맺으면서 한날한시에 죽기로 약속하지 않았습니까? 그런데 지금 현덕공의 생사도 확인할 수 없는 상태가 아닙니까? 장담하건대 현덕공은 아직 죽지 않았습니다. 만약 죽었다면 금세 발견되었을 것입니다. 그렇게 큰 귀에 긴 팔을 가진 자가 어디 그리 흔하겠습니까? 현덕공이 죽지도 않았는데 형님이 먼저 죽는다면 이것이야말로 맹세를 저버리는 행동이 아니겠습니까? 이것이 바로 첫 번째 죄목입니다."

관우는 아무 대답도 하지 못했다. 장료는 자신의 승리를 직감한 채 말을 계속 이었다.

"현덕공의 두 부인을 내게 맡긴 채 형님이 오늘 전장에서 전사한다면 두 부인은 누가 보살핀단 말입니까? 형님은 현덕공의 처첩들을 보호할 의무를 저버리게 되는 것입니다. 이것이 바로 두 번째 죄목입니다. 세 번째 죄목을 말씀드리겠습니다. 형님은 문무와 재능을 겸비한 분이니 당연히 현덕공을 도와 한나라 황실을 일으키고 역사에 길이 남을 대업을 이루셔야 하지 않겠습니까? 그런데 오늘 이렇게 감정에 휘둘려 죽음을 택한다면, 후에 현덕공이 다시 재기할 때 누가 그분을 보필한단 말입니까? 이대로 죽어 지하에서 탄식만 하실 생각이십니까? 이게 바로 세 번째 죄목입니다."

장료의 말은 누가 봐도 정말 그럴듯했다. 호혜성 원리뿐 아니라 약속의 이행 원칙을 동시에 이용했다. 장료의 말에는 구구절절 유비와 도원결의의 맹세가 빠지질 않았다. 이제 상황은 완전히 역전되었다. 만약 관우가 투항하지 않는다면 애초에 유비, 장비와 다짐했던 맹세를 어기게 될 뿐 아니라 자신 역시 충의를 저버리는 사람이 될 것이다. 이제는 투항만이 맹세를 지킬 수 있는 유일한 방법이 되고 말았다.

관우의 최대 약점이 유비라면, 관우의 마지막 자존심은 바로 충의였다. 관우가 죽음을 불사한 이유는 바로 유비에게 의리를 지키기 위함이요, 또한 충성스러운 장군이 되기 위해서다. 관우에게 이 두 가지는 절대 흔들리지도 변하지도 않는 철칙이다. 장료는 바로 이 '약속의 이행' 원칙의 핵심을 찌른 것이다. 표면적으로 보면 관우가 처음 선택한 방법이 약속의 이행 원칙에 부합하는 처사다. 하지만 장료는 그 내면의 본질을 이용하여 관우의 죽음을 철저히 막아버렸다. 그러니 이제 관우는 자신의 의지대로 죽을 수도 없게 되었다. 자신의 죽음은 곧 유비에 대한 배신이자 불충스러운 행동이기 때문이다.

관우는 반박할 여지가 없었다. 반박하기에는 장료의 말이 너무도 치밀하게 잘 맞아 들었기 때문이다. 관우는 어쩔 수 없이 입을 뗐다.

"그럼 어떻게 하면 좋겠는가?"

어떤 사람이 상대방에게 이런 질문을 던진다는 것은 자신의 운명에 대한 선택권을 다른 이에게 넘긴 것이나 다름없다. 관우는 이미 조조 진영의 문턱을 절반은 넘은 셈이다.

하지만 장료 역시 기뻐하기엔 아직 이르다. 관우가 투항하지 않을 가능성도 있기 때문이다. 잊지 마라. 관우는 굉장히 체면을 중요하게 여기는 사람이다. 아무리 말을 그럴듯하게 해도 조조에게 투항하는 것은 그 자체만으로 매우 굴욕적이고 비참한 일이다. 과연 관우는 정말 그의 제안을 받아들일까?

장료 역시 절대 만만한 인물이 아니었다. 그는 관우를 잘 꿰뚫고 있었다. 이 순간 절대 관우가 궁지에 몰려 조조에게 투항한다는 느낌을 받게 해서는 안 된다는 것도 알았다. 항복은 끝이 아니라 살아남아 후일을 도모할 수 있는 유일한 길임을 인식시켜야 한다.

"형님 보십시오. 사방이 조조의 군사들입니다. 투항하지 않고 버티면 결국 죽음뿐인데 그럴 바에는 조조에게 일단 투항한 뒤 현덕공의 소식을 기다리는 게 낫지 않겠습니까? 현덕공의 행방을 듣게 되면 그때 떠나도 늦지 않습니다. 일단 투항하면 세 가지를 얻게 될 것입니다. 첫째는 현덕공과 도원에서 한 맹세를 지킬 수 있고, 둘째는 현덕공의 두 부인을 무탈하게 잘 보호하여 그 책임을 다할 수 있으며, 셋째는 목숨을 보전하여 후에 다시 현덕공께 도움이 될 수 있을 것입니다. 형님께선 어떻게 생각하십니까?"

장료가 말한 세 가지에는 구구절절이 '유비'가 포함되어 있었다. 장료는 유비라는 좋은 지렛대를 가지고 관우라는 원석을 마음대로 저울

질했다. 장료의 수법은 '맹세'에서 시작하여 다시 맹세의 본질로 되돌아왔다. 결국, 관우를 설득한 것은 장료의 말이 아니라 바로 관우 자신이었다. 장료는 관우가 지키고자 하는 맹세를 이용해 관우의 행동을 속박하여 스스로 약속을 지키게끔 만든 것뿐이다.

하지만 관우 역시 그리 호락호락하지만은 않았다. 장료는 '유비의 소식을 들으면 그때 떠나면 되지 않느냐'라고 말하지만, 일단 적진에 제 발로 들어간 이상 제 마음대로 나올 수 있을 리가 없었다. 한참 생각에 잠겨있던 관우가 말했다.

"내가 투항을 하면 반드시 세 가지 요구를 들어주어야 하네. 그러지 않으면 내 아무리 자네가 말한 세 가지 죄목을 어기게 된다 할지라도 죽음을 택할 것이네!"

도대체 관우가 말한 세 가지 요구는 무엇일까? 과연 장료는 관우를 투항시킬 수 있을까?

◈ 심리학으로 들여다보기

상대방을 설득시킬 가장 좋은 방법은 '상대방의 생각을 역이용'하는 것이다. 모든 논리에는 허점이 있으며 경우에 따라 상대의 의견이 자신에게 유리한 지점에서 재활용될 수 있다. 반론이 어렵다면 상대의 의견을 뒤집어 보자.

상상으로
위기를 극복하다

장료는 생각했다.

'일단 관우가 투항해야 승상의 체면도 살 것이고, 나 역시 공을 하나 세울 게 아닌가? 세 가지가 대수인가? 서른 가지라도 들어줘야지!'

여기까지 생각을 마친 장료가 말했다.

"말씀해보십시오."

"첫째, 난 형님과 함께 한 황실을 일으킬 것을 맹세했네. 나는 오늘 한 황제에게 투항하는 것이지 조조에게 투항하는 것이 아닐세. 둘째, 두 형수님이 생계를 이어나갈 수 있도록 유황숙의 녹봉을 전부 그분들께 지급해줄 것이며 불한당들이 그분들을 괴롭히지 않도록 조치해주시게. 셋째, 나는 유황숙의 소식을 듣게 되면 그곳이 천 리든 만 리든 언제든지 형님을 찾아 떠날 것이네. 이 세 가지 조건 중 하나라도 받아

들여지지 않는다면 절대 투항하지 않을 것이네. 어서 돌아가 나의 뜻을 전하시게."

관우의 임기응변 능력도 정말 대단하지 않은가! 이 세 가지 조건을 제시한 것은 관우가 스스로 '흔들리고 있는 평정심'을 조금은 되찾았음을 의미한다.

평정심이 흔들리는 것은 두 종류의 중요한 신념, 태도가 충돌할 때 내면에서 극도의 혼란스러움이 일어나기 때문이다. 하지만 인간은 오랜 시간 이런 불편함을 견디지 못한다. 그래서 자신의 신념 또는 태도를 바꿔서라도 그 혼란스러움을 해결하려 한다.

앞에서도 말했지만, 관우가 조조에게 투항하는 것은 이유를 불문하고 자신의 원래 신념에 위배되는 행동이다. 하지만 관우가 적시에 자신의 심리상태와 태도를 바꾸지 않았다면 지금의 곤경을 헤쳐나갈 수 없었다.

관우가 말한 첫 번째 조건은 사실상 자기기만과 같다. 한나라에는 항복하고 조조에게는 항복하지 않는다니 이게 대체 무슨 말인가! 유비, 관우, 장비는 본래 한 황실을 일으키고자 하는 신념으로 뭉쳤다. 이제껏 단 한 번도 한 왕실과 한 황제를 배반한 적이 없으며 오직 한나라 황실에 소속되어 있었다. 한순간도 한 황실과 적대적이었던 적이 없는데 한 황제에게 투항하겠다니 이게 대체 무슨 말인가? 논리적으로 봤을 때 전혀 앞뒤가 맞지 않는 말이다. 하지만 지금 관우는 매우 다급한 상태다. 그는 자신이 조조에게 투항하는 사실에 어떻게든 합당한 이유를 찾아야만 했다. 그래야 후에 이 일로 질타를 받아도 당당하게 자신은 조조에게 투항한 것이 아니라 한 황제에게 투항한 것이라고 말할 수 있지 않겠는가?

그렇다고 관우를 비웃을 일만도 아니다. 사람이라면 누구나 자기기만이 필요할 때가 있다. 심리학 연구에서 이미 밝혀졌듯, 인간의 행위는 대뇌의 직감과 아주 작은 의식의 감지에 지배받는다. 따라서 사람과 사람이 가까워지는 과정에는 음모와 기만이 가득 차 있다. 물론 그 음모와 기만의 대상에는 상대방뿐 아니라 자기 자신도 포함된다.

자기기만은 상상을 통해 인생의 어려움을 해결하고자 하는 심리적 탈출구와도 같다. 사람들은 외부의 위협에 노출되어 있거나 자신의 이미지를 걱정할 때 모두 이런 방법을 택한다.

관우가 제시한 두 번째 조건은 바로 호혜성 원리와 관련이 있다. 관우는 유비의 녹봉으로 그의 두 부인의 생계를 해결했다. 그러니 이후 조조의 신세를 질 필요도 없고 조조에게 충성을 강요받지 않아도 된다. 하지만 조조는 명실공히 한나라를 대표하는 자다. 게다가 유비는 조조와 적대적으로 대치하다 도망쳤기에 이미 녹봉을 요구할 명분을 상실한 상태다. 결국, 호혜성 원리의 힘을 이용했지만 그것이 자기기만이라곤 생각지 못한 것이다.

세 번째 조건은 앞서 장료가 먼저 관우에게 제시했던 것이다. 장료는 관우를 투항시키기 위한 임시방편으로 내세운 것인데 오히려 관우가 그것을 역으로 이용했다. 관우 역시 후에 자신이 유비를 잊지 않았다는 것을 증명하려면 미리 빠져나갈 구멍을 만들어야 했다.

관우의 요구에 장료는 더욱 머리가 복잡해졌다.

'관우 한 사람 설득하는 것이 검을 쓰는 것보다 힘들구나. 이렇게 말도 안 되는 조건을 제시하고도 얼굴색 하나 변하지 않다니!'

어쨌든 따져보면 관우가 말한 세 번째 조건은 그저 말에 불과할 뿐 일단 항복하면 떠나는 건 그리 쉬운 일이 아니다. 두 번째 조건을 살펴보자. 조조가 가진 것은 돈뿐이니 이는 어떻게든 명분을 만들어서 유비의 부인들에게 주면 되는 일이다. 이 또한 그리 어려운 일은 아니다. 가장 골치 아픈 것은 바로 첫 번째 조건이다. 한나라에 투항하되 조조에게는 투항하지 않겠다니! 조조가 어디 승상 자리에 그칠 자인가? 이런 조건에 조조가 절대 응할 리 없었다. 생각해보면 그렇지 않은가? 관우의 체면도 체면이지만 조조라고 체면이 안 중요하겠는가?

장료는 관우에게 예를 갖춰 인사를 했다. 하지만 속으로는 화가 치밀어 올라 더는 아무 말도 하고 싶지 않았다. 그는 땅에 떨어져 있던 검을 집어 든 채 곧바로 뒤돌아 떠났다. 관우는 수염을 만지며 회심의 미소를 지었다.

관우는 굉장히 체면을 중요하게 생각하는 사람이다. 따라서 누가 들어도 타당한 이유, 즉 자신의 행동을 합리화시킬 이유를 찾아야만 했다. 관우의 입장에선 반드시 이 세 가지 조건이 수용되어야만 스스로 떳떳해질 수 있었다. 하지만 이러한 심리가 꼭 관우에게만 해당하는 것은 아니다. 우리의 사회생활에서도 이러한 현상들이 존재한다.

아프리카 수단의 남부에 거주하는 누에르족과 딩카족은 목축을 생업으로 하는 부족들인데 공통적으로 특이한 풍속을 갖고 있다. 바로 어린아이의 앞니가 자라자마자 발치하는 것이다. 주로 낚싯바늘로 윗니는 두 개, 아랫니는 네 개에서 여섯 개까지 뽑는다. 발치 과정이 굉장히 고통스러운 것은 물론이고, 발치한 부족민의 아래턱은 하나같이 아래로 쳐져 있다. 차마 눈뜨고 보기 힘들 정도다.

그들이 이러한 풍습을 갖게 된 데에는 그럴만한 이유가 있다. 당시 중앙아프리카 지역에 파상풍이 창궐했다. 파상풍에 걸리면 이가 꽉 물려 입을 벌리지 못하는 증상을 보였다. 그러면 이를 뽑아서라도 그 구멍으로 음식물을 섭취하도록 해야 했다. 물론 지금은 수단 남부지역에 파상풍이 사라진 지 오래지만 누에르족과 딩카족은 여전히 어린아이의 앞니를 뽑는 풍습을 유지하고 있다. 이는 풍습이 고착되어 미의 기준으로 바뀌었기 때문이다. 사실 이들은 쳐진 아래턱과 늘어진 입술이 아름답다고 여기는 반면 앞니가 있는 사람은 이리를 닮았다고 생각한다. 이렇듯 앞니가 없는 것이 아름다운 모습이라 여기기에 아이들에게 발치의 고통을 감수하게 하는 것이 옳은 선택이라고 믿는다. 관우 역시 마찬가지였다. 그의 잠재의식에 '투항'은 옳은 행동이며 어쩔 수 없는 선택이었다는 것을 증명해줄 합당한 이유를 찾아야만 했다. 그래야 나중에 자신의 행동이 이해받을 수 있기 때문이다.

조조는 장료에게 관우의 '세 가지 조건'을 보고 받았다. 하지만 조조의 대답은 장료의 예상을 빗겨나갔다. 장료는 첫 번째 조건을 가장 우려했지만 조조는 크게 개의치 않았다.

"나는 한나라의 대 승상이네. 내가 한이고, 한이 곧 나인데 문제 될 게 뭐 있겠는가."

조조의 이 한마디는 그가 황제를 전혀 자신의 상대로 생각하고 있지 않음을 의미한다. 즉 조조에게 어린 황제는 자신의 꼭두각시일 뿐이었다. 하지만 그는 더 많은 말을 덧붙이진 않았다. 다른 이에게 자신의 이런 속내가 들킬까 봐 두렵기도 했고 관우의 체면과 자존심을 짓밟는 일이기도 했기 때문이다. 장료는 안도의 한숨을 내쉬었다. 가장 우려

했던 문제가 해결되었으니 오늘에서야 드디어 자신도 큰 공을 세우게 된 것이다.

두 번째 조건에 대해서도 조조는 별다른 이견 없이 수긍했다.

"돈 문제라면 크게 어렵지 않네. 유비 녹봉의 두 배를 주겠네. 당연히 그들의 신변의 안전도 지켜줄 것이네."

조조가 관우를 움직일 방법은 그다지 많지 않았다. 따라서 돈으로라도 정성을 들이면 분명 후에 유용하게 쓰일 날이 오리라 생각한 것이다. 하지만 조조는 장료가 가장 쉽게 넘어갈 것이라 생각했던 세 번째 조건에 대해선 동의하지 않았다.

"만약 유비의 소식이 닿아 관우가 떠나게 된다면 내가 관우를 곁에 두는 의미가 없질 않은가? 절대 안 될 말일세."

장료는 크게 실망했다. 얼마나 힘들게 설득시켰는데 일이 이렇게 어그러지니 달갑지 않은 게 당연했다.

이는 인류의 고질병이기도 하다. 사람은 자신이 공을 많이 들인 일일수록 어떻게든 그 일의 타당성을 지키려는 심리가 있다. 설령 그것이 잘못된 것이라는 명확한 증거가 있다 할지라도 말이다. 이러한 심리는 현재 관우에게도 해당된다. 관우는 이전부터 유비에게 자신의 모든 것을 걸었다. 그는 충성으로 자신이 유비의 사람이라는 것이 증명해왔다. 유비에게 충성하는 것이 옳은 일임을 확신할수록 그 충성심은 더욱 확고해졌다. 만약 그가 유비에 대한 도리와 의리를 포기했다면 조조에게 항복한 뒤 그를 위해 더 많은 공을 세웠을 것이다.

그러니 조조가 염려하는 것도 당연했다. 만약 관우의 세 번째 조건을 들어주게 되면 이는 공개적인 약속이나 다름없다. 조조와 같은 신분과 위치에 있는 인물이 어찌 공개적으로 그 약속을 어길 수 있겠는가? 조조도 '약속의 이행' 원칙을 알고 있었다.

장료는 고민 끝에 조조에게 말했다.

"소신의 생각에 이 문제는 그리 염려하실 필요 없습니다. 관우가 유비에게 그토록 충심을 지키는 것은 유비가 그만큼 관우에게 베푼 은혜가 많아서 그런 것이 아니겠습니까? 본디 사람의 마음이란 것이 없다가도 생기는 법이니 승상께서 더 많은 은혜를 베푸신다면 굳이 이런 걱정을 하실 필요가 있겠습니까?"

장료의 말의 숨은 뜻은 일단 관우를 투항시키기만 하면 이후의 일은 자연히 해결되리란 것이었다. 조조는 생각에 잠겼다. 가만히 생각해보니 자신의 조건이 오갈 곳 없는 처량한 신세인 유비보다야 훨씬 낫질 않은가? 일단 관우를 항복시키기만 하면, 그다음에 어떻게 해서든 관우의 마음을 움직여 곁에 두면 될 일이었다. 조조가 대답했다.

"세 번째 조건까지 모두 받아들이겠네."

장료는 날아갈 듯이 기뻤다. 그는 재빨리 말을 몰아 관우를 만나러 갔다. 물론 이번에는 칼은 들고 가지 않았다. 조조는 장료의 뒷모습을 보며 자신도 모르게 감탄했다.

"장문원張文遠 저자가 인재일 줄이야! 내 밑의 그토록 많은 책사를 제치고 일개 무장이 이런 큰 공을 세우다니! 좋다. 돌아오면 내 저자를 중용할 것이다."

세상일이라는 게 이렇다. 꼭 어떤 일에 적합한 사람만이 그 일을 잘하라는 법은 없다.

관우는 장료의 답을 들은 뒤 말했다.

"한 가지 더 부탁이 있네. 조승상께 내가 두 형수님을 찾아뵐 수 있도록 포위를 풀어달라고 청해 주시게. 형수님들을 찾아뵙고 설명해드린 뒤 바로 항복하겠네."

이 말을 들은 장료는 만감이 교차했다. 이 답을 얻으려고 그동안 얼마나 애를 끓였던가! 장료는 그 길로 당장 조조에게 달려가 관우의 말을 전했다.

관우의 청은 이해할 수 있는 행동이다. 누구나 자신이 품고 있는 스트레스가 한계를 넘어서면 그것을 호소하고 발산할 곳을 찾게 된다. 투항을 결정했을 때 관우의 내면에서 느끼는 심리적 압박감은 말로 표현할 수 없을 정도로 컸을 터, 분명 혼자서 감당하기가 힘들었을 것이다. 만약 조조에게 투항하는 사실을 형수들에게 털어놓는다면 관우로서는 책임감의 무게를 조금이나마 덜 수 있게 된다. 설사 두 형수가 실질적으로 아무런 힘이 되지 못한다 할지라도 그녀들이 알고 있는 것만으로도 이미 책임감의 무게는 삼 분의 일로 나뉜다.

조조는 장료로부터 보고를 받은 뒤 모든 병사를 삼십 리 밖으로 퇴각시켰다. 그때 옆에 있던 조조의 책사 순욱荀彧이 말했다.

"불가하옵니다. 관우가 어떻게 변할지 모르는 일입니다."

조조는 순욱을 향해 눈을 흘겼다.

'이런, 장문원보다 못한 사람 같으니라고!'

그리고는 침착하게 말했다.

"관우는 충의를 지키는 장군이네. 절대 약속을 어길 인물이 아닐세."

조조는 정말 배울 게 많은 인물이다. 특히 '약속의 이행' 원칙을 누구보다도 잘 활용한 인물이 아닐까 싶다.

이렇게 해서 관우는 두 형수를 찾아갔다. 하지만 여전히 심란한 마음을 감출 수가 없었다. 만약 두 형수가 대의에 대한 책임을 물으며 조조에게 투항하는 것을 허락하지 않는다면 오직 죽음으로써 사죄하는 수밖에 없었다.

◈ 심리학으로 들여다보기

자기기만은 단순히 자신을 속이고 남을 속이는 것이 아니다. 세상은 그렇게 호락호락하지 않다. 자기기만은 부득이한 정당방위일 뿐이다. 핑계나 변명으로 일을 무마시키거나 책임에서 빠져나가려 하지 마라. 그럴수록 우스운 사람이 된다.

잘못된 신념도 신념이다

유비는 원래 평소에도 잘 울었지만 관우가 우는 모습은 전혀 의외였다. 오랜 시간 함께하면 습관도 비슷해지는 것일까?

관우는 문을 열고 들어서자마자 한마디 말도 없이 무릎 꿇고 대성통곡을 했다. 우는 것도 잘 배워놓으면 인간관계에서 유용하게 쓰일 때가 있다.

관우가 그처럼 서럽게 통곡한 이유는 비통한 마음 때문이 아니라 차마 말을 꺼내기가 어려워서다. 어찌 됐든 유비를 배신하고 조조에게 투항한다는 것은 불명예스러운 일이었다. 이런 상황에선 형수가 먼저 말문을 열어주고 관우가 사정을 설명하는 것이 가장 이상적이다. 2인 만담 극에서도 보조자가 먼저 만담꾼에게 멍석을 깔아주지 않던가? 그녀들이 자처해서 만담꾼의 보조자 역할을 할 리는 없지만 관우가 울고 있는 상황에선 왜 우는지 물어볼 수밖에 없다. 이렇게 그녀들이 의도치 않게 만담꾼 보조자가 되어주면 관우는 다음 말을 꺼내기가 쉬워진다.

역시 관우의 눈물은 효과가 있었다. 하지만 두 형수의 첫 질문은 관우의 예상을 빗나갔다.

"황숙은 지금 어디에 계십니까?"

어찌 보면 그녀들과 유비는 부부이니 남편의 생사를 가장 먼저 묻는 것이 당연한 반응이었다. 관우가 대답했다.

"잘 모르겠습니다."

두 부인은 순간 가슴이 철렁했다. 하지만 유비에게 버림받은 것이 처음 있는 일도 아니기에 금세 마음을 다독였다.

"그런데 둘째 시숙께서는 무슨 까닭으로 그렇게 서럽게 우십니까?"

드디어 기다렸던 말을 듣게 된 관우는 곧장 대답했다.

"소인이 어떻게든 싸워보려 했지만 결국 성이 포위되고 말았습니다. 여러모로 불리한 상황에서 장료라는 자가 투항을 권유했고 소인이 내세운 세 가지 조건을 조조가 모두 들어주기로 했습니다. 두 분께 상의 드리지 못하고 홀로 결정을 내렸습니다. 형님의 생사를 생각하니 소인 두 분을 뵐 면목이 없어 통탄스러울 뿐입니다."

그러자 감씨가 말했다.

"어제 조조의 군대가 성안으로 오는 것을 보고 전 이젠 죽은 목숨이라 생각했습니다. 그런데 아무 공격도 없었고 단 한 명의 사병도 침입하지 않았습니다. 어차피 시숙께서 이미 약속하신 것이 아닙니까? 굳이 우리 생각까지 말할 필요가 있겠습니까? 단지 조승상께서 시숙을 황숙께 보내주지 않을까 걱정될 뿐입니다."

감씨의 말에는 세 가지 의미가 내포되어 있다. 첫째, 자신들의 평안과 관우의 투항은 직접적인 관계가 없다는 뜻이다. 두 부인은 어젯밤 아무런 공격도 받지 않았고, 관우의 투항은 오늘에서야 일어난 일이다. 즉 자신들을 보호하기 위해 투항한 것이라 한다면 이는 핑계일 뿐임을 지적한 것이다. 감씨가 이처럼 말한 것은 관우의 투항에 반대한다는 뜻이다. 하지만 그녀의 말에는 이것 말고도 많은 뜻이 함축되어 있었다.

둘째, 감씨는 관우의 투항에 더욱 함축적인 말로 불만을 표시했다. 이미 혼자서 모든 결정을 해놓고 이제 와 자신들을 찾아와 무슨 말을 하고자 한단 말인가? 이는 결정된 일을 통보하러 온 것이지 자신들과 상의하러 온 것이 아님을 지적한 것이다. 자존심과 체면이 있는 사람이라면 누구든 불쾌했을 일이다.

허나 감씨는 곧바로 말의 화두를 돌렸다. 그녀는 미심쩍은 듯 관우에게 물었다.

"그런데 조승상께서 시숙을 보내주지 않는다면 어찌하실 생각입니까?"

이 말은 본심은 관우의 투항에 동의하되 향후 앞날에 대해 관우의 약속을 받아내겠다는 의미가 담겨 있다. 당연히 유비의 부인으로서 영원히 조조의 그늘 아래 산다는 건 끔찍한 일이었다.

정말 총명한 여인들이다. 그녀들은 관우의 투항에 불만을 품고 있으면서도 함부로 관우를 책망하지 않았다.

미국의 심리학자 에디 하몽존스Eddie Harmon Jones는 몇 가지 실험을 통해 다음과 같은 결론을 얻었다. 사람들은 자주 선택의 기로에 놓인다. 하지만 그 선택이 올바른 길이라는 것을 완벽하게 증명할 방법이 없다. 그럴 때 사람들은 본능적으로 증거를 찾아 자신의 선택이 옳았음을 증명하려 한다. 하지만 캐롤타비스Carol Tavris와 앨리엇 애런슨Elliot Aronson은 다음과 같은 결론을 내렸다.

"자신의 잘못을 인정하지 않는 사람의 경우, 자신의 신념이 틀렸다는 게 증명되는 순간 오히려 더욱 자신의 신념을 고집하게 된다."

이런 상황에서 그녀들이 관우의 결정을 무턱대고 책망할 경우 두 가지 결말을 예상할 수 있다. 첫째, 관우는 수치심에 못 이겨 그 자리에서 죽음을 택할 것이다. 하지만 이보다 더 가능성 있는 결말은 그녀들의 책망이 오히려 관우를 자극하여 자신이 내린 결정의 타당성을 지키기 위해서라도 절대 뜻을 굽히지 않았을 것이다. 그리되면 결국 이들의 관계는 산산이 조각나게 된다.

물론 이 두 가지 상황 모두 그녀들이 바라는 바가 아니다. 실은 그녀들도 이미 알고 있었다. 유비는 그녀들이 의지할 만한 사내가 아니었다. 늘 중요한 순간에 도망쳤기 때문이다. 이전에 유비가 여포와 전투를 벌였을 때도 지금과 똑같은 상황이었다. 당시엔 장비가 두 부인을 보호하고 있었는데, 술에 취해 자다가 그만 여포에게 성을 빼앗기고 말았다. 이때 유비의 부인은 여포의 손에 넘어갔었다. 하지만 다행히 여포가 유비와의 정을 생각하여 두 부인을 잘 보살펴주었으며 적절한 시기에 돌려보내 주었다.

훗날 장비가 두 부인을 지키지 못했다는 죄책감에 칼로 자결하려 하자 유비가 그를 끌어안았다. 이때 유비가 장비에게 한 말이 있다.

"형제가 수족이라면 아녀자는 의복과도 같네. 옷은 해지면 바꿔 입으면 되지만 수족이 없으면 어찌 살 수 있겠는가?"

이 말은 유비가 남성과 여성 동반자에 대해 어떤 관념을 가지고 있었는지 극명하게 나타낸다.

유비의 두 부인은 아직 자녀를 낳지 못한 상태라 조금도 부담을 느끼지 못하고 있었다. 유비가 대업을 이루면 그녀들을 대신할 상대를 찾는 것은 옷을 갈아입는 것만큼이나 쉬운 일이라고 생각한 때문이다. 이 또한 유비가 자기 아내를 버리고 도망간 이유이기도 하다.

하지만 그녀들 역시 버림받는 과정에서 나름 배운 것이 있었다. 유비의 부인이라서 좋은 점은 바로 유비의 적들이 그녀들에게만큼은 해코지하지 않는다는 것이고, 반대로 유비의 부인이기에 겪어야 하는 슬픈 일은 언제 어떻게 유비로부터 버림받을지 모른다는 점이었다. 아녀자에게 남편은 자랑스러운 존재였다. 특히나 난세에서는 이만한 인물도 찾기 쉽지 않은 것도 사실이다. 그러니 그녀들로서는 유비가 금세 마음을 바꿔 '새 옷'으로 바꿔 입을까 전전긍긍할 수밖에 없었다.

결국 지금의 상황에서 그녀들이 믿을 사람은 오직 관우뿐이었다. 관우 옆에라도 붙어 있어야 앞으로 계속 유비의 '옷'으로 남아있을 수 있는 희망이라도 있지 않겠는가? 그녀들이 조조가 관우를 놔주지 않을까 걱정하는 것도 바로 이 때문이었다.

관우는 그녀들 앞에서 굳게 맹세했다.

"형수님, 안심하십시오. 제가 살아있는 한 반드시 형님을 찾아 떠날 것이옵니다. 승상인 조조의 말은 곧 명령입니다. 그런 그가 자신의 말을 번복한다면 어느 누가 그를 따르겠습니까?"

관우의 말은 두 부인을 안심시키겠다는 목적도 있지만, 자신의 선택이 틀리지 않았음을 다짐받고자 하는 마음도 포함되어 있었다. 더불어 과도한 자신감의 표현이기도 했다.

유비를 찾아 조조 곁을 떠나겠다는 약속은 분명 가까운 시일 내 지킬 수 있는 약속이 아니다. 어쩌면 기약할 수 없을지도 모른다. 일반적으로 약속을 이행해야 하는 시기가 멀수록 자신감은 높아진다. 반대로 약속을 이행해야 하는 시기가 가까워질수록 자신감은 점점 줄어들 수밖에 없다. 관우는 이미 충분한 시간을 벌어둔 상태이기에 과도한 자신감이 표출된 것이다.

그러나 과도한 자신감은 때론 심각한 결과를 초래한다. 예를 들어 1969년 캐나다 몬트리올 시의 시장 장 드라포Jean Drapeau는 1976년 올림픽을 대비해 1억 2천만 달러를 들여 천장을 여닫을 수 있는 체육관을 짓겠다고 자신만만하게 선언했다. 하지만 그 체육관은 20년이 지난 1989년에서야 완공이 되었다. 더구나 체육관의 지붕을 짓는 데만 1억 2천만 달러가 소요됐다.

이런 예까지 들어가면서까지 관우의 과도한 자신감을 우려하는 이유는 바로 조조 때문이다. 조조가 마음만 먹으면 어떤 방법으로든 관우가 떠나는 것을 막을 수 있다. 모든 성문의 병사들이 관우를 포위할 텐데 과연 그들이 조조의 명령 없이 쉽게 관우를 보내줄까? 나간다 해도 돈도 없고 식량도 없는 상태에서 도망가 봤자 얼마나 멀리 갈 수 있을까? 게다가 두 형수까지 조조에게 묶여 있는 상황에서 관우가 쉽사리 떠날 수 있을까?

관우는 고대 동양의 위인 중 흔치 않게 감정이 말과 표정에 나타났던 인물이다. 이런 사람이 과도한 자신감을 드러낼 경우 사람들은 비교적 그의 말에 수긍한다. 심리학자들 역시 이전에는 겉으로 드러나는 언행만 가지고 그 사람의 자존심을 평가했었다. 하지만 이후 연구 결과, 얼마나 겸손한지를 떠나서 대다수 사람이 천성적으로 자신감을 갖고 있다는 사실이 밝혀졌다. 단지 일부 사람은 이런 자존심을 드러내지 않고 내면에 깊이 숨겨둘 뿐이다.

워싱턴대학의 심리학자 윌리엄스와 동경대학의 야마구치 교수는 미국, 일본, 중국의 500여 개 명문 대학의 대학생들을 대상으로 내재적 연관 검사implicit association test로 학생들의 내재된 자존심을 테스트했다. 테스트 규칙은 정해진 시간 내에 자신을 나타내는 명사를 응답하는 것이다. 이 테스트의 원리는 시간이 길어질수록 설명이 어려워지는데, 그중 일부 단어를 자신과 연관 지어 응답해야 한다. 이때 그 사람의 내면에 잠재된 자존심과 자아태도를 테스트하는 것이다.

테스트 결과, 세 나라의 학생들은 겉모습은 완전히 달라도 공통으로 내면에 강한 자존심을 가진 것으로 나타났다. 그중 일본 학생은 내면의 자존심을 테스트하는 항목에서 다른 국가 학생들보다 높은 점수가 나왔다. 야마구치 교수는 해당 결과를 두고 다음과 같이 설명했다.

"일반적으로 동아시아 사람들의 경우 매우 분명한 자아 관념을 갖고 있다. 하지만 인위적으로 공손함과 겸손함을 강조하는 사회적 규범 때문에 이런 생각과 관념을 드러내지 못하는 것이다."

이 실험 결과를 보면 과도한 자신감은 결코 어느 한 사람에게 해당하는 특별한 현상이 아니라는 것을 알 수 있다. 과도한 자신감은 모든 이의 내면에 존재한다. 그러므로 지나친 낙관상태에 빠졌다는 것을 정확하게 판단하지 못하면 결국 언젠가는 자신을 다치게 만드는 결과를 초래하게 될 것이다.

어느새 항복의 시간이 다가왔다. 관우는 자신감을 가지고 조조 앞에 섰다. 조조는 자신을 따르는 모든 문무대신들에게 직접 관우를 맞이하도록 명령했다. 조조 자신도 원문轅門에서 나와 관우를 맞이했다. 하지만 원문에 가까워질수록 관우 마음은 복잡해졌다. 원칙대로라면 투항하는 자는 반드시 무릎을 꿇어야 한다. 하지만 말이 한에게 항복하는 것이지 실제로 자신의 항복을 받는 사람은 조조가 아닌가? 정녕 무릎을 꿇어야 한단 말인가? 말아야 한단 말인가?

약속의 이행 원칙을 어느 정도 이해했다면 이 상황에서 관우가 해야 할 행동도 짐작되리라.

◈ 심리학으로 들여다보기

과도한 자신감이야말로 자신에 대한 가장 큰 편견이다. 남들도 그만큼 할 수 있고 더 뛰어난 능력치를 가지고 있다. 노력하지 않고 할 수 있다는 생각만으로 버티지 마라. 세상은 냉정해서 땀 흘린 만큼만 보상해 준다.

행동이 생각을 바꾼다

투항은 당연히 원칙에 따라 이루어진다. 관우가 이미 투항을 결정한 이상 번복은 있을 수 없다. 자신의 말에 책임을 지려면 아무리 거부하고 싶어도 이 사회의 규칙에 따를 수밖에 없다.

관우가 말에서 내려 조조에게 항복했다.

"패敗 장군 관우, 목숨을 살려주신 승상의 너그러운 은혜에 감복하였습니다."

이에 조조가 대꾸했다.

"본디 그대가 충의로운 장군이라는 것을 알고 있소. 그런데 내 어찌 그대를 해할 수 있겠소? 나는 한의 승상이고, 그대는 한의 신하가 아닌가. 물론 신분이 다르지만 나는 그대의 인품과 덕을 존경하오."

조조의 말에는 또 다른 의미가 담겨 있다. 관우가 조조가 아닌 한나라에 투항하겠다는 말을 기억하는가? 여기서 조조는 관우가 스스로 신분을 기만한 것을 지적했다. 본래 한나라의 신하인 자가 한나라에 투항하겠다니? 그러니 오늘 이 자리에서 순순히 자신에게 투항하라는 의미이다. 최고의 하이라이트는 바로 마지막 말이다. '나는 그대의 인품과 덕을 존경하오'에 담긴 '인품과 덕'이라는 두 가지는 관우가 반드시 약속을 지키게끔 만들려는 전략이었다. 만약 관우가 약속을 어기고 달아난다면 그의 품성과 덕이 깎이는 일이다. 그러므로 이는 관우가 유비를 찾아 떠나는 것을 막기 위한 일종의 예방책인 셈이다. 말의 위력은 조조의 이 말 한마디만 보아도 충분히 느낄 수 있다. 조조가 이같이 말한 이유는 바로 관우가 무릎을 꿇고 항복하게 만들기 위해서다. 또한, 공개적으로 관우에게 믿음을 주기 위함이기도 하다.

하지만 관우가 어디 그리 녹록한 자인가? 관우로 말할 것 같으면 자부심과 자존심이 웬만한 사람과는 비교도 안 될 정도로 강했다. 그런 사람이 자신이 한 말에 책임을 지는 것은 당연한 일이다. 하지만 이런 부류의 사람은 자신의 자유와 자기 옹호를 매우 중요하게 생각하기에 자신이 모든 것을 장악해야만 비로소 안정감을 느낀다. 관우는 아주 예리하게 조조의 말에 숨겨진 뜻을 간파해냈다. 자신의 자유를 속박당했다는 느낌을 받자 오히려 반발심리가 거칠게 일었다. 그는 조조에게 반격의 화살을 날렸다.

"문원文遠을 통해 세 가지 조건을 말씀드렸습니다. 부디 승상의 인자한 모습을 보여주십시오."

관우는 더는 아무 말도 하지 않았다. 그의 말인즉 '승상께서도 약조를 반드시 지키십시오'라는 뜻이다. 여기서 관우는 '인자'라는 말로 조조를 압박했다. 인자 역시 품성을 나타내는 말이다. 두 사람 모두 말 한마디로 서로에게 족쇄를 채웠으니 둘 사이의 기운은 그야말로 막상막하였다. 결국, 본인이 한 말에 책임을 지지 않으면 조조는 곧 인자하지 않은 사람, 품성에 문제가 있는 사람이 된다. 그 말을 들은 이상 이 많은 사람 앞에서 어찌 약조를 어기겠다고 말할 수 있겠는가? 조조가 마지못해 답했다.

"하늘이 알고 땅이 알고 바다가 아는데, 내 어찌 내가 한 말을 모른 체할 수 있겠는가?"

하지만 관우는 여기서 그치지 않았다. 이번엔 제대로 기름을 들이부었다. 그는 단도직입적으로 말했다.

"이 몸이 모시는 주공이 어딘가에 살아 계신다면 그곳이 불 속 지옥이라 할지라도 그분을 찾아 떠날 것입니다. 바라 건데 그때 소인이 아무런 인사 없이 떠나더라도 승상께선 넓은 아량을 베풀어 주십시오."

관우가 이 점을 공개적으로 밝힌 것 역시 깊은 뜻이 숨겨져 있다. 일단 그와 조조가 약조한 세 가지 조건은 중간에서 전달한 장료만이 알고 있을 뿐 조조를 따르는 문무대신들은 전혀 모르는 일이었다. 그러기에 조조가 변심하여 약속을 지키지 않아도 그의 신용에 미치는 타격은 그다지 크지 않을 것이다. 따라서 관우는 만천하에 그 사실을 공개함으로써 조조에게 더 강한 책임감을 부여했다. 또한, 암묵적으로 만약 그때가 돼서 조조가 약조를 지키지 않게 되면 아무런 말 없이 떠날 터이니 후에 트집을 잡지 말라고 단단히 못을 박아 둔 것이다.

더 이상 조조가 반박할 여지가 남아있지 않았다. 조조는 하는 수 없이 대답했다.

“현덕공이 만약 살아있다면 그대의 바람대로 반드시 보내주겠네. 하지만 시국이 어지러운 때이니 그가 혹시 변이라도 당했을까 그게 걱정이네. 하여, 내 그대의 시름을 조금이나마 덜어주고자 하는 마음에 이 몸이 대신 현덕공의 생사를 알아봐 주겠네.”

조조의 뜻은 아주 간단명료했다.

‘네놈 맘대로 떠나도록 둘 순 없지. 그렇게 되면 내가 너무 손해가 아닌가? 그래도 유비의 생사는 내가 대신 알아봐 주지. 그럼 적어도 유비의 소식은 이 몸이 가장 먼저 듣게 되지 않겠는가?’

정말 기가 막히는 설전이었다. 이들의 논조는 상대방을 향해 날카롭게 대립각을 세우고 말에 또 다른 말이 숨겨져 있다. 보통 사람이라면 어디 이런 대화가 가능하겠는가? 조조는 옆에 있던 장료를 노려보며 속으로 생각했다.

‘일 처리를 이따위로 하다니!’

관우, 조조 그리고 유비의 두 부인, 이들의 보이지 않는 설전은 이로써 마무리가 되었다. 서로 각자 자신이 취할 것을 얻었으니 더 이상의 설전은 필요치 않았다. 관우는 다시 한번 감사의 절을 했고, 조조는 이들에게 성대한 연회를 베풀어 주었다.

조조는 군대의 철수 명령을 내렸다. 허창許昌으로 가는 내내 관우는 두 형수를 경호했다. 허창에 도착하자 조조는 별도로 저택을 마련하여 관우와 그녀들이 살 집을 마련해 주었다.

조조가 얼마나 관우를 아꼈는지는 다음 대목에서 알 수 있다. 조조는 즉시 관우를 데리고 한 황제를 알현했다. 비록 한 헌제가 허수아비에 불과했지만, 형식적으로 황제는 여전히 백성들에게 상징적인 존재였다. 또한, 조직 내 최고 위치의 지도자를 알현하는 것은 관우에게도 매우 영광스러운 일이 아닐 수 없었다. 관례상 조조와 함께 알현을 온 자는 하사품을 받았다.

헌제는 관우에게 관직을 하사할 것을 조조에게 명했고 조조는 황제의 명에 따라 관우에게 편장군偏將軍이라는 벼슬을 내렸다.

조조는 매 순간 어떻게 하면 관우를 자신의 심복으로 만들 수 있을까 고민했다. 그는 장료가 했던 말처럼 자신이 유비보다 더 많은 것을 주면 결국 관우도 자신의 곁에 남게 될 것이라 믿었다. 이는 호혜성 원리를 어떤 대상과 비교하는 상황에서 응용한 것이다.

둘째 날에도 조조는 성대한 연회를 베풀며 그 자리에 모든 문무대신을 불러 모았다. 그는 관우를 상석에 앉게 한 뒤 귀빈으로서 최상의 대우를 해주었다. 또한, 연회가 끝나면 그를 저택까지 바래다주었으며 백 필이나 되는 비단과 금은 그릇까지 하사품으로 준비해 두었다.

하지만 관우는 연이은 후한 대접에 곧바로 심적 부담감을 느꼈다. 아무런 공도 없이 녹을 받는 것은 분명 다른 의도가 있기 때문이다. 그러기에 받을 수도, 그렇다고 돌려보낼 수도 없는 노릇이었다. 결국 관우는 모든 하사품을 두 형수에게 맡겼다.

하지만 이것은 시작에 불과했다. 조조는 관우에게 사흘마다 소연회를, 닷새마다 대연회를 열어주었다. 말에 오르면 금을 쥐여주고 말에서 내리면 은을 안겨주었다. 어디 그뿐이랴? 조조는 관우에게 열 명의 미녀까지 선물했다.

관우는 조조의 거침없는 물량 공세를 막을 방법이 없었다. 하지만 그럴수록 관우의 경계심은 더욱 강해졌다. 그는 자신이 끊임없이 밀려

드는 조조의 물량 공세 앞에 무너질까 봐 두려웠다. 따라서 조조가 선물한 미녀들은 형수님들의 시중을 들게 했고, 조조가 보낸 금은보화, 비단 등은 전부를 장부에 기록해 창고에 보관했다.

이러한 조조의 물량 공세에는 '호혜성 원리' 외에 또 다른 법칙이 숨어 있다. 바로 '행동이 생각을 바꿀 수 있다'라는 논리다.

1964년 레온 페스팅거Leon Festinger는 '만약 우리의 행동이 말이라면, 우리의 생각은 마차와 같다'라고 말했다. 처음 이 말을 들으면 아마 이해가 잘되지 않을 것이다. 보편적으로 '생각이 행동을 바꾼다'라고 말하지, '행동이 생각을 바꾼다'라고 말하지 않기 때문이다.

관우가 유비에게 충성을 다하려는 생각이기에 그의 행동도 자연스럽게 유비에 대한 충성으로 이어졌다. 이는 '생각이 행동을 바꾼다'라는 논리를 아주 명확하게 나타내주는 예시다. 하지만 모든 상황이 이 논리에 따라 흘러가는 것은 아니다. 심리학자들의 연구결과에 따르면, 생각이 반드시 행동을 결정하는 것은 아니라고 한다. 생각과 행동 사이에는 그저 약한 상관관계가 있을 뿐이다.

미국 하원의 무기명 투표에서 어떤 새로운 의안이 절대적 우세로 통과되었다. 그런데 잠시 뒤에 유기명 투표를 시행한 결과 그 의안은 절대적 우세로 부결되었다. 무기명 투표에서는 투표자들이 투표 결과로 인한 영향을 받을까 고민할 필요가 없다. 하지만 유기명 투표일 경우 비난에 대한 두려움이 투표자의 진실한 태도를 왜곡시키게 된다. 동일한 의안에 동일한 투표자의 내적 태도는 반드시 일치해야 하지만 다른 투표 조건이 성립되면 사람들의 행동은 정반대의 양상을 나타냈다. 이는 생각이 반드시 행동을 결정하진 않는다는 것을 의미한다.

그렇다면 내면의 생각이 사람의 어떤 상황에서 외적 행동에 영향을 미치는 것일까?

일반적으로 생각은 보이지 않는 것이기에 타인이 우리 내면의 진짜 생각이 어떠한지는 알 수 없다. 하지만 생각에 따라 행동할 경우 자신의 행동이 어떤 결과를 만들어 낼지 신경 쓰일 수밖에 없다. 자기 생각으로 결정한 행동이 자신에게 불리한 결과를 가져다준다고 가정해 보자. 이 경우 우리는 내면의 진짜 생각을 배반하는 한이 있더라도 생각과 다른, 단 자신에게 유리한 방향으로 행동하게 된다. 이것이 바로 생각이 행동을 결정할 수 없다고 말하는 이유다. 반대로 우리 생각이 이미 어떤 강력한 힘에 의해 공개될 경우, 설령 자신에게 불이익이 생길지라도 약속의 이행 원칙을 지키기 위해서 반드시 그에 상응하는 행동을 하게 된다. 따라서 관우가 조조의 호의를 거절한 행동은 의외의 반응도, 예외의 행동도 아니다.

하지만 행동이 생각에 미치는 영향은 우리가 생각하고 있는 것보다 훨씬 크다. 배우를 예로 들어보자. 배우가 각자의 역할에 몰입하여 극 중 인물의 감정을 느낄 때 이들은 점점 자아의식이 아닌 극 중 인물 성격에 따라 행동하게 된다. 심지어 어떤 배우의 경우 영화 촬영이 끝난 이후에도 오랜 시간 극 중 인물 속에서 헤어 나오지 못한 채 그 인물로 살아가는 경우도 있다.

사람이라는 게 참 그렇다. 처음 한 번이 어렵지 두 번째부터는 쉽게 유혹에 넘어가게 된다. 또한, 처음에 어떤 작은 유혹에 빠지면 그다음엔 더 큰 유혹도 서슴없이 받아들인다. 작은 유혹이 점점 큰 욕심으로 번져 나중에는 자신의 의지로는 제어할 수 없는 상태까지 이르게 된다. 이러한 현상을 심리학에서는 '문간에 발 들여놓기 효과Foot In The Door Effect' 현상이라고 부른다.

조조가 끊임없이 물질 공세를 해대니 관우로서도 매번 거절할 수 없었다. 하지만 만약 그가 재물을 보고 욕심이 생겼거나 그것을 소유하려 했다면, 그의 이런 행동 변화는 곧 생각의 변화로 이어졌을 것이다. 자신의 손에 들어온 재물을 거절하는 것이 얼마나 어려운 일이겠는가? 도덕과 탐욕 사이에서 갈등할 경우 거의 대부분이 탐욕을 택하게 된다.

행동은 생각의 힘과 방향까지 바꿀 수 있다. 관우가 조조에게 하사품을 받는 행동은 유비에게 갖고 있던 강한 충성심을 점점 약하게 만들 것이다. 또한, 하사품의 가치가 높아질수록 유비에 대한 충성이 점점 조조에 대한 충성으로 옮겨가게 될 것이다. 이는 결코 현실적으로 가능성이 없는 이야기도 아니며 불가능한 일도 아니다. 삼국지에 나오는 장군 대부분이 적군에 투항한 후 새로운 주인에게 열과 성의를 다하여 충성했다. 하지만 이들과 달리 관우는 투항하고도 스스로 경각심을 잃지 않기 위해 노력했다. 투항한 이후에도 그의 생각과 태도에는 변화가 없었다.

어느 날 조조는 관우가 입은 녹색 도포가 낡아 헤진 것을 발견했다. 순간 이때다 싶어 눈대중으로 관우의 신체 치수를 살핀 뒤 재봉사를 시켜 새 옷을 짓게 했다. 그리고 관우에게 하사했다. 하지만 관우는 새 옷을 입은 뒤 그 위에 낡아 헤진 자신의 원래 옷을 덧입었다. 그 모습을 본 조조는 웃음이 터져 나왔다.

"이보시게, 운장. 자네가 이토록 검소한지 미처 몰랐네."

그러자 관우가 정색하며 말했다.

"승상, 소인은 검소하지 않습니다. 이 낡은 옷은 소인의 형님인 유황숙께서 직접 제게 하사하신 옷입니다. 제가 이 옷을 입는 것은 형님과 마주하는 것과 같습니다. 아무리 낡았다 한들 어찌 형님께서 하사하신 옷을 버리고 승상께서 주신 새 옷을 입을 수 있겠습니까?"

여러 가지 유혹이 난무하는 가운데 자신의 행동을 내면의 생각과 일치시킨다는 것은 결코 쉬운 일이 아니다. 반드시 내면의 생각을 지탱해줄 어떤 외적인 힘이 필요하다. 관우에게는 유비가 하사한 오래된 도포가 바로 그런 존재였다. 관우는 그 옷을 보면서 유비를 그리워하며 지난날 도원에서 맺었던 약속을 항상 마음속에 되새긴 것이다.

조조는 관우의 이런 모습에 크게 감명받았다.

"진정으로 충의로운 장군일세."

말은 그렇게 했지만 조조는 크게 낙담하며 실망했다. 왜 그의 노력은 아무런 효과가 없는 것일까? 그의 노력엔 무엇이 잘못된 것일까?

◈ 심리학으로 들여다보기

지금 당장 행동으로 실천할 준비가 되어 있다면 자신을 바꾸는 것은 아주 간단하다. 생각한 방향으로 첫걸음을 떼면 된다. 불안이나 두려움에 쩔쩔매지 말고 안절부절하지 마라. 철저하게 자신을 믿어야만 원하는 모습으로 달라지고 바뀌어 거듭날 수 있다.

2부

관우, 조조에게 몸을 의탁하다

적과의 동침은 선택 사항이 아니다.
삶이 그 방향으로 이끌어 피할 수 없게 만든다.
자신이 불가피하게 선택한 길이지만 책임이 따르고 위험을 감수해야 한다.
동상이몽은 일심동체가 될 수 없음을 기억해야 한다.

베푸는 것에도
작전이 필요하다

조조의 잘못은 관우가 항복한 순간부터 시작되었다. 조조는 줄곧 손님 대하듯 관우를 깍듯이 대우했다. 하지만 손님은 언젠가 떠날 사람이 아닌가? 손님을 자기 뜻대로 오랫동안 붙잡아 둘 순 없는 법이다. 게다가 손님은 자신이 떠날 때를 스스로 결정할 권리가 있다. 결국, 조조의 이런 호의는 관우를 사로잡기는커녕 오히려 떠날 마음을 더욱 굳히게 만들었다.

조조의 또 다른 잘못은 과잉 정당화 효과Overjustification Effect이다. 어떤 사람이 상대방을 설득하기 위해 사전에 너무 과하게 사례할 경우 정당화가 과잉되는 효과가 발생할 수 있다.

관우가 허창에 도착했을 당시 조조는 이렇다 할 공이 없던 그에게 편장군이라는 봉작을 하사했다. 하지만 조조와 함께 출정하여 유비의 군대를 전멸시킨 수많은 장군은 그 어떤 포상도 받지 못했다. 그럼에도 패잔병 관우에게 성대한 연회를 열어주고 아름다운 미녀들과 진귀한 보석까지 하사했으니 이들이 볼 땐 가당치 않은 대우였다. 결국, 조조의 이런 행동은 주변인들에게 잘못된 오해를 심어주었다. 그들은 관우가 대가성 이익을 얻기 위해 항복했다고 생각했다.

앞서 말했듯, 관우는 항복한 이후 평정심이 심하게 흔들리고 있었다. 그가 세 가지 조건을 내걸었던 것은 흔들리는 평정심을 바로 잡기 위해서였다. 분명 관우가 제시한 세 가지 조건만으로도 그의 체면을 만회하기에는 충분했다. 하지만 만약 그가 스스럼없이 조조의 호의를 받아들인다면 자신의 행동도 합리성을 잃게 될 것이다. 조조가 아닌 한나라에 투항한 것이며 유비의 행방을 듣게 되면 언제라도 떠날 것이라 말한들 누가 믿어주겠는가? 사람들은 그의 항복은 어쩔 수 없는 선택이 아닌 물질적 대가를 염두에 둔 술수로 생각할 수밖에 없다. 결국, 그의 투항은 영락없는 '배신자' 행위가 되는 것이다.

이는 절대 관우가 바라는 바가 아니었다. 따라서 조조가 더 많은 것을 줄수록 관우는 더욱 완강하게 거부했다. 이처럼 불필요한 호의를 남발한 것은 오히려 조조 자신에게도 독이 되는 결과를 초래했다.

다음 일화는 '과잉 정당화 효과'의 전형적인 예를 보여준다.

홀로 생활하는 한 노인이 있었다. 매일 오후 아이들이 그의 집 근처에서 시끄럽게 장난을 쳤는데, 늘 그 소리가 신경에 거슬렸다. 어느 날, 노인은 아이들을 집 앞으로 불러 모았다. 그는 아이들이 재밌게 노는 소리가 듣기 좋다며 내일 또 이곳에 와준다면 매일 10마오(1위안)씩 주겠다고 약속했다. 다음날 오후 아이들은 정말 노인의 집 앞에 모여 더욱 짓궂고 시끄럽게 장난을 쳤다. 노인은 약속대로 아이들에게 돈을 주었고 내일도 오면 또 돈을 주겠다고 약속했다. 그러자 셋째 날 오후에도 어김없이 아이들이 찾아왔다. 하지만 그날은 5마오 밖에 받지 못했다. 그리고 넷째 날에는 2마오 밖에 받지 못했다. 닷새째 되는 날 노인이 아이들에게 말했다.

"이제 지갑에 돈이 얼마 남지 않았구나. 내일부터는 1마오 밖에 주지 못할 것 같은데 그래도 와 주겠니?"

그러자 아이들은 크게 실망하며 더 이상 오지 않겠다고 말했다. 왜냐하면 그의 집 앞에서 오후 내내 놀아도 이제는 1마오 밖에 받지 못하기 때문이다.

이 일화는 다음과 같이 해석된다. 노인은 아이들에게 사례하면서까지 그들이 하고 싶어 하는 행동을 부추겨 그것이 곧 대가로 이어지도록 만들었다. 이렇게 되면 상대방은 더 이상 순수한 자의에 의해 행동하지 않게 된다. 본래 아이들은 자신들이 재미있어서 시작한 일이었다. 하지만 노인의 과잉 정당화 효과로 자신들의 흥미를 이익과 결부시키게 되었고 그 결과 자신이 이전과 같은 높은 사례를 받지 못하게 되자 자신이 좋아하는 일을 해야 할 동기를 잃어버리게 된 것이다.

좋아하는 일도 이러한데 하물며 싫어하는 일은 오죽할까? 항복은 관우가 원해서 한 일이 아니다. 그런데 자신이 원하지 않은 일을 하고서도 그렇게 큰 포상을 받았으니 당연히 다른 사람의 눈에는 그의 항복이 이익을 바라고 한 행동으로 보였다. 그러나 관우의 행동은 절대 이익이라는 기준으로 환산할 수 있는 것이 아니었다. 그의 인생의 기준이 되는 것은 금전이 아닌 충의이기 때문이다.

그렇다면 조조는 이제 어떻게 해야 할까? 과잉 정당화 효과 대응할 수 있는 수단이 바로 최소 충분 원리Minimal Sufficiency Principle다.

페스팅거Festinger는 연구를 통해 사람의 행동이 오로지 외부의 보상 또는 강제성이 담긴 요소로 설명이 되지 않을 경우, 누구나 내면의 갈등과 혼란을 느끼게 된다는 사실을 알아냈다. 이런 경우 사람은 자신의 모든 말과 행동이 정당하다고 믿음으로써 자신이 느끼는 혼란과 갈등을 해소하려 한다.

페스팅거와 그의 제자인 칼 스미스Cal Smith는 다음과 같은 실험을 했다. 실험 참여자인 A에게 오랜 시간 동안 지루하게 나무 핸들을 돌리는 일을 시켰다. 실험이 끝난 뒤 스미스는 이 실험의 목적은 기대가 성과에 어떤 영향을 미치는지 알아보기 위한 것이라 설명했다. 스미스는 바깥에서 기다리는 또 다른 실험 참여자 B에게 이 실험이 매우 재미있는 실험이라고 인식시키고 싶었다. 그는 A에게 자신이 B를 설득하는 데 실패하였으니 A가 나서 B를 설득해 달라고 부탁했다.

이 과학실험에는 일당이 주어졌기에 A는 스미스의 제안을 받아들여 B에게 자신이 방금 했던 실험이 얼마나 재미있었는지 설명했다. 사실 B는 가짜 실험 참가자다. 그의 정체는 바로 실험 연구자의 조수였다. B는 일부러 이렇게 말했다.

"제 친구가 저번 주에 이 실험에 참여했는데 지루하다고 했어요."

"오, 그래요? 그렇지 않아요. 정말 재밌는 실험이에요. 핸들을 돌릴 때 운동도 되고 아주 좋아요. 제가 장담하는 데 분명히 좋아하실 거예요."

A는 최선을 다해 그런 B를 설득했다.

그렇다면 A는 어떤 상황에서 실험이 재미있다는 거짓말을 진짜처럼 믿으며 말했을까? 한 건당 1달러의 일당을 받았을 때? 아니면 한꺼번에 20달러를 받았을 때?

대다수 사람이 높은 보수를 받았을 때 효과가 나타난다고 생각한 것과는 달리, 거짓말을 할 이유가 불충분했던 실험참가자는 단 1달러의 일당만 받고도 자신의 태도를 바꾼 채 거짓말 행위에 적응해나갔다.

정리해 보면, 가장 작은 자극은 가장 효과적으로 어떤 활동에 흥미를 유발하고 또 그것을 지속시키도록 만들어 준다. 즉, 외부로부터 이익을 받는 이유가 어떤 행동의 합리성을 증명할 수 없는 상황에선, 사람들은 내면의 갈등과 모순을 해소하기 위해 자기 행동의 정당성을 증명하려 한다.

결국, 조조가 지금 해야 할 일은 바로 관우의 항복을 충의로운 항복으로 잘 포장해 주는 것이다. 하지만 충의와 이익은 양립할 수 없는 관계다. 그러므로 조조는 물량 공세를 할 게 아니라, 오히려 관우가 필사적으로 일해야만 두 형수를 겨우 부양할 만큼 더욱 궁핍하게 만들었어야 했다. 그래야만 사람들은 관우의 항복이 이익을 노리고 한 선택이 아니라는 것을 믿어 줄 테고 이것이야말로 관우가 원하는 바였다. 그럼 그 역시 스스로 평정심을 찾고 점점 자신의 항복행위가 올바른 선택이었다고 믿게 될 것이다.

물론 조조는 유비가 받을 녹봉의 두 배를 그의 부인들에게 주겠다고 이미 약속했다. 하지만 조조가 간웅이란 사실을 잊어선 안 된다. 언제든 적당한 이유를 대서 말을 바꾸면 그만이다. 불가피하게 이 약조를 지키지 않아도 조조의 신용에는 아무 영향도 미치지 않는다. 왜냐하면 유비가 행방불명된 것은 한 왕조에 대항하다 벌어진 일이기 때문이다. 조조가 '황제를 등에 업고 제후들을 호령'하는 이상, 그는 얼마든지 헌제를 이용하여 유비를 '한나라의 적'으로 만들 수 있었다. 그리고 모든 책임은 헌제에게 떠넘기면 그뿐이었다. '한나라의 적'이 된 유비의 부인은 목숨을 부지할 수 있는 것만으로도 감지덕지해야 할 판에 녹봉의 두 배를 요구하는 게 가당키나 한가?

이것 말고도 조조는 경제적으로 관우를 더욱 압박할 수 있었다. 예를 들어 유비의 소식을 알아봐 주는 대가로 그와 관련된 모든 경비를 관우가 지불하도록 만드는 것이다. 당연히 이들이 알아본 결과는 무소식이 될 것이다.

관우가 필사적으로 노력해서 보상받고 그의 생활이 고달파질수록 그의 항복은 어쩔 수 없는 선택이었음이 부각된다. 또한, 투항의 대가로 그가 얻는 것이 아무것도 없음을 증명해 줄 것이다. 요컨대 조조 진영에서 생활하는 것이 힘들어질수록 그가 느끼는 자책감과 내면의 갈등은 점차 해소된다는 것이다.

당연히 이것만으로는 부족하다. 조조는 '문간에 발 들여놓기' 기법을 활용하여 관우의 행위를 통해 그의 생각을 바꿔놓을 수 있다.

문간에 발 들여놓기 기법이란 누군가에게 큰 도움을 청하고자 할 때 먼저 상대방에게 작은 도움을 구하는 것이다. 즉, 누군가 필사적으로 당신을 위해 어떤 일을 해주기 바란다면, 먼저 그에게 작은 일부터 도움을 구해야 한다.

미국의 한 연구원은 안전운전을 홍보하는 봉사자로 가장한 뒤, 캘리포니아 주민들에게 집 정원에 거대하고 투박한 '안전운전' 표지를 설치해 달라고 부탁했다. 그 결과, 단 17%의 주민만이 그의 요청에 응했다. 그런 뒤 연구원은 어떤 사람에게 아주 작은 일을 하나 부탁했다. 그 부탁은 창문에 3인치 크기의 '안전운전을 합시다'라는 문구의 표지를 설치하는 것이었다. 그리 어렵지 않은 부탁이었기에 주민 대부분이 그의 요청에 응했다. 그로부터 2주 후, 약 76%의 주민들이 집 정원에 크고 투박한 안전운전 문구 표지판 설치에 동의했다.

조조는 반드시 관우가 명예와 자존심이 상하지 않는 작은 일부터 하게 만들어야 했다. 유비에게 불충을 저지르고 있다는 생각이 들지 않는 작은 일부터 시작하게 만든 다음, 점점 더 그 수위를 높여가면 어느새 관우 역시 조조의 덫에 걸려들게 될 것이기 때문이다.

그러나 안타깝게도 조조는 심리학자가 아니니, 과잉 정당화 효과나 최소 충분 원리를 알 리 없었다. 그저 물량 공세만으로 그의 태도를 바꾸려 했으니 당연히 투자 대비 효과가 떨어질 수밖에 없었다. 조조가 주면 줄수록 관우의 마음은 오히려 멀어지기만 할 뿐이었다.

사람들은 어떤 일에 투자를 많이 할수록 더 많은 투자하려는 습성이 있다. 설령 이전에 쏟아부은 투자의 이익에 의구심이 생겨도 여전히 무엇이 잘못되었는지 깨닫지 못하고 같은 잘못을 반복하게 된다.

무엇이든 많은 것을 투자할수록 그것에서 쉽게 헤어 나오지 못한다. 왜냐하면 사람들은 자신의 결정이 틀렸다고 인정하고 싶지 않기 때문이다. 사람들은 자신이 투자한 것들이 헛수고였다는 사실과 직면하고 싶어 하지 않는다. 그 때문에 도박처럼 언젠가 본전을 찾을 것이라는 희망으로 계속 배팅한다.

이런 심리 작용원리로 인해 조조 역시 자신의 바보 같은 행동을 쉽게 바꾸려 하지 않는다. 그럴수록 관우는 자신의 목적과는 정 반대 방향으로 멀어져갈 뿐이다.

◈ **심리학으로 들여다보기**

주는 것도 기술이 필요하다. 많은 것을 주는 게 오히려 안 주느니만 못할 수도 있다. 일방적인 동정은 상대를 상처받게 한다. 과도하거나 과분한 선물은 오해를 부르기도 한다. 적절하고 적당한 수준의 보상과 대가일 때 서로 부담을 덜 수 있다.

위기의 순간이 닥치면 살길을 찾는다

관우를 향한 조조의 퍼주기 사랑은 이미 습관이 돼 버렸다. 관우를 만날 때마다 매번 조조는 무엇을 하사할까 고민에 빠졌다. 이미 말했지만 조조의 이런 행동은 '과잉 정당화 효과'다. 그의 이런 행동은 오히려 역효과를 일으킬 뿐이다. 관우는 조조가 하사한 물건을 받을 때마다 예의상 감사 인사만 할 뿐 단 한 번도 조조의 호의에 진심으로 기뻐한 적이 없었다.

무조건 망치로 못을 두들기면 결국 못이 벽에 박히리란 생각만 할 뿐 그 못이 아직 벽돌조차 뚫지 못하고 있다는 사실을 깨닫지 못하는 것처럼, 조조는 이 상황을 답답해하면서도 정작 관우가 무엇을 원하는지 단 한 번도 고민해보지 않았다.

만약 에이브러햄 매슬로Abraham Maslow가 조조 곁에 있었더라면 그의 고민을 단번에 해결해 주었을 것이다. 매슬로는 사람의 욕구를 생리적 욕구Physiological Needs, 안전의 욕구Safety Needs, 애정 소속 욕구Belongingness And Love Needs 사회적 욕구, 존경 욕구Esteem Needs, 자아 실현의 욕구Self-Actualization Needs 다섯 가지 단계로 분류했다. 여기에 맞춰 관우를 하나씩 하나씩 파헤쳐 보자. 과연 관우에게 필요한 것은 무엇일까?

생리적 욕구는 사람의 가장 기본적인 욕구로 의식주 문제가 여기에 포함된다. 생리적 욕구의 경우 관우는 이미 충분히 만족을 느끼고 있었다. 실상 유비와 함께 있을 때와는 비교도 할 수 없을 정도로 조조가 많은 것을 주었다. 편장군 녹봉 이외에도 시도 때도 없이 하사품을 보냈다. 게다가 조조의 이런 물질 공세에는 나름의 세심한 배려가 담겨 있었다. 그는 자신에게 여인이 필요한 것처럼 신체 건장한 장군인 관우도 다르지 않을 것이라 생각하여 특별히 열 명의 여인을 선물로 보냈다. 하지만 관우는 여인들을 모두 두 형수에게 보내 그녀들의 시중을 들게 했다. 신체 건장한 남성이 그 많은 여인을 마다하니. 신체에 문제가 있는 것은 아닌지 의심을 사기도 했다. 어찌 되었건 생리적 욕구는 조조가 이미 충분히 충족시켜 주었기에 관우가 생리적 욕구에서 부족함을 느끼는 일은 없었다.

안전의 욕구는 더 말할 것도 없다. 관우는 자신의 무예 실력만으로도 자신을 지킬 수 있을 뿐 아니라 지금은 조조의 비호까지 받고 있으니, 문무 제후들은 불만이 있어도 쉽사리 관우를 해코지할 수 없었다. 따라서 안전 욕구 역시 큰 문제는 없었다.

애정 소속 욕구는 인간의 소속감과 사회 교류에 대한 욕구를 가리킨다. 많은 사람은 집단의 일원이 되어 타인으로부터 선택받고 인정받기를 원한다. 관우는 조조의 간청에 따라 한 헌제에게 편장군 작위를 하사받았다. 이는 공개적으로 황제가 인정한 공식적인 직무로 관우의 사회적 욕구를 충분히 채워 줄 만한 위치였다. 또한, 조조가 아닌 한나라에 투항한다는 의사를 밝혔기 때문에 소속감 역시 큰 문제가 되진 않았다. 왜냐하면 관우가 유일하게 충성을 바쳤던 유비 역시 한 헌제에게 충성을 바쳤기 때문이다.

존경의 욕구도 마찬가지다. '황제를 움직여 제후들을 호령'하는 조조가 그를 귀빈처럼 떠받드는데 감히 누가 그를 무시할 수 있었겠는가? 그렇다면 이제 남은 것은 단 하나, '자아실현'의 욕구다. 물론 어디까지나 매슬로의 이론이 통한다는 전제하에서다.

자아실현의 욕구는 가장 높은 수준의 욕구로 자아성취 욕구와 자아발전의 욕구가 있다. 만약 관우에게 필요한 것이 자아실현의 욕구라면, 관우가 이루고자 하는 자아성취는 무엇이었을까? 그리고 관우가 원하는 자아발전은 무엇이었을까? 관우가 진심으로 원하는 것은 도원에서 맹세한 결의에 잘 나타나 있다.

"한마음이 되어 도탄에 빠진 백성을 구하고 나라를 바로 세워 국가와 백성의 안녕과 번영을 지키자."

이 구절은 유비, 관우, 장비가 도원에서 맹세했던 내용이다. 이것이야말로 관우가 이루고자 하는 자아성취이자 자아발전의 목표다. 그중에서도 위기에 늪에 빠진 나라와 백성을 구하고 나라를 바로 세우는 것은 조조의 휘하에서도 얼마든지 실현할 수 있었다. 오히려 유비의 곁에 있을 때보다 실현 가능성이 더 크다. 문제는 바로 '한마음'이다.

유비, 관우, 장비가 함께 전장에서 '한마음'으로 싸우는 것이야말로 관우가 진정 원하는 것이었다. 안타깝게도 조조가 절대 줄 수 없는 것이기도 했다.

조조의 잘못은 바로 여기에 있다. 어차피 관우가 원하는 것을 줄 수 없다면 철저하게 그 욕구의 싹을 잘라버려야 했다. 하지만 조조는 그의 이런 욕구가 더욱 커지도록 조장했으며, 자신의 문제를 깨닫지 못한 채 관우에게 또 하나의 선물을 주었다. 결국 그 선물 때문에 조조는 평생을 두고두고 후회했다.

어느 날, 조조는 연회가 끝난 뒤 관우를 문 앞까지 배웅했다. 그때 관우의 말이 마른 것을 보고 물었다.

"말이 어찌 이리도 말랐는가?"

"몸이 무거우면 말이 스스로 무게를 견디지 못하기 때문에 일부러 살을 찌우지 않았습니다."

'그래, 이거다!'

순간 조조의 머릿속에서 어떤 말 한 필이 떠올랐다. 그 말은 성질이 매우 포악하여 일반인은 감히 탈 엄두조차 낼 수 없었다. 말의 본래 주인이 세상을 떠난 뒤 지금은 조조가 소유하고 있지만, 조조 역시 차마 말에 오를 엄두를 내지 못했다.

관우는 멀리서 어떤 이가 말 한 필을 끌고 오는 것을 보았다. 말의 몸통은 마치 벌겋게 타오르는 숯처럼 붉은색이었고 눈빛은 방울이 달린 것처럼 초롱초롱했다. 조조가 말했다.

"저 말을 본 적이 있는가?"

"여포가 타던 적토마가 아닙니까?"

"맞네. 바로 적토마라네. 나는 도저히 탈 엄두가 나질 않네. 내가 보기엔 그대가 저 말의 주인으로 가장 적격인 것 같네. 저 말을 자네에게 주겠네."

관우는 기쁜 나머지 조조에게 연달아 두 번이나 절을 하며 고마운 마음을 표현했다. 하지만 관우의 예상 밖 반응에 조조는 오히려 찜찜한 기분이 들었다. 관우가 그리 쉽게 마음을 드러낼 자가 아니기 때문이다.

"내 그동안 수없이 많은 미녀와 비단을 하사했지만 단 한 번도 자네가 내게 절을 하거나 기뻐하는 모습을 본 적이 없네. 그런데 고작 말 한 필에 이렇게 감격할 줄은 몰랐네. 자네에겐 짐승이 사람보다 더 귀중하단 말인가?"

이에 관우가 대답했다.

"적토마는 하루에 천 리를 달리는 말이라 들었습니다. 오늘 이렇게 운 좋게 적토마를 얻었으니 어찌 기쁘지 않을 수 있겠습니까? 후에 형님의 소식을 듣고 하루 만에 날아갈 수 있다고 생각하니 마음이 벅차오릅니다."

조조는 순간 놀라 까무러칠 뻔했다. 하지만 후회하기엔 이미 너무 늦어버렸다. 이처럼 조조가 관우를 격려하기 위해 하사한 '적토마'는 역사상 가장 멍청한 선물이자 가장 우스꽝스러운 격려로 남게 되었다.

격려는 상대방의 행동을 북돋아 주는 행위이다. 어떤 이의 행동 방향을 이끌어주고 그 행동을 계속 힘 있게 추진할 수 있도록 독려하는 것이다. 이런 격려의 정의에 대입해 보면 조조의 격려는 흠잡을 데 없이 완벽했다. 문제는 결과의 방향이 의도와는 정반대로 흘러갔다는 것이다. 본래 적토마는 관우의 마음을 사기 위해 하사한 것인데, 결과는 오히려 관우가 유비에게 돌아가는 것을 도와준 꼴이 되고 말았다.

조조는 도무지 방도가 떠오르지 않아 장료를 불러들였다.

"이 조조가 유비보다 훨씬 더 관우에게 잘해 주면 언젠가는 내게 충성할 때가 올 것이라고 자네가 말하지 않았는가? 헌데 내 그토록 많은 것을 주었건만 어찌 아무 반응도 없단 말인가!"

장료는 말문이 막혔다. '그 말을 아직 기억하고 있었다니! 앞으로 승상 앞에선 입을 함부로 놀리면 안 되겠어'라는 생각으로 입을 뗐다.

"일단 소신이 관우의 의중을 살펴본 뒤 다시 말씀드리겠습니다."

장료는 관우가 조조의 진영에서 편하게 먹고 지내는 것이 모두 자신의 덕택이라 생각했다. 그래서 관우를 찾아가 다음과 같이 첫마디를 꺼냈다.

"승상께 형님을 천거하기 위해 얼마나 공을 들였는지 아십니까?"

장료의 본심을 꿰뚫고 있던 관우는 단 한마디로 그의 입을 틀어막았다.

"조 승상께선 내게 과분할 정도로 많은 것을 주셨네. 허나 몸은 이곳에 있지만 내 마음은 항상 형님과 함께 있다네."

사람은 정말 습관에 지배당하는 동물인가보다. 장료는 지난번 관우를 설득할 때 써먹었던 수법을 또다시 사용했다.

"형님께선 잘못 생각하고 계십니다. 대장부가 세상에 태어난 이상 이치와 도리를 지켜야 함이 마땅하지 않겠습니까? 조 승상께선 현덕공보다 훨씬 더 많은 것을 형님께 드렸는데, 형님은 어찌 떠날 생각만 하십니까?"

"나 역시 조 승상께서 베풀어 주신 은혜를 잘 알고 있네. 하지만 나는 형님께 더 큰 은혜를 입었네. 나는 형님과 죽어도 같이 죽고 살아도 같이 살기로 맹세했네. 그 약속을 저버릴 수 없네. 그렇기에 내가 이곳에 오래 머물 일은 없을 것이네. 하지만 그렇다 해서 멋대로 떠날 생각도 없네. 반드시 승상께 은혜를 갚고 떠날 것이네."

장료는 살기가 치밀어 올랐지만 억지로 화를 삼키며 말했다.

"만약 현덕공이 이미 이 세상 사람이 아니라면 어떻게 하시겠습니까?"

순간 관우가 흠칫 놀랐지만 담담하게 말했다.

"그럼 형님을 뒤를 따를 것이네."

더 이상 그를 설득할 방법이 없다고 판단한 장료는 한숨만 쉰 채 자리를 떠났다.

사실 장료는 관우를 설득할 유일한 카드를 이미 모두 써버렸다. 조조 역시 관우를 붙잡아 두기 위한 핑계로 유비를 찾는 척만 할 것이 아니라 진작에 사방팔방으로 유비의 행방을 찾았어야 했다.

조조 정도라면 유비가 원소의 진영에 있다는 정보쯤은 얼마든지 알아낼 수 있었다.

알다시피 원소는 자기 주관이 없고 매사 감정적으로 일을 처리하는 인물이다. 조조가 그런 원소를 역이용했다면 자신의 손에 피를 묻히지 않고도 원소가 유비를 죽이도록 만들 수 있었다. 만약 원소가 유비를 죽이면 관우는 분명히 원소에게 복수하려 했을 것이다. 하지만 유비의 복수를 하려면 조조의 힘을 빌릴 수밖에 없을 테니, 결국 관우는 또 조조에게 큰 빚을 질 수밖에 없다. 복수에 성공한 후에도 조조에게 진 빚을 갚기 전에는 유비를 따라 죽을 수도 없게 될 테니, 조조는 그저 그 빚을 천천히 상환받으며 서서히 관우를 자신의 사람으로 만들면 된다. 이것이 바로 '문간에 발 들여 놓기' 기법이다. 그것 말고도 두 형수를 보살펴야 하는 책임을 이유로 관우의 발목을 붙잡는 방법도 있다.

그러나 안타깝게도 장료의 생각은 여기까지 닿지 못했다. 장료는 문을 나서면서 머리를 이리 굴리고 저리 굴리며 생각했다.

'만약 있는 그대로 승상에게 고하면 관우를 그대로 살려두지 않을 수도 있어. 하지만 사실대로 고하지 않더라도 그것이 불충한 일은 아니지 않은가? 승상이 내게 주군과 같은 존재고 관우는 내게 형제나 다름없다. 형제의 정을 위해 주군을 저버리는 것은 불충이지만, 형제를 저버리면 불의를 저지르는 것이다. 허나 의리를 저버릴지언정 불충의 죄명을 뒤집어쓸 순 없다.'

결국 장료는 조조에게 사실대로 말하기로 마음먹었다.

이처럼 '충성과 의리' 사이에서 고민하는 모습은 지극히 정상적인 반응이다. 일반 사람들은 '의리'를 지키기 위해 '불충'을 택하거나 '충성'을 지키기 위해 '의리'를 저버린다. 그럼에도 '불충과 불의'를 모두 범하고도 오히려 더욱 충성과 의리를 지키게 된 사람이 있다. 그 사람은 온 세상을 다 통틀어 오직 단 한 명, 바로 관우다.

조조는 장료의 보고를 들은 뒤 한숨을 내쉬었다.

"그래서 언제 떠나겠다고 말하던가?"

장료가 대답했다.

"승상께 진 빚을 갚고 난 뒤 떠나겠다고 했습니다."

그때 옆에서 이 말을 듣고 있던 순욱이 끼어들며 말했다.

"공을 세울 기회를 주지 않으면 떠날 수 없을 것입니다."

그 말에 조조는 매우 흐뭇하게 웃었다. 하지만 그동안 조조가 관우에게 들인 공을 따져보면 이 또한 조조가 손해 보는 장사가 아닌가?

◈ 심리학으로 들여다보기

철옹성 같은 사람을 정복하고 싶다면 먼저 철저히 그 사람을 궁지로 내몰아라. 그런 다음 살길을 마련해 주면 된다. 코너에 몰린 쥐는 고양이를 문다고 했다. 그만큼 삶에 절실해진다는 의미이다. 당신이 내민 손을 상대가 덥석 잡을 수 있는 비결이기도 하다.

상대가 원하는 것을 주는 자가 진정한 고수다

삼국에서 숨바꼭질을 가장 잘하는 유비는 대체 어디서 뭘 하고 있었던 것일까?

유비는 원소의 진영으로 도망쳐 가까스로 목숨은 건진 상태였다. 그러니 그 역시 애가 타긴 마찬가지였다. 조조와의 전투에서 패배한 뒤 관우와 장비마저 행방불명 상태이니 유비로선 모든 걸 다 잃은 것이나 다름없었다. 게다가 한결같이 자신을 따랐던 부인 감씨와 미씨마저도 이미 조조의 손에 넘어간 상태였다.

소위 정치가란 사람들은 궁지에 몰린 상황에서도 새로운 화젯거리를 만들어낸다. 그런 점에서 유비는 단연 최고의 정치가였다.

갈 곳 없는 유비를 받아 준 것만 해도 원소는 이미 의리를 지켰다. 그럼에도 유비는 원소가 편안하게 살도록 내버려 두질 않았다. 굉장히 단순한 방법으로 자신의 이득을 취했는데, 그의 전략은 바로 원소가 조조와 싸움을 하도록 부추기는 것이었다.

빈털터리 유비에게는 기회비용도 존재하지 않았다. 무엇을 하든 잃을 것이 없다는 뜻이다. 당시 막강한 두 세력이었던 원소와 조조가 싸우면 어부지리로 이득을 볼 사람이 누구인가? 바로 유비다. 두 세력의 싸움이 유비에게는 재기의 발판을 만들어 줄 기회였다.

원소는 삼국 역사상 최고의 팔랑귀로 유명할 만큼 다른 사람의 말에 쉽게 부화뇌동했다. 유비의 제안에 원소가 말했다.

"그것 참 좋은 생각이네. 내 진작에 조조를 칠 생각을 하고 있었소. 곧 봄이 올 테니 날이 따뜻해지면 출병할 것이오."

한마디로 원소는 너무 멍청했다. 사실 원소가 차지하고 있던 위치도 그에게는 전혀 가당치 않은 자리였다. 꽃놀이 갈 것도 아니면서 굳이 봄이 될 때까지 기다릴 필요가 없었다. 모름지기 전쟁이란 적군이 무방비상태일 때 쳐야 승리의 영광이 커지는 법이다. 100만 용병을 이끌면서도 이러한 이치를 깨닫지 못하고 있으니 한심할 따름이었다.

원소는 유비의 말에 거의 넘어갈 듯했지만 그의 부하들은 호락호락하지 않았다. 유비의 능구렁이 같은 속내를 단번에 알아차린 자가 있으니 바로 전풍田豊이었다.

전풍은 원소에게 다음과 같이 세 가지 의견을 피력했다.

"첫째, 이제 막 서주를 함락시킨 조조 군대는 사기가 하늘을 찌르는데다, 지금은 내부 수비 경계도 빈틈이 없을 것입니다. 둘째, 비록 조조의 군대가 수적으로 많지 않아도 전술이 뛰어나고 권모술수에 강합니다. 결코 그를 만만하게 생각하셔서는 안 됩니다. 셋째, 장군께서는 이미 사주四州를 손에 넣으셨으니 바깥으로는 장군들을 하나로 단결시키고 안으로는 농업을 발전시키셔야 합니다. 지금은 정예 부대를 만들어 군대를 강화해야 할 때입니다. 빼앗고 다시 빼앗기는 것을 반복하신다면 군대가 약화되고 민심이 불안해질 것입니다."

전풍의 말에 원소는 고개를 끄덕이며 동감했다. 갈팡질팡하며 결정을 내리지 못한 원소는 유비에게 다시 물었다.

"전풍이 내게 현 상태를 유지하라고 말하는데 자네 생각은 어떠한가?"

유비는 순간 가슴이 철렁해서 속으로 전풍을 비난했다.

'이 절호의 기회를 네놈이 망치도록 둘 순 없지!'

유비의 입은 두 가지 장기를 갖고 있었다. 하나는 절망적인 상황에서 억지 울음소리를 내는 것이고, 다른 하나는 자신이 유리한 상황에서 상대방을 곤경에 빠뜨리는 것이었다. 여포가 가장 대표적인 예다. 여포가 조조에게 투항한 뒤 그 둘이 힘을 합쳐 천하를 차지하게 될까 두려웠던 유비는 조조에게 그가 제삼의 정원이 될까 봐 우려된다고 말했다. 결국 그 말 때문에 여포는 목숨을 잃었다.

"글을 읽는 선비이니 전투보다는 안락하고 평안한 삶을 살고 싶을 것이오. 허나 나라의 녹을 먹는 자가 천하의 대업을 이룰 기회를 망치고 있으니 그저 답답할 뿐이오."

유비의 이 한마디 말로 전풍의 목숨은 순식간에 위태로워졌다. 원소는 유비의 말을 듣자마자 군대를 대기시키고 전풍의 말은 더 귀담아듣지 않았다. 유비는 그저 굴러들어 온 패장군이고 전풍은 오랫동안 원소에게 충성해온 신하다. 그런데도 원소는 왜 유비의 말은 믿고 그의 말은 믿지 않았던 것일까?

유비의 전략은 상대방을 폄하함으로써 자신을 전문가로 포장하는 것이었다. 그는 우선 전풍을 '백면서생'에 비교했다. 폄하 발언치고는 수위가 낮아도 그 파급력은 상당히 컸다. 한마디로 '글만 읊는 자 따위가 전쟁이 무엇인지는 아느냐'라는 뜻이다. '백면서생' 네 글자 뒤에는 유비의 자기 표방도 함께 포함돼 있었다. 자신은 황건적 토벌 이후 무수히 많은 전쟁을 치러온 자임을 강조하는 것이다. 다시 말해, 전쟁을 앞둔 이 상황에서 백면서생의 말을 들을 것인지 아니면 전쟁 경험이 많은 자신의 말을 들을 것인지 택하라는 의미였다.

아직 끝나지 않았다. 결정적인 발언은 다음 구절에 있다. 앞서 말한 '전투보다는 안락하고 평안한 삶'이 전풍의 능력을 비하한 것이라면, '녹을 먹는 자가 천하의 대업을 이룰 기회를 망치고 있다'라는 말은 전풍의 태도를 비난하는 것이었다. 업무능력이 떨어지는 것은 이해해도 업무태도가 불량한 것은 용납하지 않는다는 의미다. 전풍이 원소의 녹봉을 받고 있으면서 출정을 꺼리는 것은 돈만 축내고 일은 하지 않겠다는 심보가 아닌가? 어찌 이를 가만히 두고만 볼 수 있겠는가?

심지어 유비의 마지막 한마디는 전풍을 더욱 위태롭게 만들었다

"대장군께서 천하의 대업을 이룰 기회를 가로막다니!"

과시욕을 부리기 좋아하며 야심이 가득한 인물 원소는 당시 천하를 호령하는 세력 중 가장 강력한 힘을 갖고 있었다. 이를 바탕으로 정치가로서 명성을 쌓고 황실의 주인이 되고 싶어 했다.

유비야말로 원소가 원하는 것을 정확하게 알고 있었다. 이를 보면 멍청한 주인 앞에서 바른말을 한들 소귀에 경 읽기일 뿐이다. 아무튼

상황은 그렇게 흘러가고 있었다. 하지만 전풍은 결코 유비의 말처럼 놀고먹으며 돈만 축내는 그런 자가 아니었다. 그는 군사들과 장군들을 소집하여 급히 원술 앞에 달려왔다. 그리고 강경하게 원소의 앞을 막아섰다.

이를 못마땅하게 여긴 원소는 그의 면전에 대고 크게 화를 냈다.

"글밖에 모르는 놈이 감히 대의를 망치려 드는 것이냐!"

유비가 한 말 그대로였다. 전풍은 필사적으로 그를 막아서며 독한 말로 저주를 퍼부었다.

"만약 오늘 제 충언을 무시하신다면 분명 크게 낭패를 당하시게 될 것입니다!"

원소는 화가 난 나머지 그 자리에서 전풍의 목을 베어버리려 했다. 이때 어디선가 또 유비가 튀어나와 해결사 노릇을 했다. 원소는 유비의 말을 듣고 전풍을 감옥으로 압송시켰다. 하지만 얼마 지나지 않아 관도官渡전투에서 패배하자 원소는 곧장 그의 목을 베어버렸다.

필사적으로 상대방을 설득하려 할 때 드러나는 태도는 항상 정반대의 결과를 가져온다. 특히 자신의 말이 맞았다는 것을 증명하고 그것을 강제적으로 상대방에게 관철하려 한다면 그 말이 객관적인 사실로 들리지 않는다. 오히려 개인의 이익을 위해 설득하려는 것으로 비치게 된다.

사회심리학자 이글리Eagly는 1978년 미시간대학의 학생들에게 어떤 특정 회사의 하수 오염을 비방하는 연설을 들려주었다. 그리고 그 내용이 상업계 쪽 정치가의 연설이며 그가 이 회사를 지지하는 사람이라는 사실을 알려주었다. 이에 학생들은 그의 연설내용은 객관적이며 설득력이 있다고 믿었다. 반대로 이 연설의 발화자가 환경보호를 찬양하는 정치가이거나 환경보호가라는 사실을 알려주니 청중 대부분은 그의 연설에 개인의 편견이 섞여 있다고 생각했다.

이 실험을 통해 사람들은 자신의 이익과 대립하는 입장에서 연설하는 발화자의 말에는 신뢰감을 나타내고, 자신의 이익을 변호하는 발화자의 말에는 의심한다는 사실을 밝혀냈다.

전풍이 발끈하며 흥분하는 모습은 원소의 눈에 그저 자신을 폄하한 유비의 말이 틀렸다는 것을 증명하기 위한 자기 변론으로밖에 보이지 않았다. 그러니 원소로서는 자신의 이익(능력과 명성)이 우선인 자를 굳이 신뢰할 이유가 없었다. 그렇게 치면 원소 역시 자신의 이익(천하를 얻는 것)이 더 중요한 사람이기 때문이다. 즉, 상대방을 설득하는 법을 모르면 아무리 뛰어난 지략도 쓸모없게 돼버린다.

사실 전풍은 그토록 열변을 토하면서까지 많은 칼로리와 호르몬을 소모할 필요가 없었다. 유비가 하는 것만 잘 보고 배웠어도 쉽게 반박할 수 있었을 것이다.

'네놈이 스스로 전문가라고 말했으렷다? 그럼 나도 네놈을 군사전문가라고 인정해주지. 네놈과 같이 패배에 일가견이 있는 군사전문가가 또 어디 있겠느냐?'

전풍이 원소에게 말한 세 가지 간언 중 그 첫 번째가 바로 조조가 서주를 차지했다는 사실이다. 이 서주의 원래 주인은 바로 유비였다. 서주 하나 제대로 지키지 못한 패장군이 대체 무슨 자격으로 다른 이를 폄하한단 말인가?

하지만 원소가 유비의 말을 신뢰하는 데는 다른 이유가 있었다. 전풍은 원소의 책사다. 그런데 책사인 그가 원소가 정말 원하는 것이 무엇인지 제대로 파악하지 못했다. 당시 원소는 가장 강력한 세력을 갖고 있었다. 조조의 세력은 원소에 비할 바가 아니었다. 단 그러한 원소라도 천하를 평정하려면 조조와의 대결은 어차피 한 번은 거쳐야 할 일이었다.

여기에서 원소가 내향적인 성격임을 알 수 있다. 자신과 조조가 맞붙으면 분명 승자는 당연히 자신이라 생각했다. 유비가 원소를 부채질한 말 역시 직접적으로 원소의 승리를 언급하지 않았지만, 원소의 승리가 당연하다는 전제가 깔려 있었다. 그런 점에서 이 둘의 마음이 통했던 셈이다. 실제로 관도전투가 일어나기 전 조조 수하의 수많은 이들이 조조의 승리를 믿지 않았다. 다들 암암리에 원소와 서신을 주고받으며 만일의 대비책을 세우고 있었다. 따라서 원소는 조조와의 전투를 아주 여유롭고 가벼운 마음으로 준비했다.

그런데 전풍은 원소에게 양동작전(적의 관심과 행동을 아군이 작전을 기도하고 있는 지역에서 다른 곳으로 돌리기 위한 작전)을 써서 적군을 유인한 다음 군대를 후퇴시켜야 한다고 말했다. 유격 전술을 쓰자는 것이다. 그런데 막강한 원소가 조조를 상대로 유격 전술을 펼친다는 건 상상조차 하지 않았다. 유격 전술은 일반적으로 전세가 약한 쪽이 취하는 전략이다. 전풍은 기본 전제부터가 틀린 것이다. 전풍이 원소를 설득하지 못한 것은 너무나도 당연한 결과다.

심리학 연구에 의하면, 모든 사람은 자기 생각과 일치하는 말을 선택해서 듣는 경향이 있다고 한다. 자기 생각과 다를 경우 듣고 싶어 하지 않는다는 것이다. 유비는 원소가 원하는 것을 정확하게 파악해냈기에 그가 하는 말을 더욱 신뢰할 수밖에 없었다. 원소는 타인의 객관적인 판단으로 자신의 결정이 옳았음을 증명하고 싶었던 것이다. 그러니 그의 결정에 반대하는 주장은 발언권을 박탈당할 수밖에 없었다.

만약 누군가를 반드시 설득해야 한다면 위의 일화처럼 자신을 전문가로 포장해 보길 바란다.

유비의 작전대로 일은 이미 벌어졌다. 원소는 하북에서 가장 용맹한 장군 안량을 선두로 공격을 지시했다. 옥중에 갇혀있던 전풍은 통탄의 눈물을 흘렸다. 그러나 전풍이 정말 통탄해야 했던 것은 원소의 어두운 앞날이 아니라 설득의 기술을 깨닫지 못했던 자기 자신 아닐까?

◈ 심리학으로 들여다보기

누군가를 설득할 때 가장 효과적인 방법은 스스로 전문가가 되는 것이다. 아는 만큼 보이고 들리는 법이다. 주먹구구식 대응이나 보편적인 지식에 자기 의견이나 신념이 꺾일 사람은 없다. 이미 이를 아는 상태에서 자기 관점이 도출되었기 때문이다. 전문지식만이 상대를 휘두를 수 있다.

능력 발휘할 기회를 얻지 못하면 유능한 인재가 될 수 없다

하북 최고의 명장 안량의 출격 소식에 동군東郡의 태수 유연劉延은 잔뜩 긴장했다. 그는 즉시 조조에게 이 사실을 알렸다. 조조는 곧바로 군사를 소집하여 출정명령을 내렸다.

관우는 이 소식을 듣자마자 기쁨을 감출 수 없었다. 그가 이런 반응을 보인 것은 조조에게 닥친 위기가 고소해서가 아니다. 바로 조조에게 빚을 갚을 절호의 기회가 찾아왔기 때문이다. 아마도 삼국 역사상 조조만큼 '호혜성 원리'에 면역력을 가진 사람도 없을 것이다.

"내가 세상을 버릴지언정 세상이 나를 버릴 수 없다."

조조가 남긴 이 말은 오늘날까지도 명언으로 남아 회자되고 있다. 그런데 조조에게 이미 너무 많은 빚을 지고 있는 관우에게 드디어 그 빚을 갚을 기회가 온 것이다. 관우는 조조에게 은혜를 갚아야만 이곳을 홀가분하게 떠날 수 있지 않겠는가?

관우는 급히 군부를 찾아가 단도직입적으로 자신이 출정하겠다고 말했다. 조조 역시 관우가 자신에게 진 빚을 갚고 싶어 한다는 사실을 알고 있었다. 하지만 얼마 전 순욱이 한 말도 또렷이 기억하고 있었다. 조조가 그 정도 계산도 하지 않을 인물이었겠는가? 그 나름대로 내내 머릿속 주판을 두드리고 있었다. 그동안 관우에게 많은 공을 들였는데 제대로 써먹어 보지도 못하고 이렇게 썩혀두기만 한다면, 조조에게 큰 손실이 아닐 수 없었다. 하지만 이번에도 조조는 관우를 이용하지 않기로 했다. 조조가 말했다.

"이보시게, 운장. 내 어찌 이런 하찮은 일로 자네 같은 사람을 성가시게 하겠는가?"

다만 조조는 만일을 위해 여지를 남겨두었다.

"만약 내 수하의 장군들만으로는 역부족일 때 운장에게 부탁하겠소."

이를 보는 많은 이들은 조조가 완전히 손해 보는 장사를 한다고 생각할 것이다. 그렇지만 어딜 봐서 조조가 손해란 말인가? 조조는 생각보다 더 많은 것을 계산하고 있었다. 잘 생각해보면 조조가 왜 마지막에 관우에게 그런 부탁을 했는지 알 수 있다.

정치가들의 계산은 일반인과 다르다. 이들 생각의 출발점은 바로 '자원 사용 효과의 최대화'다. 예를 들면 한 헌제가 바로 그러한 자원이다. 기세등등한 제후들 앞에서 그저 힘없고 약하기만 한 어린 황제가 과연 무슨 쓸모가 있을까? 아무리 꼭두각시라 해도 황제 앞에선 머리를 숙여야 하고, 또 그렇다고 황제를 죽이면 세상 사람들에게 온갖 비난과 손가락질을 받는다.

황제에 대한 원소의 생각은 이랬다. 동탁이 세력을 잡고 있었을 당시 헌제가 여기저기 쫓겨 다니다 원소에게 잠시 몸을 의탁한 적이 있었다. 그때 원소의 책사 전풍과 저수沮授가 원소를 설득하며 말했다.

"황제를 등에 업고 천하의 제후들을 호령하십시오."

이제 유비가 얼마나 교활한 자인지 감이 오는가? 전풍이 어딜 봐서 '글만 아는 선비'인가? 전풍 또한 만만치 않은 인물이다. 그러나 원소는 어린 황제를 데리고 있어 봤자 아무 쓸모도 없다고 생각하여 황제를 조조의 손에 넘겨주었다. 그 결과 이제는 조조가 원소보다 더 많은 것을 가지게 되었다. 조조에게 한 헌제는 '사람'이 아닌 '희소가치가 높은 자원'일 뿐이었다. 헌제라는 시호 역시 거저 만들어 준 게 아니다. 조조가 헌제 덕분에 얼마나 많은 것을 얻었는지 생각해보라.

정치가인 조조의 눈에는 관우 역시 자신의 '자원'이었다. 따라서 관우를 사용하느냐 마느냐는 자원 사용의 효율을 가장 극대화할 수 있는 방향에 따라 결정할 일이다. 만약 관우를 사용하여 얻는 이익이 크면 사용하고, 사용하지 않았을 때 얻는 이익이 더 크면 사용하지 않는다. 만약 조조가 지금까지 관우에게 투자한 것들이 모두 헛수고였다고 생각한다면 그것은 큰 오산이다. 정말 그렇게 생각한다면 진짜 멍청이는 바로 당신이다.

첫째, 관우는 이미 자신을 '충의로운 장군'으로 공식화했다. 난세에 문무 실력이 모두 뛰어난 인물은 어디서든 쉽게 찾을 수 있다. 그러나 스스로 충심을 지키고자 하는 인물은 찾기 어려우며, 충심이 강하고 문무에 뛰어난 자는 찾기 힘들다. 그런 점에서 관우는 최고의 인재였지만 안타깝게도 유비가 한발 앞서 관우를 자신의 사람으로 만든 상태였다. 충성과 의리는 그리 쉽게 얻어지는 것이 아니다. 이렇게 희소성이 높을수록 그 가치는 더욱 커진다. 조조는 이런 관우의 가치를 알아보았기에 늘 관우를 자신의 사람으로 만들고 싶어 했다. 그래서 화웅 사건 때도 오직 조조만이 관우를 지지했다. 비록 관우는 스스로 '조조가 아닌 한나라에 투항'한 것이라고 말했지만, 사람들은 실제 관우가 한 행동만 볼 뿐 그의 심리상태나 핑계 따위엔 관심이 없었다. 그러므로 사람들 눈에는 관우가 조조에게 투항한 것 자체가 하나의 공식화된 사실이었다. 결국, '투항'이라는 행동 하나만으로 관우는 이미 엄청난 가치를 지닌 자원이 된 것이다.

둘째, 관우의 투항은 일종의 모범사례가 되었다. 관우의 투항을 계기로 조조는 만천하에 무언의 위력을 과시하게 되었다.

'모두 보고 있느냐! 유비를 위해서라면 죽음도 불사하는 관우마저 내게 굴복하였느니라. 유비의 무능함이 그를 잃었도다. 나 조조의 능력을 모두 보았느냐!'

조조는 관우라는 좋은 간판을 얻음으로 이후 제2의 관우를 항복시키기가 훨씬 수월해졌다. 이 부분 역시 심리학에서 매우 중요한 군중심리 개념이 포함되어 있다. 실제로 이후 원소가 아끼던 책사 허유許攸는 자발적으로 조조에게 투항했다. 만약 허유가 조조에게 투항하지 않았더라면 관도 대전에서 목이 잘린 사람은 바로 조조였을 것이다.

이런 상황이라면 조조가 관우를 출전시키지 않아도, 조조는 이미 관우에게 본전을 뽑은 것이나 마찬가지였다. 게다가 지금 관우는 어떻게든 이곳을 떠날 궁리만 하고 있으니 조조가 당장 '관우'라는 자원을 사용하지 않는 것은 당연한 이치였다.

그런데 왜 조조는 관우에게 또 다른 가능성의 여지를 열어둔 것일까? 앞서 말했듯 관우를 사용할지 말지는 그 효율이 얼마나 극대화될 수 있느냐에 따라 결정된다. 사실 이때 조조는 이미 유비가 원소에게 빌붙어 있다는 소식을 들은 후였다.

여기서 조조가 안량을 단번에 처치하면 그보다 더 나은 시나리오는 없을 것이다. 관우를 이용하지 않아도 될 뿐만 아니라 계속해서 유비의 소식을 숨길 수 있기 때문이다. 하지만 현재 원소의 병력이 조조의 군대보다 강력하기에 이 전략은 실현 가능성이 비교적 낮은 편이었다. 물론 예상치 못한 문제에 부딪히면 그때 관우를 사용하면 그만이었다.

또한, 만약 관우가 안량을 죽이면 유비와 원소 사이에 갈등이 생길 테고, 그럼 유비는 또다시 도망자 신세가 될 것이다. 어쩌면 그 전에 원소가 유비의 목을 베어 안량의 복수를 가할 가능성도 있다.

만에 하나 관우가 안량의 손에 죽으면 관우의 죽음을 또 다른 무기로 사용하면 된다. 비록 관우가 유비와 형제의 의를 맺었다 하더라도 어찌 되었건 현재는 자신에게 항복한 상태다. 유비와 적이 된 채 싸우다 죽게 되면 이는 유비에게도 상당한 타격이 된다. 그토록 믿고 의지했던 형제조차 그를 배신했는데 누가 유비를 따르겠는가? 결국 관우의 죽음은 조조를 위해, 조조에게 충성을 다하다 맞이한 것으로 영원히 기억될 것이다. 여기에 앞서 분석했던 두 가지 투항 효과까지 더해져 오랫동안 조조의 명성을 떨치는 데 사용되었을 것이다.

더구나 관우의 죽음은 유비의 시련이 된다. 이들이 결의를 맺을 때 한날한시 죽기로 맹세하지 않았는가? 관우가 죽었으니 유비도 맹세를 실천해야 할 것이다. 설령 유비가 차마 죽지 못하고 살아가더라도 관우가 없는 유비는 이빨 빠진 호랑이일 뿐이다.

사람들은 조조를 간웅이라 부른다. 사실 틀린 말도 아니다. 하지만 이해득실 하나 제대로 따지지 못하는 자는 간웅이 될 자격도 없다.

조조는 15만 병력을 세 개 부대로 나누고 그중 5만 명은 직접 이끌고 출격했다. 누가 봐도 이미 끝난 게임처럼 보였다.

평천의 광활한 대지에 안량이 10만 명의 정예 부대를 이끌고 나타났다. 그 위엄에 상대는 주눅 들게 하기 충분했다. 하북 최고의 명장은 듣던 대로 아주 대단했다. 조조는 고개를 돌려 살핀 뒤 한 사람을 지명했다. 조조는 여포의 수하에 있었던 송헌宋憲을 지목했다. 송헌 같은 자가 죽는다고 조조가 아쉬워하거나 아까워할 일은 없을 것이다. 송헌 역시 조조에게는 적의 동태를 모색하기 위해 사용하는 자원이었기 때문이다.

송헌이 말을 타고 달려가자 안량은 큰 소리로 진격 명령을 내렸다. 몇 발자국 가지 않아 안량은 손에 든 검으로 송헌이 타고 있는 말의 머리를 내리쳤다. 조조가 고개를 끄덕이며 말했다.

"듣던 대로 맹장이군."

이때 위속魏續이 크게 소리쳤다.

"형제의 목숨을 반드시 되갚아 줄 것이다!"

위속과 송헌 모두 이전에 여포의 부하였지만 지금은 조조의 자원이다. 그렇다고 조조는 이들을 한두 번 써먹고 버릴 생각은 없었다. 하지만 위속이 저토록 분개하니 복수할 기회를 주지 않을 수가 없었다.

사람은 과도한 자신감을 경계해야 한다. 위속과 송헌의 실력 모두 도토리 키 재기 수준이니 결과는 예상대로였다. 안량은 단숨에 위속도 베어버렸다.

조조는 다시 고개를 들어 살폈다. 이제 안량을 시험하는 것을 그만 두고 정말 제대로 된 싸움을 시작해야만 했다. 마침내 조조는 서황徐晃을 내보냈다. 서황은 안량과 스무 합 이상 주고받았지만 승부를 내지 못하고 진영으로 돌아왔다. 이후 양측 모두 군대를 철수시키고 휴전을 선포했다. 서황은 조조 휘하 중 손에 꼽히는 맹장이었다. 그런 그가 안량을 죽이지 못했다는 것은 다른 이는 더 말할 것도 없다는 의미였다.

조조는 침울해졌다. 이때 정욱程昱이 뛰어와 말했다.

"소인이 한 명 추천하겠습니다. 그자라면 분명 안량의 목을 베어 올 것입니다."

조조는 이미 눈치를 챘으면서도 부러 정욱에게 물었다.

"그게 누군가?"

"오직 관우만이 가능하옵니다."

"하지만 관우가 공을 쌓으면 그 길로 떠날 것이라고 그대들이 말하지 않았는가?"

조조는 말하면서 순욱을 쳐다봤다. 하지만 이전에 자신의 의견에 반대했던 그가 이번엔 아무 말 없이 침묵하고 있었다. 정욱이 계속해서 말했다.

"승상께서 그자를 아끼시고 걱정하는 마음은 잘 알고 있습니다. 허나 어째서 안량의 대적 상대로 관우를 내보내지 않으십니까? 관우가 이기면 그 길로 관우를 중용하시면 되고, 설사 지더라도 관우도 별수 없었다는 식으로 둘러대면 되지 않겠습니까?"

사실 정욱의 말은 앞뒤 논리가 전혀 맞지 않았다. 조조가 관우를 출전시키지 않는 이유가 그를 중용하기 싫어서였겠는가? 관우가 공을 세우지 않아도 중용하고 싶은 마음은 이미 굴뚝같았다. 그가 투항했을 당시 전장에서 공을 세운 수많은 장군 중 황제에게 봉작을 하사받은 이는 단 한 명도 없었다. 오직 패장군 관우만이 편장군이라는 직함을 받았다. 게다가 관우가 안량과의 대결에서 승리하게 되면 공을 세웠다는 명분으로 뒤도 돌아보지 않고 떠나려 할 터, 조조의 중용 따윈 받아들이지 않을 것이다. 조조는 바로 이 점을 우려했다. 이치대로라면 정욱의 간언은 욕을 먹어도 전혀 억울할 게 없었다.

하지만 조조는 뭔가 잘못 흘러가고 있다는 느낌을 받았다. 휘하의 그 수많은 장수 중 서황 이외엔 모두 쥐 죽은 듯이 가만히 있었다. 누구 하나 스스로 나서겠다고 외치는 자가 없었다. 장수들의 이런 태도는 분명 정상적인 반응이 아니었다. 순욱의 침묵은 조조의 이러한 생각을 더욱 가중시켰다.

그러나 알고 보면 장군들의 이러한 반응은 질투로부터 유발된 아주 소극적인 반항이었다.

'어차피 승상께서 가장 아끼시는 관우가 있는데 굳이 우리까지 나설 필요가 있겠습니까? 어디 관우더러 한번 나서 보라고 하십시오. 정욱이라고 무슨 방도가 있겠습니까? 그저 대표로 모두의 생각을 전한 것뿐입니다.'

이들 역시 나름의 생각이 있었다. 그동안 관우는 조조의 부하들 사이에서 눈엣가시 같은 존재였다. 물론 이런 반응은 조조의 과잉 정당화 효과가 만들어낸 결과일 뿐 정작 관우 본인과는 아무런 상관이 없었다. 관우를 출전시켰을 때 이들이 예상하는 결말은 딱 두 가지였다. 만약 관우가 안량 손에 죽게 되면 이보다 더 좋은 일은 없을 것이다. 반대로 관우가 안량을 죽이면 그 길로 관우가 조조를 떠날 테니 이 또한 만세를 부를 일이 아니겠는가?

조조가 아무리 관우를 소중하게 생각할지라도, 그동안 자신에게 충성해온 신하들이 원하지 않는다면 그 역시 뜻을 굽힐 수밖에 없다. 왜냐하면 이들이야말로 조조가 이룰 대업의 밑천이기 때문이다. 관우 한 사람만 얻고 나머지 모두를 잃는 결말이라면 조조는 당연히 그 길을 가지 않을 것이다.

상황이 이렇게 흘러가니 조조는 관우를 내보낼 수밖에 없었다. 비장의 무기를 조금 일찍 사용한 것일 뿐 이러나저러나 결코 조조가 밑지는 장사가 되진 않을 것이다.

◈ 심리학으로 들여다보기

쓸모없는 물건과 자원의 가장 큰 차이점 바로 애정이 투영되어 있느냐 없느냐이다. 관심이 가는 물건이 있다면 어떻게 쓸 것인지 연구하게 된다. 그래서 효율을 높이고 효과를 내는 데 적극 이용되는 반면, 관심 밖의 물건이 쓰임 받을 일은 절대 일어나지 않는다.

타인의 평가에
태연할 사람은 없다

조조 수하의 문무대신 중 어떤 이들은 관우가 이참에 웃음거리가 되길 바랐다. 조조가 그들의 이런 마음을 모를 리 없었다. 동시에 조조는 관우가 절대 그들의 바람대로 되지 않을 거라는 확신이 있었다. 조조는 속으로 생각했다.

'이전李典, 낙진樂進 네놈들도 그날 나와 함께 관우의 실력을 보지 않았더냐? 아니면 관우가 내게 항복했다고 다들 이렇게 무시하는 것이냐?'

조조가 가리키는 그 날은 바로 관우가 화웅의 목을 베었던 사건을 말한다.

당시 조조와 원술 등 열여덟 명의 제후들은 동탁을 제거하기 위해 동맹을 맺었다. 하지만 동탁 수하의 맹장 화웅이 사수관 앞 길목을 막고 있었다. 이미 수십 명의 장군을 베어버린 화웅의 위세는 제후들의 간담을 서늘하게 만들었다. 당시 원소가 탄식하며 말했다.

"안량과 문추가 도착하려면 아직도 멀었거늘! 둘 중 한 명이라도 이 자리에 있었다면 화웅 따위를 해치우는 건 일도 아니었을 텐데!"

이 시기에 유비는 평원平原의 지방 관직인 현령에 불과했다. 그는 북평北平 태수인 공손찬公孫瓚을 따라와 제후들 틈에서 이 상황을 구경하고 있었다. 관우와 장비 역시 별 볼 일 없는 지방관리가 데리고 다니는 장수에 불과했다. 관우는 원소의 말을 듣자마자 큰 소리로 말했다.

"소인이 화웅의 목을 베어오겠습니다!"

조조는 관우에게 건투를 빌며 그에게 온주 한 잔을 따라주었다. 그런데 관우의 대답은 아주 의외였다.

"이 술은 잠시 이곳에 맡겨두었다 돌아와서 마시겠습니다."

이 대답과 함께 관우는 청룡언월도를 집어 든 채 잽싸게 말에 올랐다. 바깥에서는 관우의 기합 소리만 들려올 뿐이었다. 그 소리가 어찌나 큰지 마치 하늘과 땅이 무너져 내리는 것만 같았다. 제후들은 대체 밖에서 무슨 일이 벌어지고 있는지 궁금할 따름이었다. 곧 방울 소리가 들리더니 관우가 막사로 돌아왔다. 관우는 손에 들고 있던 화웅의 목을 땅에 던졌다. 이때 조조가 그에게 따라 주었던 온주에는 여전히 온기가 남아 있었다.

관우는 왜 스스로 화웅의 목을 베어오겠다고 나선 것일까?

인디애나대학 심리학과 교수 노먼 트리플렛Triplett는 1888년 다음과 같은 사실을 발견했다. 팀별 사이클 경기성적을 선수 개개인의 성적과 비교했을 때 팀 경기의 성적이 더 좋다는 것이다. 또 다른 실험에서는 어린아이들에게 낚싯줄을 감는 릴을 주고서 가장 빠른 속도로 줄을 감게 시켰다. 그 결과 아이들이 혼자 줄을 감을 때보다 여럿이서 함께 감을 때 속도가 더 빨랐다.

이 실험은 '타인이 지켜보고 있는 상황'이 개인에게 어떤 영향을 미치는지 설명해준다. 이런 효과를 바로 '이목의 집중효과'라고 말한다. 당연히 '이목의 집중효과'에 꼭 긍정적인 결과만 있는 것은 아니다. 다른 연구에서는 '타인이 지켜보고 있는 상황'이 어떤 개인의 능력 발휘를 저해한다는 결과를 발표하기도 했다. 1965년 사회심리학자 로버트 자이언스Zajonc는 '이목의 집중효과'가 장점을 더욱 강화시켜 준다고 주장했다. 정리하자면, 이목의 집중이 간단한 임무를 수행할 땐 효율을 높여주지만 복잡한 임무를 수행할 땐 오히려 효율을 감소시킬 수 있다는 것이다.

관우는 바로 '타인이 지켜보고 있는 상황'에서 더욱 강하게 실력 발휘를 하는 부류다.

관우가 삼국에서 초일류의 맹장이란 사실은 모르는 이는 없다. 하지만 장비, 조운趙雲 그리고 그의 칼에 목숨을 잃은 화웅 역시 관우 못지않은 실력을 갖추고 있는 맹장들이었다. 만약 관우가 '이목의 집중'을 받지 않았다면 앞서 말한 맹장들을 단숨에 제압할 수 없었을 것이다.

관우는 화웅의 목을 벤 뒤 서주의 호위무사 차주車胄와도 대결을 벌였다. 차주는 무예 실력이 평범한 장군이었다. 그런데 오히려 무예 실력이 보통인 차주는 관우와 여러 차례 전투를 치르고 나서야 후퇴했다. 물론 후에 차주도 결국 관우의 손에 죽었다.

뛰어난 무예 실력을 자랑하던 화웅은 관우의 단칼에 목숨을 잃었지만, 무예 수준이 보통인 차주는 관우와 수차례 맞붙고도 살아남았다.

이 비슷하면서도 모순적인 두 가지 사실은 관우가 '이목의 집중' 상태에 따라 큰 차이를 나타내고 있음을 의미한다.

그렇다면 '타인이 지켜보고 있는 상황'은 어떤 작용을 할까? 타인의 존재는 어떤 사람이 '다른 사람에게 평가를 받고 있다'라는 느낌을 준다. 누군가 자신을 평가하고 있다는 것을 의식하면 그들의 평가에 신경이 쏠리게 된다. 그리고 점점 '이목의 집중' 상태가 된다.

1983년 한 심리학자는 다음과 같은 실험을 했다. 실험 대상자들은 캘리포니아대학에 재학 중인 대학생 마라토너들이다. 마라토너들은 달리기를 시작할 때 잔디밭에 어떤 여자가 앉아있는 것을 발견한다. 여자가 그들을 쳐다보고 있을 때와 그렇지 않을 때를 비교해보니, 마라토너들은 여자가 자신들을 응시하고 있을 때 더욱 빨리 달렸다.

이렇듯 누구나 '타인이 지켜보고 있는 상황'에서 좀 더 나은 모습을 보이고 싶어 하는 경향이 있다. 하지만 결과는 개인마다 천차만별이다. 어떤 이의 경우 타인의 앞에서 자신의 원래 수준보다 더욱 실력 발휘를 하여 좋은 기량을 보여준다. 이런 유형의 사람은 소위 '시합형 선수' 체질이다. 반대로 어떤 이들은 타인의 앞에서 오히려 평소보다 훨씬 못 미치는 실력을 선보인다. 이 두 가지 유형은 현대의 올림픽과 같은 대형 체육 경기에서도 종종 찾아볼 수 있다.

'타인의 평가'에 대한 민감도 역시 사람에 따라 조금씩 다르다. 관우는 본래 성격이 거만했던 탓에 상대방이 자신을 무시하거나 만만하게 보는 것에 극도로 민감했다. 다른 사람 앞에서 자신의 우월성을 증명해 보이고 싶어 하는 충동심을 갖고 있었다. 이 두 가지 본성이 합쳐져 관우는 그야말로 세상에 무서울 것 없는 천하무적이 되었다.

화웅의 목을 베던 날, 관우가 자신을 증명해 보이기 위해 나선 것도 바로 열여덟 명의 제후 중 한 사람이었던 원술이 철저히 무시했기 때문이다. 원술은 명문가 집안 출신이라 기본적으로 신분이 미천한 자를 무시했다. 반면 평범한 출신이었던 관우는 당시 평원의 지방관리였던 유비 수하에 있는 마궁수에 불과했다. 원술은 관우의 출신과 이력을 듣자마자 크게 화를 내며 말했다.

"네놈 같이 보잘것없는 마궁수 따위가 화웅을 상대한다는 것이 가당키나 한 말이냐? 아니면 지금 우리를 비웃는 것이냐? 당장 검을 가져오너라! 내 저놈의 목을 벨 것이다!"

만약 조조가 그 자리에서 제후들을 설득하지 않았더라면 관우는 화웅과 대적할 기회조차 얻지 못했을 것이다.

원술의 무시와 혹평은 관우의 오기를 발동시키기에 충분했다. 관우는 온몸에서 끓어오르는 승부욕의 호르몬으로 건승을 기원하는 술 한 잔 마실 여유도 없이 곧바로 말에 올라 전장에 나갔다. 그 시각 화웅은 여전히 승리의 기쁨에 도취해 있었다. 전속력으로 달려 돌진하는 관우와 아직 시동도 걸지 않은 채 여유를 부리는 화웅, 결과는 당연히 화웅의 패배로 끝났다. 화웅은 그렇게 단칼에 목숨을 잃었다.

우습게 들리겠지만 만약 원술이 자극하지 않았더라면 관우의 승부욕이 그토록 불타오르지는 않았을 테고, 어쩌면 관우와 화웅의 승부가 그렇게 쉽게 끝나진 않았을지 모른다. 설사 화웅이 결국 관우에게 패배했다 할지라도 최소한 그렇게 어처구니없이 당하지는 않았을 것이다.

조조는 사람을 시켜 관우를 불렀다. 관우는 드디어 빚을 갚을 수 있다는 생각에 기쁜 마음으로 나섰다. 조조가 차분한 어조로 말했다.

"안량의 용맹이 보통이 아닐세. 벌써 내 수하의 장군이 둘씩이나 안량의 손에 죽었네. 실로 당해내기가 힘들어 내 자네에게 부탁하고자 불렀네."

"어떤 자인지 한 번 살펴보고 오겠습니다."

마침 안량이 도전장을 내밀며 자신의 위엄을 과시했다. 산 아래에는 안량의 군대가 늘어서 있고 깃발은 기세등등하게 펄럭이고 있었다. 전투태세를 완벽하게 갖춘 군대는 비장함이 감돌았다. 조조가 안량의 군대를 가리키며 말했다.

"과연 하북의 맹장이 이끄는 군대로구나!"

조조는 안량을 천하무적의 맹장으로 치켜세워 자신 쪽의 무능함이 더욱 두드러지게 만들었다.

역시 관우는 '타인의 평가'에 무척이나 민감했다. 조조가 안량을 치켜세우는 것은 자신을 내리깎는 것과 다름없다고 생각했다.

"생각보다 대단하지 않은 자일 수도 있습니다."

관우의 이 말에 조조가 또 한 번 안량을 가리키며 말했다.

"저기 군대를 호령하는 자가 보이는가? 갑옷에 도포를 걸친 채 검을 들고 말에 타고 있는 자가 바로 안량이네."

관우는 대수롭지 않다는 듯 대답했다.

"소인이 보기엔 그저 행동대장일 뿐입니다."

그러자 조조가 넌지시 그에게 언질을 주었다.

"결코 만만한 상대가 아니네."

조조의 이 한마디는 일전에 원술이 자신을 비꼬았던 말 만큼이나 관우를 강하게 자극했다. 조조의 말을 듣자마자 관우는 바로 자리를 박

차고 나갔다. 그리고 그 길로 곧장 청룡언월도를 맨 채 안량이 있는 곳으로 돌진했다.

관우는 조조에게 투항한 이후 조조의 심복들이 하나같이 자신의 능력과 명성을 의심한 탓에 속에서 울화가 치밀어올라 있었다. 조조의 심복들의 이런 태도는 '최신 효과Recency Effect'의 전형적인 예다. 인간관계에서 어떤 개인의 가장 최근, 최신의 이미지가 이전에 인식된 자신에 대한 평가 또는 이미지가 가려지는 것을 '최신 효과'라고 부른다. 이전에는 관우의 명성이 대단했을지 몰라도 그것은 이미 지난 일이다. 사람들은 가장 최근의 그의 모습만을 기억하고 평가한다.

이처럼 관우는 '타인의 평가'에 극도로 민감한 인물이었다. 따라서 이번 기회에 자신을 둘러싼 의혹을 깔끔하게 씻어내기 위해 나섰다. 앞서 말했듯이 관우는 내면의 두 가지 본성이 합쳐졌을 때 곧 세상에 두려울 것 없는 천하무적이 된다. 관우가 이미 '이목의 집중상태'였다면, 안량은 여유만만하게 상대를 기다리고 있었다. 결과는 당연히 관우의 승리였다.

관우가 화웅을 죽이러 나섰을 때 조조도 그 자리에 함께 있었다. 하지만 그때 조조는 막사에서 술을 마시고 있었을 뿐 현장에서 직접 그 광경을 목도하지 않았다. 그러기에 이번에는 직접 관우의 '진면목'을 보고 싶었다. 그런데 관우가 그토록 빨리 일을 처리할 것이라고는 생각지 못했다. 아직 마음의 준비도 채 하지 못했는데 안량의 머리는 이미 관우의 전리품이 된 상태였다.

조조는 관우의 무예 실력이 아무리 뛰어난들 최소 수십 번의 대결 끝에 승패가 결정될 것으로 생각했다. 하지만 조조가 간과한 사실이 하나 있다. 만약 자신과 비슷한 수준의 고수를 만났을 때 상대를 단번에 쓰러뜨리지 못한다면 승리는 장담할 수 없다. 이 말인즉슨 이번에 관우가 보여준 '실력 발휘' 수준은 일전의 화웅과의 대결 때보다 못하다는 뜻이다. 관우가 이처럼 안량을 쉽게 쓰러뜨릴 수 있었던 데는 또 다른 이유가 있었다. 그것은 바로 '적토마'다. 적토마는 하루에 천 리를 달리는 말이다. 관우가 적토마를 탄 이상 이미 속도에서 관우가 훨씬 유리한 상태였다. 적토마가 달리는 속도 앞에 안량이 대비할 시간이나 있었겠는가?

관우가 승리하여 돌아오자 사람들 모두 마중 나와 관우를 영웅으로 받들었다. 이때 아무도 관우가 어떤 말을 할지 예상치 못했다. 조조도 너무 놀라 자신의 귀를 의심했다.

◈ 심리학으로 들여다보기

사람은 유일하게 다른 이의 평가에 좌지우지되는 동물이다. 사회적 동물이기 때문인데 타인의 눈에 비친 자신을 대하며 좋은 사람인지, 능력은 얼마만큼 발휘하고 있는지, 자신이 못하는 분야는 무엇인지 진단한다. 그러나 남의 평가에 휘둘리는 것은 어리석은 자들의 몫이다.

겸손은 자신감의 또 다른 표현이다

관우는 일평생 많은 말을 남겼다. 하지만 대부분이 과시, 오만방자, 흥분, 분노에 가득 찬 말들로 상대방이 듣기 좋은 말을 한 적이 거의 없다. 이때 한 말이 어쩌면 관우가 평생 처음이자 마지막으로 뱉은 칭찬일 수도 있다.

"과찬의 말씀이십니다. 제 아우 장비는 100만 군대를 이끄는 장군의 목도 따온 자입니다. 진정 진흙 속의 진주와도 같은 인물입니다."

관우의 말에 모두 의아해했다. 아무리 자신의 형제라 할지라도 관우처럼 자기 우월감이 강한 자가 다른 이를 띄워주면서까지 자신을 낮추는 경우는 흔치 않기 때문이다. 관우는 왜 이런 말을 했을까? 일찍이 베이컨은 '겸손은 자신을 뽐내기 위한 꼼수일 뿐이다'라고 말했다. 이에 빗대어보면 관우의 이런 행동은 '거짓 겸손'의 가장 대표적인 예다.

단 한 번의 결투로 하북 최고의 장수 안량을 이겼다. 이 얼마나 대단한 일인가? 그런데 관우는 왜 자신의 위대한 업적을 과소평가하고 장비를 치켜세워 준 것일까? 이는 분명 거짓 겸손으로밖에 볼 수 없다.

오만은 진실인 경우가 많지만 겸손은 그렇지 않다. 사람들이 자신의 장점이나 특기, 우수한 업적 또는 다른 이들이 선망하는 성과를 과소평가하는 진짜 이유는 바로 자신의 허영심을 만족시키기 위해서다. 생각해보면 관우가 스스로 잘난 척하지 않아도 이런 상황에서는 아무도 그의 공을 무시하거나 부정할 순 없다.

설사 관우가 자신의 허영심을 채우고자 이렇게 말했다 하더라도 크게 문제 될 일은 아니다. 다른 이에게 피해를 주는 일은 아니기 때문이다. 하지만 조조의 반응이 심각한 파장을 몰고 왔다.

조조는 관우의 말을 듣고 너무 놀라 입이 다물어지지 못했다. 조조는 황급히 주변을 살피며 말했다.

"어서 장비의 이름을 앞섶에 새겨 넣도록 하여라. 이후 장비와 마주치거든 절대 함부로 나서지 말거라!"

물론 장비가 보통 사람보다 용맹스럽긴 했지만, 그의 명성은 관우의 발끝에도 미치지 못했다. 사람들 기억 속의 장비는 유비와 관우의 도움 없이는 여포에게 상대도 안 되는 인물이었다. 물론 세 형제가 힘을 합쳐도 여포 한 사람을 당해내지 못했으니, 여포와의 대결은 세 사람 모두 그다지 자랑스럽게 말할 이야기는 아니다. 반면 관우는 화웅과의 대결로 이미 어느 정도 위신과 명망을 쌓은 상태였다. 정리하자면, 아직까지 장비는 그저 별 볼 일 없는 무명 장수에 불과했다. 적어도 조조의 눈에는 그랬다. 하지만 관우가 거짓 겸손으로 자신의 우월함을 드러내는 과정에서 의도치 않게 장비를 과대 포장하게 된 것이다.

관우의 이런 수법은 가장 일반적인 '제삼자의 칭찬 효과'다. 어떤 사람의 능력이 아무리 뛰어나다 해도 스스로 자신의 우수한 능력을 설명하면 '거만함, 자기 과시'로 인식되기 쉽다. 하지만 제삼자가 칭찬할 경우 사람들의 신뢰도는 급격하게 높아진다. 그 이유는 보통 제삼자와 당신 사이에 직접적인 이해관계가 없으므로 굳이 아무 이유 없이 칭찬하는 것은 아니라고 생각하기 때문이다. 따라서 사람들은 제삼자의 말을 더욱 신뢰하게 된다.

실제로 사기꾼들이 많이 쓰는 수법 역시 '제삼자의 칭찬 효과'이다. 이들이 설정해 놓은 '제삼자'는 바로 우리가 늘상 말하는 '바람잡이'다. 이런 바람잡이가 있기에 속임수가 통하는 것이다.

물론 관우는 장비를 '바람잡이'로 이용하려는 의도가 없었다. 하지만 결과적으론 장비가 '바람잡이' 역할을 하게 되었다. 사실 관우의 '바람잡이'가 되는 것도 그리 쉬운 일만은 아니다.

관우는 안량과의 대결에서 승리하여 그 명성이 이미 최고조에 올라 있었다. 이전의 화웅과의 대결까지 더하면 이제 관우에게 대적할 적수는 없는 셈이나 마찬가지였다. 설령 그 바람잡이 역할을 맡은 자가 장비가 아닌 그보다 더 평범한 사람이라 할지라도, 누가 되었든 일단 그 역할을 맡으면 공개적으로 유명세를 타게 될 뿐 아니라 몸값도 배로 뛰게 된다.

제삼자의 능력과 명성은 칭찬 효과와 정비례한다. 만약 송헌이나 후성後成 같은 자들이 장비를 훨씬 능력 있는 사람으로 떠받들었다면 사람들은 콧방귀를 뀌며 무시했을 것이다. 그들보다 뛰어난 사람들은 차고도 넘치기 때문이다. 그러나 제삼자의 위력이 증명되는 순간 사람들은 그 말에 반박할 힘을 잃어버리게 된다. 권위에 복종하고 순응하는 것이 바로 대다수 사람의 본능이기 때문이다. 그런 점에서 조조 역시 예외가 아니다. 조조가 놀란 것도 다 이런 이유였다.

사람과 사람이 서로를 알아갈 때 상대방에게 '첫인상'을 남기게 된다. 이 첫인상은 그 다음번 만남 또는 계속되는 관계에서 아주 진하고 깊게(거의 변하지 않는) 각인된다. 심리학에서는 이것을 '초두효과primacy effect'라고 부른다. 초두효과란 가장 먼저 접한 정보로 생성된 인상이 이후 행동 또는 평가에 영향을 미치는 것을 의미한다.

외부 정보가 뇌에 입력되는 순서는 인지 효과를 결정하는 데 매우 중요한 역할을 한다. 따라서 가장 먼저 입력된 정보의 인지 효과가 가장 크며, 가장 마지막에 입력된 정보 역시 비교적 큰 효과를 발휘한다. 이러한 대뇌의 정보처리 특징은 '초두효과'와 '최신효과'를 형성하는 내재적 요인이다.

초두효과는 다양한 정보들이 결합되었을 때 가장 앞의 정보를 중요하게 생각하는 경향이다. 설령 나중의 정보가 더 중요하더라도 사람들은 그 정보가 본질적인 것이 아닌 우연에 의한 것이라 여긴다. 왜냐하면 앞서 본 정보를 가지고 나중의 정보를 해석하기 때문이다. 따라서 나중의 정보가 앞의 정보와 다를 경우 이전의 정보에 지배당해 결국 하나의 통일된 정보로 인식한다.

장비는 그 자리에 없었지만 관우의 말 한마디와 조조의 격한 반응으로 장비는 이미 조조의 군대 내에서 '이름만 들어도 오금을 저리게 만드는' 영웅이 되었다. 그리고 이것이 장비의 첫인상이 되었다.

조조는 자신의 수하들에게 장비의 이름을 의복 앞섶에 새기도록 명령하며 장비의 첫인상을 더욱 강하게 각인시켰다. 입으로 한 말을 서면으로 작성할 경우 그 위력은 더욱 어마어마해진다.

델리아 치오피Delia Cioffi와 랜디 가너Randy Garner는 대학생을 대상으로 자원봉사 참여 의향에 대해 질문했다. 이때 학생들을 두 조로 나누었다. 첫 번째 조는 서면 형식으로 참여 의향을 작성하도록 했으며 다른 한 조는 구두로 참여 의사를 확인했다. 결과적으로 두 조 모두 자원봉사 참여 여부 측면에서는 큰 차이가 나타나지 않았다. 하지만 며칠 후 두 조의 실제 출석률을 확인한 결과 확연한 차이가 나타났다. 앞서 구두로 참여 의사를 밝힌 학생 중 단 17%만이 참석한 반면, 서면으로 참여 의사를 밝힌 지원자 중에서는 49%가 약속을 지켰다.

은행이 신용카드를 발급할 때도 이와 비슷한 상황이 연출된다. 신용카드 신청서를 은행직원이 아닌 고객 자신이 기입할 경우 이후 신용카드를 사용할 확률이 훨씬 줄어들었다.

이 두 가지 사례에서 우리는 문자가 지닌 힘이 얼마나 강한지 알 수 있다. 또한, 서면 형태의 약속이 구두로 하는 약속보다 훨씬 더 잘 이행된다는 사실도 알았다. 조조의 병사들이 앞섶에 장비의 이름을 새겨 넣은 뒤, 장비의 이름과 장비의 용맹함은 이들의 머릿속에 더욱 강하게 각인되었다.

이렇게 '제삼자의 칭찬', '첫인상의 초두효과', '문자의 위력'이 합해지자 어느새 장비 역시 감히 대적할 수 없는 '공포의 대상'이 되었다. 그 '공포의 대상'이 만들어낸 효과는 후에 엄청난 위력을 발휘하게 된다.

시간이 흘러 조조는 원소를 무너뜨리고 형양荊襄으로 쳐들어가 유표를 제거했다. 이때 유표에게 몸을 의탁하고 있던 유비는 쥐도 새도 모르게 도망쳐 버렸고, 장비는 유인책을 써 장판교長坂橋 앞에서 홀로 조조의 100만 대군 앞을 막아섰다.

장비는 직접 조조의 앞에 나서 부리부리한 눈으로 크게 소리쳤다.

"내가 바로 장익덕이다! 감히 내게 덤빌 자가 있느냐!"

쩌렁쩌렁하게 울리는 장비의 목소리에 간이 콩알만해진 조조군은 어찌해야 할 바를 모르고 우왕좌왕했다. 조조는 순간 일전에 관우가 했던 말을 떠올리고는 소리쳤다.

"일전에 운장이 내게 말하길, 익덕은 100만 군대를 이끄는 수장의 목을 단숨에 베었을 만큼 용맹한 장수라 했다. 그 장익덕이 지금 우리 눈앞에 있느니라. 결코 상대를 얕봐선 안 될 것이다."

조조의 말이 채 끝나지도 않은 상태에서 장비가 또 말했다.

"나 장익덕이 지금 이곳에 있느니라! 감히 내게 덤빌 자가 있으면 당장 나오너라!"

장비의 맹렬한 기세에 조조는 두려움을 느꼈다. 멀리서 조조의 군대가 이동하는 모습을 본 장비는 말을 세운 뒤 또 한 번 크게 외쳤다.

"싸우자는 것도 아니고 후퇴하는 것도 아니고 대체 이게 무슨 짓이냐!"

장비의 호통에 조조 병사들의 마음속에 '공포의 대상'이 되살아났다. 조조가 가장 총애하는 조카인 하후걸夏侯傑은 어찌나 두려움에 떨었는지 그만 낙마하고 말았다. 조조 역시 질겁하여 말 머리를 돌렸으며 군사도 모두 후퇴시켰다.

장비의 목소리가 왜 그토록 위협적이었을까? 사실 장비의 목소리

자체가 위협적이긴 하지만, 그보다는 일전에 관우가 했던 말의 위력이 나타난 것이다. 그가 일생 했던 말 중 가장 부드럽고 겸손했던 말이 가장 큰 위력을 발휘한 순간이었다. 당시 하후걸 이외에도 사상자가 한두 명이 아니었으니 대충 그 위력을 짐작할 수 있다. 세상에 이렇게 말 한마디로 큰 위력을 만들어 낼 수 있는 이가 과연 몇 명이나 있을까? 이는 천하의 제갈량諸葛亮조차도 가지지 못한 능력이다.

관우는 말 한마디로 자신의 능력을 과시함과 동시에, 의도한 것은 아니지만 장비의 위엄까지 세워주었다. 오늘날까지도 이 일화는 많은 이의 감탄을 자아내고 있다.

◈ **심리학으로 들여다보기**

겸손의 목적과 겸손 자체는 완전히 다른 것이다. 무엇을 위해 겸손해야 하고 누구를 위해 겸손해야 하는지 알아야 한다. 자신을 낮추는 것만이 유일한 해답이 될 수 없으며 자기 존재감을 억누르면서 겸손을 베풀 필요는 없다. 목적이 있는 겸손은 오래가지 못한다.

원수는
사랑할 수 없다

만물은 모두 평형을 이룬다. 얻는 게 있으면 잃는 것도 있는 법이다. 관우 덕분에 장비는 큰 고비를 넘겼다. 하지만 유비의 목숨은 오히려 관우 때문에 더욱 위태위태해졌다.

관우는 그때까지도 유비가 원소의 진영에 있는 줄 몰랐다. 안량이 조조에게 목숨을 잃었다는 사실이 알려지자 사람들은 이 일을 유비와 결부시켰다.

안량의 패잔병들이 돌아와 보고했다.

"안 장군께서 웬 시뻘건 얼굴을 가진 사내의 칼에 순식간에 당하셨습니다."

원소는 아연실색했다.

"대체 어떤 놈이기에 안량이 당했단 말이냐!"

원소에게는 저수라는 또 한 명의 책사가 있었다. 그는 앞서 소개한 전풍과 마찬가지로 지략이 풍부한 자였지만 심각한 결함이 있었다. 그 역시 윗사람을 설득하는 방법을 터득하지 못했던 것이다.

윗사람을 설득하는 기술은 책사로서 반드시 갖춰야 할 능력이다. 아무리 영민하고 풍부한 지략을 갖고 있더라도 설득의 기술이 없으면 결국 감옥에 갇히는 신세로 전락할 뿐이다. 그 결과 전풍은 이미 감옥에 투옥되었고 저수 역시 곧 그 전철을 밟게 되었다. 저수는 매우 총명한 인물이었다. 단번에 그 붉은 얼굴이 누구인지 알아챈 저수는 곧바로 원소에게 말했다.

"그자는 분명 유비의 의형제인 관우, 바로 관운장입니다."

순간 원소는 예전 일을 떠올렸다. 관우가 화웅의 목을 베었을 당시 원소는 열여덟 명 제후의 맹주였다. 관우의 얼굴은 물론 검 솜씨를 모두 알고 있었다. 또한, 이 세상에서 안량의 적수가 될 만한 자는 극히 손에 꼽혔다. 이렇게 추론해 보니 그자가 관우인 것이 틀림없었다.

원소는 이때 유비가 천연덕스럽게 서 있는 것을 보고는 벌컥 화를 내며 호통쳤다.

"네놈의 아우라는 자가 내가 아끼는 장군을 죽였느니라. 네놈도 분명 저기 바깥 놈들과 한통속이렷다! 그렇다면 더욱 네놈을 살려둘 이유가 없구나. 당장 검을 가져오너라. 내 당장 이놈의 목을 베어버릴 것이다!"

하지만 이대로 원소에게 목이 잘릴 유비가 아니었다. 유비가 별다른 재주는 없어도 원소같이 지략이 부족한 자들을 구슬리는 것만큼은 재주가 있었다.

유비는 당장 화를 면하기 위해 급히 머리를 굴렸다.

"그럴 리가 있겠소? 부인들의 생사조차 확인할 수 없는 판국에 관우와 장비의 행방을 내 어찌 알겠소?"

사실 유비처럼 부인을 언제든지 갈아입을 수 있는 의복으로 생각하고 형제를 자신의 수족으로 여기는 자는 그리 많지 않다. 이런 긴박한 상황에도 유비는 자신의 부인을 무기로 삼아 원소를 설득하는 도구로 사용했다. 그 덕에 유비는 겨우 목숨을 건질 수 있었다.

생각해보니 유비의 말에 일리가 있었다. 왜냐하면 원소도 자신의 형제와 같은 수하들을 부인보다 더 아꼈기 때문이다. 결국 원소는 유비에게 변명할 기회를 준 것이다.

이런 절호의 기회를 그냥 놓쳐버릴 유비가 절대 아니었다. 유비는 원소의 말이 떨어지자마자 재빨리 말을 이어나갔다.

"명공明公, 서주를 잃은 뒤 오죽했으면 부인들조차 버리고 도망쳤겠소? 하물며 지금 운장이 조조 밑에 있는지 이 사람이 어떻게 알 수 있겠소? 또한, 천하에 비슷하게 생긴 사람이 어디 한둘이겠소? 그럼 붉은 얼굴에 칼만 들면 모두 운장이란 말이오? 상황을 좀 더 상세히 알아봐 주시오."

말했듯이 원소는 자기 주관이 없는 인물이었다. 그는 유비의 말을 듣자마자 고개를 끄덕이며 곧바로 저수를 불러 꾸짖었다.

"네놈의 말 한마디에 하마터면 유현덕을 죽일 뻔했느니라!"

저수가 억울해하며 말했다.

"소인은 그저 붉은 얼굴의 그자가 관우라고 말했을 뿐 유비를 죽이라고는 말씀드리지 않았습니다."

원소는 저수가 억울해하든 말든 무시한 채 곧장 유비를 불러 안량의 원한을 어떻게 갚을 것인지 상의했다. 유비는 어떻게 이토록 쉽게 원소를 설득할 수 있었을까?

유비가 원소를 설득할 때 선택한 방법은 설득의 주변경로다. 설득하는 방법에는 두 가지 경로가 있다. 하나는 중심경로이고 다른 하나는 주변경로다. 만약 어떤 문제를 정면 돌파할 능력이 있다면 대부분은 설득의 중심경로를 선택한다. 다시 말해, 타인을 설득할 만한 충분한 증거가 있고 또한 그것이 충분한 설득력을 지니고 있다면 설득의 중심경로를 선택하는 것이 바람직하다. 반대로 자신의 주장을 뒷받침해 줄 유력한 증거가 없다면 반드시 설득의 주변경로를 선택해야 한다. 사실을 제외한 나머지, 예를 들어 감정에 호소하거나 어떤 기준을 가지고 비교하거나 신뢰할 만한 친구, 전문가의 판단을 이용하여 상대방을 설득해야 한다.

중심경로를 이용한 설득은 기본적으로 이성적인 논리로 전개된다. 주변경로를 이용한 설득은 사람의 감정을 이용한다. 고객의 구매를 끌어내기 위해 너도나도 스타를 내세워 광고하는 것이 그 예이다. 특히 해당 스타 팬들의 팬심은 제품의 소비로 이어진다.

목숨이 왔다 갔다 하는 위급한 상황에서 유비가 사실근거를 따진다는 것은 근본적으로 불가능하다. 만약 유비가 그 자리에서 '내가 관우와 공모했다는 증거가 있소'라고 원소에게 반박하거나, '내가 관우와 공모하지 않았다는 증거를 무슨 수로 찾을 수 있겠소'라고 말하며 자신의 결백을 증명하고자 했다면, 유비는 분명 그 자리에서 죽었을 것이다. 하지만 유비는 평소 원소의 인정을 이용하여 자신을 증명했다.

이런 방법은 제대로 먹혀들었다. 이렇듯 시시비비를 가릴 수 있는 명백한 증거가 없을 땐 이 방법이 가장 최고다.

유비는 가까스로 위기를 모면했지만, 그 짧은 순간에 지옥과 천당을 오갔으니 제정신이 아니었다. 그때 멀리서 어떤 이가 소리쳤다.

"안량은 내 형제나 마찬가지다. 조조가 내 형제를 죽였으니 반드시 조조에게 그 빚을 갚아 줄 것이다!"

바로 문추였다. 문추는 원소의 수하에서 두 번째로 유명한 맹장이었다. 굳이 순위를 따지자면 두 번째지만 사실상 안량과 문추 모두 실력은 비등비등했다. 원소가 흐뭇해하며 말했다.

"자네가 아니면 누가 안량의 억울함을 풀어주겠는가? 내 자네에게 10만 병사를 주겠네. 지금 당장 군대를 이끌고 가 조조를 목숨을 끊어버리고 오게!"

방금까지 기가 죽어 아무 말도 못 하던 저수는 그 말을 듣자마자 자존심이고 뭐고 내팽개치고 원소 앞에 나서서 말했다. 그러고 보면 저수 이 자도 책임감 하나는 인정해 주어야 한다. 하지만 안타깝게도 저수는 죽는 순간까지 설득의 오묘한 이치를 깨닫지 못했다.

저수가 말했다.

"불가하옵니다. 지금은 병력을 연진延津에 구축해 두셨다가 관도로 보내셔야 합니다. 만약 경거망동하여 황하를 건넜다 상황이 돌변하게 되면 수많은 병력이 되돌아오지 못할 것입니다."

원소가 자기 주관이 없긴 하지만 주관이 없다 해서 쉽게 설득당할 거라 생각한다면 오산이다. 설득의 기술을 깨닫지 못한다면 누구라도 저수와 비슷한 상황에 부딪히게 될 것이다. 왜냐하면 설득에는 일종의

'태도의 면역'이라는 효과가 존재하기 때문이다.

'태도의 면역' 현상은 심리학자 윌리엄 맥그레일McGrail이 1694년에 처음으로 제시한 이론이다. 이 효과는 사람의 태도가 마치 인체의 면역력처럼 타인의 설득에 저항력을 갖게 되어 기존의 태도에 아무런 변화가 생기지 않는 현상을 의미한다. 좀 더 쉽게 말해 어떤 개인의 생각이 다른 이에게 반박을 당했을 경우 그 사람의 태도가 그로 인해 동요되는 것이 아니라 오히려 더욱 강경해지는 것이다.

지금 감옥에 투옥 중인 전풍을 기억하는가? 얼마 전 전풍은 원소에게 한 말 때문에 감옥에 갇히는 신세가 되었다. 전풍을 감옥에 보낸 그 말 한마디는 강력한 백신처럼 원소의 뇌리에 박혔고, 이제 원소의 머릿속에는 그에 대한 강력한 항체가 생긴 상태였다.

요컨대 전풍이 제안한 유격 전술 전략을 반대한 이후, 원소의 머릿속에는 비슷한 종류의 제안에 대한 항체가 생겨 어떤 설득 방법도 그에게 통하지 않았다. 그럼에도 저수가 꿋꿋이 그 방향을 고수하니 결과는 안 봐도 뻔하지 뻔했다. 원소는 끝까지 자신의 결정을 고집했고 모든 화의 화살은 저수에게 향했다.

역시나 원소는 크게 화를 내며 외쳤다.

"네놈들과 같이 글밖에 모르는 자들을 믿었다가 큰일을 그르칠 뻔했구나! 네놈의 전략이라는 것이 고작 군기를 풀어주고 시간을 낭비하는 것이었더냐! 용병은 적이 대응하는 틈을 주지 않도록 신속함이 첫째라는 것도 모르느냐!"

저수는 아무 말도 하지 못하고 바로 물러났다. 그리고 병중이라는 이유로 바깥출입을 하지 않았다.

태도의 면역 효과는 긍정과 부정의 측면을 모두 가지고 있다. 거부하는 정보가 긍정적인지 부정적인지는 중요하지 않다. 핵심은 이전에 어떤 종류의 '백신'을 맞았느냐이다.

실제로 사이비 종교 집단이 신도들을 홀릴 때도 마찬가지로 '태도의 면역' 효과를 이용해 사람들의 생각을 조종한다. 사이비 종교 집단은 새로운 신도에게 그들의 가족이나 친구가 분명히 이 종교의 교의와 이념을 공격할 수 있음을 알려준다. 이것이 바로 '강력한 백신'이다. 그리고 예상했던 것과 같이 실제로 반대, 공격, 반박에 부딪히는 상황이 발생하면 신도들은 이미 충분히 저항할 만반의 준비를 해두었기에 종교의 신념이 반박당해도 오히려 그 믿음이 더욱 강해진다. 결국, 좋은 뜻에서 한 반대가 오히려 사이비 종교의 영향력을 더욱 확대시키는 것이다. 만약 타인을 설득하고자 한다면 전풍과 저수의 교훈을 잊지 말길 바란다. 상대방이 이미 면역력을 가지고 있는 부분은 절대 공격해선 안 된다.

더는 이곳에 머물기 힘들다는 생각이 들자 유비의 머릿속은 더욱 심란해졌다.

'그 붉은 얼굴이 분명 운장일 수도 있다. 말도 안 된다. 관우가 어떻게 조조에게 항복할 수 있단 말인가?'

일전에 허전許田에서 조조가 한 헌제와 사냥을 나섰을 때, 조조가 헌제의 화살로 사슴을 명중시킨 뒤 주제넘게 헌제 대신 문무대신의 만세 소리에 답례한 적이 있다. 이때 누구보다 조조를 죽이고 싶어 했던 사람이 바로 관우다.

'조조 때문에 세 형제가 서로 생사도 모른 체 뿔뿔이 흩어지지 않았

는가? 조조에 대한 앙금이 이토록 깊은데 관우가 정말 의리를 저버리고 조조에게 투항했을까?'

유비는 아무리 생각해도 이해가 되질 않았다. 결국, 그는 원소에게 말을 꺼냈다.

"명공. 이토록 오랫동안 명공의 은혜를 입고서도 보답 한 번 제대로 하지 못했소. 그런 의미에서 이번에 이 사람이 문추와 동행하고 싶소. 첫째는 명공의 은혜에 보답하고자 함이고, 둘째는 정말 관우가 맞는지 직접 확인하기 위함이오."

원소는 흔쾌히 유비의 부탁에 응했다. 하지만 문추는 유비의 동행에 반대했다.

"유비는 전장에서 열 번이면 열 번 모두 패할 자입니다. 패전의 기운이 도는 자와 동행하는 것 자체가 불길합니다."

그러자 원소가 말했다.

"유비가 정말 쓸모가 있는 자인지 이번 기회에 보고 싶으니 그와 함께 떠나게."

문추는 감히 원소의 명을 거역할 수 없었다. 대신 조건을 제시했다.

"정녕 주공께서 유비를 내보내고자 하신다면 그에게 3만 군대를 내어 주신 뒤 후방을 맡도록 명을 내려주십시오. 만약 유비가 공을 세우지 못하면 돌아와서 반드시 그의 죄를 물으셔야 합니다!"

문추가 유비를 싫어하는 데에는 이유가 있었다. 정황상 안량이 관우의 손에 죽은 것은 분명했고, 형제와도 같았던 안량이 죽었으니 문추의 눈에 유비가 곱게 보일 리 없었다.

유비는 그 말을 듣자마자 속으로 오히려 잘 됐다고 생각했다.

'결정적인 순간에 도망쳐도 막을 사람이 없으니 이 얼마나 다행인가! 어쩌면 3만 군대로 다시 재기를 도모할 수 있지 않을까?'

문추가 병사를 이끌고 앞장을 섰다. 조조 군대는 여전히 사기가 하늘을 찌르고 있었다. 하지만 그렇게 낙관하고 있을 일만은 아니었다. 문추가 도착한 이상 관우의 목숨도 어찌 될지 몰랐다.

◈ **심리학으로 들여다보기**

설득은 반드시 사실을 기반으로 쌓아지는 성과가 아니다. 다양한 측면에서 접근하며 상대의 요구나 마음을 읽어내야 한다. 사실에 근거한 강압이나 강제가 잘 통할 것 같아도 반감이나 불신을 부르는 요인이 된다. 사실 전달에 신중해야 하는 이유이다.

선입견에 발목 잡히면 벗어날 수 없다

관우가 공을 세우자 조조는 기쁘면서도 걱정이 됐다. 기쁜 이유야 더 설명할 것도 없고 걱정이 되는 이유는 바로 관우가 공을 세우자마자 떠날 것이 우려됐기 때문이다. 어떻게든 관우를 붙잡아 둘 수를 생각해내야만 했다.

이전에는 관우에게 아무 공을 세우지 않아도 녹봉을 주었지만, 공을 세운 지금 녹봉을 주지 않는다면 이는 굉장히 실례가 되는 일이다. 도대체 어떻게 해야 관우를 기쁘게 할 수 있을까? 세상에 이보다 더 어려운 일도 없었다.

금은보화나 미녀는 가장 효과가 직접적으로 나타나는 격려 수단이다. 하지만 관우는 금은보화도 미녀도 좋아하지 않는다. 그동안 내면의 자기 합리화로 지탱해온 힘을 잃어버리게 되는 마음가짐 때문이다.

고민 끝에 조조는 드디어 관우가 마음에 들어 할 만 것, 절대 거절하기 힘든 것을 생각해냈다. 그것은 바로 지위와 명예였다. 항복한 관우와 함께 조조가 헌제를 알현했을 때 조조의 제안에 따라 헌제는 관우에게 편장군 작위를 하사했다. 실제로 전장의 패잔병이 그것도 조정에 맞서 싸우다 패배한 장군이 봉작을 하사받는다는 것은 말도 안 되는 일이었다. 하지만 관우는 흔쾌히 이를 받아들였다.

사람은 저마다 감출 수 없는 약점을 갖고 있다. 명예와 권위에 대한 갈구가 바로 관우의 약점인 셈이다. 조조는 관우의 이런 약점을 공략하기로 했다. 될 수 있으면 빨리 손을 써야 했다. 관우가 안량을 처리한 것보다 더 빨리, 관우가 떠난다는 말을 꺼내기 전에 끝내야만 한다.

'큰 공을 세워 봉작을 받는 것' 바로 이것은 모든 무장의 이루고자 하는 최종 목표였다. 당나라 시인 왕발王勃은 그 유명한 《등왕각서滕王閣序》에 이런 말을 남겼다.

"풍당馮唐은 늙어서도 중용되지 못하고 이광李廣은 공을 세우고도 인정받지 못하는구나."

한 무제武帝 때 이광이라는 자가 있었는데 매우 뛰어난 활 솜씨를 갖고 있었다. 동작이 민첩하여 바람처럼 나타났다 사라지곤 했다. 그 때문에 흉노족들은 그를 비장군飛將軍이라 불렀다. 이광은 여러 차례 흉노족을 토벌하는 공을 세웠지만 일생 '봉작'을 받지 못했다. 그만큼 '봉작'을 하사받는 것은 매우 어려운 일이었다.

이런 이유에서 '봉작'은 수많은 무장이 앞다투어 공을 세우려 할 만큼 의미 있고 매력적인 것이었다. 조조는 생각했다.

'이 몸이 직접 관직을 내려주면 제아무리 관우라 할지라도 거부하기 힘들 것이다. 아마 영원히 나를 떠날 수 없겠지. 세상에 황제는 오직 한 사람, 그리고 그 황제가 지금 내 손안에 있느니라. 어디 한 번 있으면 찾아보거라. 이 세상에 나 말고 누가 네놈 등에 날개를 달아 줄 수 있을 것 같더냐!'

조조는 생각할수록 득의양양해졌다.

'원소 그 멍청한 놈은 황제를 써먹는 방법을 알 리가 없었지. 나는 황제를 손에 쥔 채 제후들을 호령하고 관직도 내 뜻대로 하사하고 있느니라!'

조조는 자신도 모르게 웃음이 터져 나왔다. 조조는 즉시 대신들을 조정으로 불러 관우를 수정후壽亭候에 봉했다. 관우에게 하사할 봉작 패가 준비되자 조조는 장료를 지긋이 쳐다봤다.

'그나마 네가 내 심중을 잘 파악하여 관우를 항복시켰으니 그 공은 인정해 주마. 그런 의미에서 이 인장을 전달하는 임무도 네게 주마.'

이것도 인심이라고, 사람에게는 편향적인 심리가 있다. 희소식의 경우, 비록 그 소식을 전달해 준 사람이 희소식을 만들어낸 당사자가 아닐지라도 그 사람 덕분에 희소식을 듣게 되었다고 생각한다. 마찬가지로 나쁜 소식의 경우, 그 소식을 전달해 준 사람이 나쁜 소식과 직접적인 연관이 없어도 나쁜 소식을 전달했다는 이유만으로 그 사람에게 화를 전가한다.

장료는 '정후'가 새겨져 있는 인장을 손에 든 채 착잡한 마음으로 관우를 찾아갔다.

'관우! 관우! 관우! 나 장문원이 네놈의 항복을 받아내지 않았더라면 아직도 유비의 뒤꽁무니나 쫓아다니고 있었겠지? 그럼 네놈에게 오늘 같은 날도 없었을 거야. 흥! 조승상 이 사기꾼 같은 놈. 네 놈 하나를 위해 목숨을 걸고 싸웠는데 우리는 그토록 푸대접하더니!'

그가 이렇게 생각하는 것은 이미 조조 진영 내 많은 이들이 조조가 관우를 편애하는 것에 불만을 품고 있음을 대변한다. 하지만 장료는 자신이 관우보다 봉작을 받기 좋은 조건에 있다는 사실을 완전히 잊고 있었다. 관우처럼 단 한 번의 승리로 무장들의 '로망(파벌을 이용하여 봉작을 받는 경우는 제외)'을 성취하는 경우는 극히 드문 일이긴 했다.

장료는 관우가 분명 감격의 눈물을 흘리며 좋아할 것으로 생각했다. 그런데 이건 또 무슨 엉뚱한 소리인가! 관우는 인장을 받자마자 한 번 쓱 쳐다보더니 무심하게 말했다.

"받지 않겠네."

"뭐라 말씀하셨습니까?"

장료는 자신의 귀를 의심했다.

'이 홍당무 같은 자식. 성질 한번 고약한 놈일세. 네놈이 지금 이게 무엇인지 알기나 하느냐? 이것이 그냥 인장인 줄 아느냐? 수정후에 봉한다는 황금 인장이란 말이다!'

짧은 찰나에 장료의 심리적 압박감은 급격하게 상승했다.

'이런 일조차 해결을 못 하면 승상께서 나를 어찌 생각하시겠는가?'

장료는 질투심에 화가 목청 끝까지 올라왔지만 가까스로 본심을 숨긴 채 말을 꺼냈다.

"공을 세우셨으니 봉작을 받는 것은 당연한 것이거늘 어찌 거절하십니까?"

관우가 고개를 저으며 말했다.

“내 공이 그 정도의 봉작을 받을 만큼 대단하다고 생각하지 않네.”

장료는 관우의 태도가 의심스러웠다. 평소 자신감 넘치는 그의 모습이 아니었다. 만약 관우가 ‘어찌 내 공이 수정후 밖에 되질 않는단 말인가! 차라리 받지 않겠네’라고 말했더라면 아마 장료도 바로 그의 말을 믿었을 것이다.

그 당시 봉작의 종류는 다음과 같다. 동한 말년에는 일반적으로 조왕照王, 오등봉작五等封爵, 열후列候 이렇게 세 단계로 봉작이 나뉘었다. 이 중 왕은 오직 황제만이 받을 수 있는 작위였다. 오등봉작의 경우 공公, 후候, 백伯, 자子, 남男으로 나뉘었고, 열후의 경우 현후縣候, 향후響候, 정후亭候로 나뉘었다. 관우가 받는 봉작은 정후로 오등봉작의 ‘후’가 아닌 열후 중에서도 가장 낮은 급인 ‘정후’였다. 비록 정후가 전체 봉작 체계에서 가장 말단 직위이긴 했으나 관우같이 평범한 출신이 ‘정후’를 하사받는 것은 그 자체만으로도 대단한 일이었다. 제갈량이 그토록 혁혁한 공을 세웠음에도 그가 마지막으로 하사받은 직책은 열후의 이등급인 ‘향후’였다. 따라서 제갈량을 무향후武響候, 또는 제갈무후諸葛武侯라고 부르게 된 것이다.

계속되는 장료의 설득에도 관우는 의미심장한 표정으로 그를 바라볼 뿐 거절 의사에는 변함이 없었다. 장료는 지금이 그를 항복시킬 때보다 더 힘들고 괴로웠다. 결국, 설득을 포기한 장료는 의기소침한 채로 조조를 찾아갔다.

조조 역시 그의 말을 듣자마자 두통이 밀려왔다.

‘어떻게 이 방법이 통하지 않을 수 있지? 관우 네놈 비위 맞추기 참 힘들구나!’

역시나 가장 먼저 든 생각은 그가 떠나는 것이었다. 하지만 관우가 아직 유비의 행방을 모르는데 대체 어디로 간단 말인가?

조조는 좀 더 구체적으로 하나하나씩 따져가며 장료에게 물었다.

"관우가 이를 거절한 것이 자네가 말을 꺼내자마자 거절한 것인가? 아니면 인장을 건넨 이후 거절한 것인가?"

그러자 장료가 대답했다.

"인장을 보더니 바로 거절했습니다."

조조는 그제야 이해했다. 반면 장료는 아직도 이해가 되지 않았다.

"그게 대체 무슨 차이입니까?"

이것이 바로 조조와 장료의 차이다. 승상의 자리에 앉을 수 있는 사람과 그의 수하밖에 될 수 없는 사람의 차이이기도 하다.

조조가 말했다.

"문원, 자네는 돌아가 그 인장을 없애 버리게."

장료가 놀라며 말했다.

"오늘은 두 분 다 이해가 되질 않습니다. 승상께선 평소엔 그토록 정성을 쏟으시더니 오늘은 어찌하여 이리 빨리 단념하십니까?"

조조가 다시 말했다.

"지금 돌아가 인장을 다시 만들어 오게. 그리고 잊지 말게. 인장 앞에 반드시 '한漢'을 새겨 오게."

순간 장료 역시 깨달았다. 다른 이도 아닌 바로 자신이 '관우의 세 가지 조건'을 전달하지 않았는가? 그중 첫 번째 조건이 바로 '조조가 아닌 한에 투항한다'라는 것이었다.

장료는 '한 황제가 정후에 봉함을 증명한다'라는 뜻의 글이 새겨진 인장을 들고 급히 다시 관우를 찾았다. 관우는 역시 이를 살펴보더니 큰 소리를 내며 웃었다.

"하하, 역시 조승상께선 나를 잘 알고 계시는구려!"

관우는 편안한 표정으로 인장을 받아들였다.

이 인장에 새겨진 각인은 역사상 가장 특이한 각인이다. 만약 찾을 수만 있다면 분명 세상에 단 하나뿐인 물건으로, 잘못 인쇄된 우표처럼 아주 희귀한 보물이 되었을 것이다. 중국 역사상 이런 각인은 이제껏 전례가 없었다. 모든 시대를 통틀어 그 왕조가 정통이든 아니든 신하는 스스로 '하늘의 명'을 받드는 자라고 여겨져 왔다. 따라서 봉작을 하사받을 때 직함 앞에 국호가 새겨지는 일은 결코 있을 수 없는 일이었다. 제갈량만 봐도 그렇다. 그가 받은 무향후라는 봉작을 '한무향후漢武響侯' 또는 '촉무향후蜀武響侯'라고 부르는 일은 없었다. 장비 역시 단순히 '서향후西響侯'로 불렸을 뿐 그 앞에 다른 무언가가 추가된 적은 없다.

비록 조조가 제후들을 호령하고 있었지만 그렇다 해서 그가 황제는 아니었다. 조조에게 황실의 명분으로 봉작을 하사할 자격은 없었다. '정후에 봉한다'라는 뜻의 각인 앞에 '한'이라는 글자가 없다 하더라도, '한'은 이미 각인의 글씨 안에 포함된 셈이었다. 그러기에 굳이 말하지 않아도 한 황제가 하사한다는 뜻을 갖고 있다. 관우 말고는 아무도 '한'이라는 글씨가 없다 해서 그것을 '조조가 하사'하는 봉작이라 생각하지 않았다.

관우가 이처럼 '한'이라는 글자 하나에 어린아이처럼 말도 안 되는 고집을 피운 것은 그만큼 그가 자기 합리화를 하면서 심적으로 극도의 혼란을 느끼고 있었음을 의미한다. 이렇게라도 하지 않으면 스스로 견디기 힘들었을 것이다.

봉작을 받는 것은 무장이라면 누구나 한 번쯤은 꿈꾸는 일이다. 당연히 관우도 봉작을 하사한다고 했을 때 '당연히 받아야 한다'라고 생각했을 것이다. 하지만 이 봉작은 조조의 힘으로 만들어진 것이니, 만약 그냥 받게 되면 자신의 항복에 평생 지워지지 않는 '주홍글씨'를 새겨 넣는 것과 다름없었다. 또한, 이 상태로 봉작을 받으면 이전에 자신이 내세운 '세 가지 조건'을 뒤집는 것이다. 관우가 자기 합리화를 하면서까지 버틸 수 있었던 것은 모두 자신이 내세운 '세 가지 조건' 때문이었다. 결국, 관우는 자신의 약점을 둘러싸고 있는 최후의 보호막을 지키기 위해 인장을 거절할 수밖에 없었다.

여기서 우리는 명예를 갈구하는 본능과 그것을 거절할 수밖에 없는 현실 사이에서 관우가 얼마나 힘들게 내면의 갈등을 버티고 있는지 느낄 수 있다. 그런 점에서 조조는 정말 심리의 대가였다. '한'이라는 글자 하나로 단번에 관우의 내면 갈등을 해결해 주었기 때문이다.

어찌 되었건 '한'이라는 글자로 관우는 또 다시 '변명의 여지'를 얻게 되었다. 마음 편하게 봉작도 받고 '세 가지 조건'도 지키게 되었으니 더는 거절할 이유가 없었다. 조조의 입장에서도 관우의 요구를 들어준다 해서 손해 볼 일은 전혀 없었다. 사실 조조는 자신이 한이요, 한이 곧 자신이라고 생각했기에 한이라는 글자에 크게 연연하지 않았다. 관우의 마음을 풀어줄 수만 있다면 못 해줄 것도 없었다. 아마 관우가 한을 두 번 새겨 달라고 요구했어도 들어주었을 것이다.

조조는 스스로 난제를 풀었다는 사실에 뿌듯함이 밀려왔다. 장료 역시 그의 지혜에 감복하여 머리를 숙이고 절을 했다. 하지만 아직 완전히 기뻐하기에는 일렀다.

사실 조조는 큰 오류를 하나 범했다. 지금 당장 관우를 달래기 위해서는 이 방법이 최선으로 보일지 몰라도, 그가 선택한 방법은 그의 목적과는 완전히 다른 방향을 향하고 있었기 때문이다. 분명 조조는 명예를 갈구하는 관우의 약점을 잘 포착하여 포섭하는 데 성공했다. 하지만 이렇게 단번에 모든 일을 처리해서는 안 됐다. 이 봉작으로 인해 관우는 무장들이 평생 꿈꾸는 목표를 이루었다. 이는 조조가 더 이상 관우에게 줄 수 있는 게 없다는 것을 의미이다.

결론적으로 조조는 관우가 떠나도록 떠밀고 있었다. 쉽게 얻은 물건일수록 그 소중함을 느끼지 못하는 법이다. 결국, 시간이 흐른 뒤 관우는 조조가 하사한 인장을 미련 없이 버리고 떠나버렸다.

◈ 심리학으로 들여다보기

명예에 대한 갈구는 심각한 심리 장애 중 하나다. 모두 알다시피 명예는 돈으로 살 수 있는 것도 아니며, 권력이나 힘으로 쟁취할 수 있는 것도 아니다. 오랜 기간 쌓아 올린 인간관계의 신뢰, 덕망, 가치관과 신념이 명예를 불러온다. 원한다고 무조건 얻어지는 것이 아니라는 말이다.

한숨 돌리려는 순간이 가장 위험한 순간이다

문추는 말을 타고 가는 내내 이를 악물고 반드시 안량의 원수를 갚겠노라고 맹세했다. 문추는 유비를 증오했기에 유비가 자신과 동행하도록 놔두지 않았다. 유비는 '패전의 기운을 몰고 다니는 자'라는 이유로 자신의 뒤를 쫓도록 했다. 하지만 그의 이런 결정이 자신의 명을 재촉하게 될 줄은 생각지도 못했다.

문추가 분기탱천해 있다 해서 관우의 안위를 걱정하는 것은 기우에 불과하다. 사람들은 '초두효과'의 영향을 받아 첫인상으로 판단을 내린다. 하지만 최근에 아주 강렬한 인상을 받았다면 머릿속에 각인되어 있던 첫인상은 완전히 바뀔 수도 있다. 이것이 바로 최신효과다. 조조와 그의 수하들은 관우가 안량을 단칼에 해치웠기에 문추와의 대결에서도 쉽게 승리할 것으로 생각했다.

하지만 관우가 안량을 단칼에 죽일 수 있었던 것은 그 순간 관우의 오기와 승부욕이 최고조에 이르렀기 때문이다. 또한, 사람들이 안량을 떠올릴 때 습관적으로 '최고의 맹장'이라는 수식어를 떠올렸기에 관우 역시 그와 대결하기 전에 어느 정도 마음의 준비가 된 상태였다. 하지만 이러한 오기와 승부욕은 외부의 자극과 충격이 만들어내는 순간적인 반응이지 자기 의지로 발동이 걸리는 것이 아니다. 더욱 중요한 것은 이러한 심리의 절정 상태는 짧은 시간 내에 연속적으로 만들어지지 않는다.

관우는 비교적 쉽게 승부욕과 오기가 불타오르는 인물이었다. 하지만 관우가 이런 모습을 겉으로 드러낸 것은 단 세 번뿐이었다. 그중 첫 번째는 화웅과 대결 때였고, 두 번째는 안량과 대결 때였다. 그리고 마지막 세 번째도 곧 머지않아 나타날 예정이다.

그러나 중요한 문제는 한 번 절정의 상태를 오래 유지하기가 힘들다는 사실이다. 또한, 이러한 심리가 한 번 불타올랐다 사그라지는 것도 아주 순식간으로 금세 본래의 상태로 돌아온다. 관우는 이 점을 아주 잘 알고 있었다. 관우가 화웅과의 대결에서 조조가 건넨 술잔을 마다하고 뛰어나간 까닭이 무엇이겠는가? 술을 싫어해서? 아니면 술을 마시고 싶지 않아서? 정답은 시간이 없었기 때문이다. 관우는 이런 심리가 금세 사라질 것이라는 걸 잘 알고 있었다. 만약 관우가 그 술을 마셨더라면 화웅을 단칼에 죽이지 못했을 가능성이 크다. 어쩌면 잘려나간 목의 주인이 관우일 수도 있었다. 안량과의 대결 역시 마찬가지다. 관우가 화웅과의 대결 때 그토록 급하게 말을 타고 뛰쳐나간 것도, 안량과 한마디의 말도 나누지 않은 채 보자마자 칼을 휘두른 것도 모두 같은 이유다.

안타깝게도 문추는 이러한 이치를 깨닫지 못했다. 주변의 환경 역시 승부욕을 최고조로 올릴 조건이 아니었다. 문추는 안량이 누군가에게 쥐도 새도 모르게 죽임을 당했다고 생각했지 결코 그가 대결에서 패배하여 죽었다고는 생각지 못했다. 안량은 문추와 형제나 다름없었기에 당연히 원수를 갚겠다는 일념 하나로 분노심이 불타올랐다. 만약 안량이 죽는 순간 문추가 옆에 있었다면 순간적으로 분노심이 최고조에 이르렀을 것이다. 또한, 관우는 안량의 목을 벤 이후 최고조에 오른 내면의 발동이 급격히 힘을 잃게 될 테니, 이때가 바로 관우에게 복수할 절호의 기회였다.

하지만 병사를 이끌고 가는 동안 좀 전까지 분기탱천했던 화가 어느새 사그라지고 있었다. 적막한 길에서 분노의 불꽃은 점점 꺼져갔다. 대신 관우가 어떻게 안량을 단칼에 죽일 수 있는지 그 의문을 분석하기 시작했다.

문추는 분석하지 말았어야 했다. 분석하는 순간 모든 것이 엉망이 되었다. 결론이 '관우가 안량을 단칼에 죽이는 것은 불가능하다'로 내려졌기 때문이다. 하지만 '안량의 죽음'은 이미 벌어진 사실이니 의심은 계속될 수밖에 없었다. 결국, 반복되는 의심은 문추의 평정심을 완전히 흩뜨려놓았다.

문추는 아무리 생각해도 이 사건은 불가사의한 일로밖에 해석되지 않았다. 분명 어떤 신비의 힘이 암암리에 이 모든 것들을 조장한 것이란 생각까지 들었다. 그럼 관우가 사람이 아니라 신이었단 말인가? 그렇지 않고서는 안량의 죽음이 설명되질 않았다. 이렇게 생각이 바뀌자 내면의 평정심이 흔들리기 시작했다. 계속되는 의구심은 스스로 공포의 씨앗을 키우는 꼴이 되고 말았다. 문추는 순간 등골이 오싹했다. 자신과 비슷한 무술 실력을 갖춘 안량도 단숨에 변을 당할 정도인데 자신이라고 다르겠는가? 문추는 더는 생각을 진전시킬 수 없었다. 심지어 순간적인 충동에 일을 저지른 것을 후회했다.

이것은 사람의 상상이 만들어내는 폐해다. 문추는 순간 유비를 떠올렸다. 만약 유비와 동행했다면 한밤중에 이런 이상한 생각을 하지 않아도 됐을 것이다. 게다가 이 세상에서 관우를 가장 잘 아는 사람이 유비이니, 그에게 관우가 신인지 사람인지 물어보면 금방 해결될 일이었다. 어디 그뿐인가? 오히려 원소의 편에 서서 조조의 군대를 공격했을지도 모른다. 그럼 문추가 이렇게 자신의 목숨이 날아갈까 두려움에 떨 일도 없었다.

신은 세상에서 가장 극단적인 권위와도 같다. 관우는 신이 아니다. 그저 문추 스스로 관우를 신격화시킨 것뿐이다. 만약 사람들이 권위가 뿜어내는 미신을 믿게 되면 그 권위는 이미 신격화된 것이다. 하북의 맹장이라는 자가 본인의 내면에서 만들어진 권위의 미신과 공포조차 떨치지 못한다면 그를 기다리는 건 오직 죽음뿐이다.

정말 한숨이 절로 나온다. 권위가 인간에게 미치는 영향력이 이렇게 크다니! 아무리 이성적이고 논리적인 사람도 자신의 의지와는 상관없이 정신이 홀리는 경우가 생긴다. 게다가 권위가 신격화되는 순간 그 공포심은 더욱 가중된다. 이에 순응하는 자들은 신격화된 권위를 추앙하여 자신의 삶과 죽음까지 신의 권위에 맡긴다.

인민 성전은 미국 로스앤젤레스의 미신 종교집단이다. 주요 신도는 로스앤젤레스의 빈곤계층이다. 1977년 이 조직에서 신격화된 영수 짐 존스Jim Jones는 신도의 대부분을 데리고 남미 가이아나의 한 숲으로 이주했다. 1978년 짐 존스는 모든 신도를 한 자리에 부른 다음 단체 자살을 명령했다. 가장 먼저 행동으로 실행한 사람은 젊은 아녀자였다. 그녀는 차분하게 딸기 향이 나는 독약 통을 열어 먼저 자신의 어린 자녀에게 독약을 마시게 하고 자신도 따라 마셨다. 그리고 조용히 앉아서 죽음을 기다렸다. 얼마 지나지 않아 경련을 일으키며 죽어갔다. 하지만 누구도 이 모습을 보고 두려움에 떠는 사람이 없었다. 그리고 차례차례 그대로 따라 행동했다. 그중 일부 몇몇은 도망쳤지만 910명의 신도 중 대다수가 자신의 순서를 기다리며 담담히 죽음을 받아들였다.

이 사건은 접한 많은 사람은 매우 가슴 아파했다. 비록 사례가 굉장히 극단적인 상황이긴 하지만, 권위에 대한 맹종이 얼마나 큰 위험을 초래하는지 분명하게 말해 주고 있다.

이제 한 개인이 어떤 특정한 이유로 권위와 대립하는 상황에 부딪힐 때, 느끼는 공포와 두려움이 얼마나 큰지 짐작이 되는가?

문추는 괜스레 유비가 아쉬워졌다. 문추가 이끄는 군대는 연진延津에 주둔했다. 조조는 문추가 당도했다는 소식을 들은 뒤 볏짚으로 말을 만들어 문추의 병사들을 유인한 다음 반격해 몰살하라고 명령했다. 역시나 문추는 맹장답게 궁지에 몰린 상황에서도 당황하지 않고 조조의 군대에 맞서 싸웠다.

장료와 서황이 말을 타고 달려 나와 큰소리로 외쳤다.

"네 이놈 문추야! 거기 서라!"

문추가 돌아보니 두 사람 모두 붉은 얼굴과 긴 수염을 가진 자가 아니었다.

'네놈들이 그리 말한다고 내가 겁먹을 줄 아느냐?'

문추는 장료를 향해 활시위를 당겼다. 이때 서황이 소리쳤다.

"적장이 활시위를 당겼다!"

장료는 재빨리 고개를 숙였으나 화살은 장료의 투구에 달린 잠영簪纓(벼슬아치들이 달고 다니는 장신구)에 명중했다. 장료가 다시 추격에 나섰지만, 그가 타고 있는 말 역시 문추가 쏜 화살에 맞았다. 말은 곧장 앞으로 쓰러졌으며 장료 역시 낙마했다. 문추는 장료를 죽이기 위해 말머리를 돌려 돌진했다. 이때 서황이 나서 칼과 도끼를 들고 문추와 교전을 벌였다. 서황은 문추와 30여 차례 대결을 벌이다 결국 자신이 상대할 수 있는 수준이 아니라는 것을 깨닫고 곧바로 후퇴했다.

서황은 조조 진영의 무게중심과도 같은 존재였다. 그는 전장의 대결에서 30합 이상을 넘겨본 적이 없을 만큼 조조 수하의 최고 명장이었다. 그런 서황이 이 정도이니 문추의 실력은 말하지 않아도 충분히 짐작할 수 있었다.

문추가 자신만만함에 가득 차 있던 그때 10필 남짓한 기마가 순식간에 나타났다. 이들은 움직임의 방향을 종잡을 수 없을 정도로 빠른 속도로 달려왔다. 바로 붉은 얼굴에 긴 수염을 가진 사나이 관우였다.

문추는 순간 극도의 공포심을 느꼈다. 저자와 과연 싸움이 가능할까? 문추는 단 세 번의 회합 만에 말머리를 돌려 퇴각할 준비를 했다. 하지만 문추는 관우가 타고 있는 말이 하루에 천 리를 달린다던 적토마일 줄은 생각지 못했다. 자신이 타고 있는 말이 아무리 빨리도 적토마에 비할 게 못 됐다. 도망치지 않으면 살길이 있겠지만, 일단 도망치면 죽은 목숨이나 다름없었다. 하지만 문추는 이미 관우가 휘두른 청룡언월도에 두 동강이 나버렸다.

정말 아까운 죽음이 아닌가! 사람들은 관우의 실력이 너무나 뛰어나서 문추가 그에게 목숨을 잃었다고 생각한다. 하지만 그저 관우가 운이 좋았을 뿐이다. 만약 문추가 자신의 심리를 조금만 잘 다룰 줄 알았더라면 지금쯤 두 동강 난 사람은 아마도 관우였을지도 모른다.

문추를 죽음으로 몰아넣은 것은 관우의 청룡언월도가 아닌 문추 내면의 공포다. 화웅, 안량, 문추 이들 명장의 억울한 영혼들은 모두 관우를 신격화시키는 재물로 쓰인 셈이다.

관우는 승세를 몰아 빠르게 적진으로 향했다. 문추의 군사들은 뿔뿔이 흩어져 도망치기 시작했다. 때마침 유비가 이끄는 3만 군대가 막 도착했다. 파발병이 즉각 유비에게 보고했다.

"이번에도 붉은 얼굴에 긴 수염을 가진 자가 문추 장군을 죽였다고 합니다."

유비는 황급히 말을 채찍질하여 앞으로 나갔다. 멀리서 희미하게 말을 타고 달리는 자가 보였는데, 어찌나 빠른지 마치 날아다니는 것 같았다. 그런데 이게 어찌 된 일인가. 깃발에 '한수정후 관운장'이라고 쓰여 있는 게 아닌가! 유비의 첫 반응은 '역시나 관우가 조조의 수하에 있었구나'였다. 하지만 곧 마음이 심란해졌다.

그 심란함은 이루 말로 표현할 수 없었지만, 유비는 그럴 여유조차 없었다. 조조의 군대가 맹렬한 기세로 다가오고 있었기 때문이다. 유비는 일단 목숨을 보전해야겠단 생각에 군대를 급히 철수시켰다. 유비의 상황판단은 재빨랐다. 그렇지 않았더라면 오늘날 강호에는 이런 말이 전해졌을 것이다.

"도원에서 결의를 맺은 세 형제가 반목하여 서로 칼을 겨누는 비극을 맞았도다. 관우라는 자는 형제의 결의를 저버리고, 유비는 전장에서 처참한 죽음을 맞이했다."

이제껏 전장에서 항상 패배했던 유비에게, 전투는 그의 아킬레스건과 같았다. 하지만 도망가는 것만큼은 유비를 따라올 자가 없었다. 왜냐하면 매번 도망쳐 목숨을 부지해왔기 때문이다.

문추의 죽음은 이미 돌이킬 수 없는 일이다. 어찌 되었건 문추가 유비처럼 도망치기라도 잘했더라면 적어도 관우의 칼에 그토록 어이없이 죽지는 않았을 것이다.

하지만 유비 역시 기뻐하기엔 일렀다. 이를 갈며 자신이 돌아오기만을 기다리는 자가 있었기 때문이다. 과연 유비는 이 위기를 잘 빠져나갈 수 있을까?

◈ 심리학으로 들여다보기

권위에 대한 미신은 당신의 모든 기회를 빼앗는다. 권위에 호소하거나 권위에 대한 굴종은 자신을 낭떠러지로 몰아세우는 꼴이다. 권위를 내세우는 자를 믿지 마라. 진정으로 사람을 통솔하는 힘을 발휘하는 사람은 스스로 낮추고 겸손의 미덕을 갖춘 자이다.

제 꾀에
제가 넘어가는 비극은 흔하다

문추의 패잔병들이 원소에게 상황을 보고했다.

"문추 장군께서 붉은 얼굴의 사나이에게 당하셨습니다."

책사 곽도郭圖와 심배審配가 말했다.

"유비가 절대 도망가지 못하도록 붙잡아 두셔야 합니다."

원소는 분노에 파르르 떨며 말했다.

"이 귀만 큰 쓸모없는 놈! 감히 나의 장군을 하나도 아닌 둘씩이나 황천길로 보내다니! 내 반드시 이놈을 죽이고야 말 테다!"

마침 유비가 패잔병들을 이끌고 돌아왔다. 원소는 두말하지 않고 유비의 목을 치라고 명령했다. 이번만큼은 정말 도망칠 곳도 숨을 곳도 없었다.

정상적인 사람이라면 절대 같은 돌에 두 번은 걸려 넘어지지 않는다. 일전에 관우가 안량을 죽였을 땐 화려한 언변으로 화를 겨우 면했지만, 이번엔 관우가 문추를 죽였으니 더는 원소에게 그 어떤 말도 통하지 않을 게 분명했다.

심상치 않은 느낌을 받은 유비가 큰소리로 외쳤다.

"대체 내게 무슨 죄가 있어 죽이려 하는 것이오!"

원소가 이 말을 거들떠보지 않았더라면 유비의 명은 그것으로 끝이었다. 하지만 원소는 기어코 유비에게 한마디 쏘아붙였다.

"네놈이 관우를 시켜 나의 장군들을 해하지 않았더냐!"

유비는 원소가 일단 자신의 말에 반응했다는 것으로 살아남을 기회가 또 생겼다는 것을 알았다. 유비가 말했다.

"좋소. 어차피 죽을 목숨이니 더는 목숨을 구걸하진 않겠소. 허나 내게 마지막 할 말은 하고 죽게 해주시오."

원소는 생각했다.

'네 이놈. 내가 또 속을 것 같더냐? 이번엔 또 무슨 말로 나를 홀리려 하는지 어디 한 번 들어나 보자꾸나. 내 측은지심도 없다는 말을 듣느니 까짓것 기회 한 번 주고 말지!'

원소는 유비가 똑같은 수법으로 자신을 속이려 한다고 생각했다. 그가 수법을 바꿀 것이라곤 생각지 못했다. 결국, 원소는 모양만 다른 돌멩이에 또 걸려 넘어지게 되었다.

이전에 유비의 설득 방법은 주변경로를 이용한 설득이었다. 하지만 이번에는 중심경로를 통한 설득을 택했다. 이전에는 스스로 증명할 만한 강력한 증거가 없었지만, 이번에는 문추와 함께 전장을 동행한 덕에 충분한 증명을 이미 손에 넣은 상태였다. 유비가 말했다.

"명공의 생각은 틀렸소. 관우에게 명공 수하의 두 장군을 죽이라고 시킨 것은 이 사람이 아니라 바로 간웅 조조요."

"어떻게 그럴 수 있는가? 관우는 자네의 형제가 아닌가?"

"바로 그것이오. 관우가 내 아우이기에 조조가 고의적으로 그에게 안량과 문추를 죽이도록 지시한 것이오. 만약 관우가 내가 형제가 아니었더라면 조조는 절대 그렇게 하지 않았을 것이오."

원소는 유비의 말이 잘 이해가 되지 않았다.

'대체 이게 무슨 논리란 말인가?'

유비는 원소가 자신의 말에 걸려들었음을 직감하고 재빨리 말을 이었다.

"조조는 항상 나를 두려워했소. 이 사실은 명공도 잘 알지 않소."

이런 낯짝도 두꺼워라! 방금까지도 죄인 취급 받으며 끌려온 사람이 배짱 좋게 대놓고 조조가 자신을 두려워한다고 말했다.

원소는 '아'라는 소리만 낼 뿐 긍정이나 부정의 반응을 보이지 않았다. 하지만 여전히 찜찜한 마음이 가시질 않았다. 원소 역시 조조와 유비가 '매실주를 마시며 영웅을 논하던' 그 사건을 알고 있었다. 조조가 겉으로는 유비를 칭찬하지만 속으로는 전혀 그를 자신의 상대로 생각지 않는다는 것쯤은 원소도 알고 있었다. 유비가 계속해서 말했다.

"이번엔 비록 조조에게 패했지만, 조조도 이 유비가 언젠가는 반드시 복수할 것이란 걸 알고 있을 것이오. 조조는 지금 내가 이곳에 있다는 소식을 듣고, 명공의 손을 빌려 나를 없애려는 것이오."

원소는 이제야 이해했다는 듯 고개를 끄덕였다. 이 세상에 다른 이 대신 자신의 손에 피를 묻히길 원하는 사람은 없다. 조조는 현재 원소의 최대 적이다. 그런 그가 자신을 이용하여 누군가를 죽이려 한다니 당연히 원소로서는 조조가 닦을 피를 자신의 손에 묻히고 싶진 않았다. 원소는 황급히 태도를 바꾸며 말했다.

"아이고! 하마터면 내가 현덕 아우님을 억울하게 만들 뻔했네. 여봐라. 어서 당장 포박을 풀어드려라. 어서 이리 앉으시게."

유비는 또 한 번 지옥을 빠져나왔다. 곽도와 심배는 유비의 교활함에 혀를 내둘렀다.

유비를 다시 받아들였지만 원소는 여전히 마음이 심란했다. 잃어버린 두 명장의 목숨은 대체 누구한테 가서 따져야 한단 말인가?

유비는 원소 표정의 미세한 변화를 살핀 뒤 아직은 안심하기는 이르다는 것을 감지했다. 유비는 원소의 마음이 바뀌기 전에 재빨리 다시 입을 뗐다.

"고맙고 또 고맙소. 명공이 베풀어준 이 은혜를 어찌 다 갚을 수 있겠소? 그래서 생각해낸 방법이 하나 있소만, 내 밀서 한 장을 써 드릴 테니 믿을 만한 자를 시켜 관우에게 전달해 주시오. 내가 명공 곁에 있다는 사실을 알게 되면 분명 우리를 도우러 올 것이오. 우리 형제가 명공께 힘이 되어 조조를 죽이고 안량과 문추의 한을 갚아 드리겠소. 명공께선 어떻게 생각하시오?"

유비의 말을 들으니 원소는 마음이 한결 편안해졌다. 원소는 이리저리 머리를 굴렸다.

'관우 한 사람이 안량과 문추와 대적하여 이겼는데, 이런 실력을 갖춘 자가 나를 돕는다면 도대체 관우 한 사람이 몇 명의 몫을 해내는 것이란 말인가?'

이런 산술 문제는 굳이 계산하지 않아도 답이 딱 보였다. 원소는 뛸 듯이 기뻐하며 말했다.

"관우를 얻으면 관우 한 사람이 안량과 문추의 열 배나 되는 몫을 해내겠구려."

유비는 터져 나오는 웃음을 겨우 참았다. 유비는 원소가 더는 자신을 죽이지 않을 것이라 확신했다. 사실 유비는 두 가지 거짓말을 했다. 하나는 유비의 말이 완전한 '자작극'이었다. 조조는 누군가를 이용하여 죽이려는 계획이 없었다. 하지만 그의 말의 앞뒤 논리가 우연히 잘 맞아 원소가 의심하지 못한 것뿐이었다. 다른 하나는 유비가 원소에게 '백지 수표'를 던진 것이다. 사실 관우가 올지 안 올지는 유비도 확신할 수 없었다. 만약 관우가 수정후에 봉해졌다면 유비의 의성정후宜城亭侯와 대등한 위치가 된 것이나 마찬가지다. 그러니 관우가 도원에서 맺은 약속을 저버릴 가능성도 있었다.

설득의 주변경로는 임기응변식 수단인 반면, 설득의 중심경로는 정면돌파식 수단이다. 이 둘을 비교해보면 중심경로로 설득할 때 그 효과가 더욱 오래 유지된다.

유비가 처음에 임기응변으로 원소를 설득시켰던 경험은 위기 앞(문추를 잃었을 때)에서 그 효과를 상실했다. 하지만 두 번째로 유비가 정면돌파식으로 원소를 설득한 결과 그 효과는 아주 탁월했다. 원소는 문추를 잃었지만 금세 화를 누그러뜨리지 않았는가.

원소는 자신이 꽤 계산을 잘한다고 생각했다. 하지만 조조를 따라가려면 아직도 멀었다. 앞서 언급했듯 조조가 관우에게 항복을 권유한 것은 그의 충성심을 이용하여 패잔병 중용의 시범 모델을 만들기 위한 목적이었다. 따라서 관우의 투항으로도 조조는 이미 목적을 달성하고도 남았다. 설령 관우가 조조의 심복이 되지 않았더라도 전혀 손해 볼 일은 아니었다. 똑같은 항복이라도 조조는 '항복의 좋은 예'를 보여주었고, 원소는 '항복의 나쁜 예'를 만들었다.

원소는 즉시 유비에게 관우의 항복을 권유하는 서신을 쓰게 했다. 유비는 빠르게 서신을 써 내려갔다. 원소가 말했다.

"자, 누가 서신을 전달하고 오겠느냐?"

막사에는 오직 침묵만이 흘렀다. 원소는 생각했다.

'어찌 반응이 이런가? 설마 관우가 두려워서 이러는 것인가? 전장에 싸우러 나가는 것도 아니고 고작 서신 하나 전달하고 오는 일인 것을. 이렇게 사소한 일도 마다하는 자들과 내 어찌 큰일을 도모할 수 있겠는가!'

조조와 원소의 차이점이 이 부분에서 확연히 드러난다. 조조는 아무도 안량과의 대결에 나서지 않자 부하들이 관우를 질투하고 있다는 심리를 알아차리고 곧바로 상황을 개선시켰다. 하지만 원소의 상황은 전혀 다르다. 원소 부하들의 침묵은 무언의 항의로 원소의 일 처리 방식에 강력한 불만을 나타내는 것이었다.

사실 원소의 휘하에도 충성심과 책임감이 강한 인물들이 많았다. 그들 모두 서신을 전달하는 사소한 일은 물론 목숨을 걸어야 하는 순간에서도 용감하게 나서는 자들이었다. 앞서 보았던 전풍, 저수만 해도 그렇다. 그들은 원소가 자신들의 간언을 무시해도 끝까지 원소를 설득하려고 노력했다. 그런데도 원소는 부하의 충심을 몰라주고 무시했다. 곽도, 심배 역시 영문도 모른 채 원소에게 질책만 당하지 않았던가. 그러니 그의 말에 아무도 응하지 않는 것은 너무나도 당연한 결과다.

그런데 원소 부하들의 가장 큰 불만은 따로 있었다. 그가 이전에 안량과 문추를 대했던 태도와 지금의 태도가 확연히 달라졌기 때문이다. 안량과 문추는 원소가 심복처럼 아끼던 장군이다. 그만큼 원소에게 큰 힘이 되었기 때문이다. 하지만 관우가 투항할 수도 있다는 말을 듣자마자 원소는 머릿속에서 안량과 문추를 깨끗이 잊어버렸다. 아마 원소는 안량과 문추가 살아 돌아오더라도 관우를 택했을 것이다.

원소는 안량과 문추가 오랜 고향 친구 사이라는 것을 몰랐다. 지금 이들은 얼마나 애타게 관우를 죽여 원소가 자신들의 원한을 갚아주길 기다리고 있겠는가? 죽여도 시원치 않을 자가 원소의 오른팔이 된다고 생각하면 억울하여 구천에서 어찌 눈을 감겠는가?

특히 원소가 관우를 문추와 안량에 비교하며 흡족해하는 모습은 부하들의 마음을 싸늘하게 만들었다. 자신에게 충성을 다하는 부하는 다른 이와 비교해서 더 좋은 사람으로 바꿀 수 있는 존재가 아니다. 원소에게 충성을 다한 안량과 문추가 관우에게 비교당한 것을 알게 되면 지하에서도 통탄의 눈물을 흘리며 눈을 감지 못할 것이다.

결국, 원소의 말 한마디는 최악의 '비교 사례'가 되어 패망으로 이끈 화근이 되었다. 원소의 부하들은 문추와 안량의 최후를 보며 더는 그에게 목숨을 바치는 일이 가치 없다고 느꼈다. 그 결과 책사 허유, 맹장 고람高覽과 장합張郃 등이 모두 관도 전쟁에서 원소를 버리고 도망쳐 조조에게 항복했다. 이들이 적장인 조조에게 항복한 이유는 관우가 조조에게 투항한 이후에도 관직에 중용된 좋은 사례가 있었기 때문이다. 그로 인해 조조는 관우를 이용하여 많은 사람을 얻었지만, 원소는 관우로 인해 많은 사람을 잃었다. 그렇게 원소는 자신의 말 한마디에 관도 전쟁과 함께 무너졌다.

원소는 아무도 나서지 않자 손가락으로 진진陳震을 가리켰다.

"자네가 다녀오시게."

진진은 무표정으로 그의 명령에 따랐다.

조조는 관우가 승리하고 돌아오자 습관적으로 또 그에게 어떤 포상을 내릴지 고민했다. 하지만 이번엔 일이 조금 곤란해졌다. 조조는 이미 그가 줄 수 있는 최고의 포상을 하사했기 때문이다. 게다가 조조 머릿속 묘안도 이미 바닥이 난 지 오래였다. 이 문제로 골머리를 앓던 차에 어떤 이가 황급하게 달려왔다.

"지금 여남 쪽에서 유벽劉辟과 공도龔都가 이끄는 황건적들이 쳐들어오고 있습니다. 승상, 지금 절대적으로 전세가 불리하옵니다. 어서 빨리 장수들을 보내주십시오."

이를 들은 관우가 얼굴에 화색을 띠며 달려와 말했다.

"제가 그들을 토벌하고 오겠습니다."

◈ 심리학으로 들여다보기

사람의 가치는 덧셈 뺄셈과 같이 간단한 산수 법으로 계산할 수 없다. 그러므로 인간관계에서 자신에게 이익이 될 것인지 손해가 될 것인지 타진하지 마라. 겉으로 보이지 않는 가치뿐 아니라 힘은 단순한 평가로 측정되지 않는다.

도우려는 자의 호의를 귀히 여겨라

"오랫동안 한가히 지내면 반드시 병이 생기는 체질이오니 이번 한 번 더 기회를 주십시오."

이 말은 그럼 본인은 죽을 때까지 일만 하고 살 팔자라 쉬면 병이 난다는 의미인가? 관우는 대체 왜 나섰을까?

관우는 자신도 모르게 이미 심리학의 질서에 지배받고 있었다. 이전에 앞장에서 봤던 '행동이 생각을 결정한다'라는 말을 기억하는가? 우리의 행동은 생각에 따라 달라지는 게 아니라 행동이 생각을 바꿀 수도 있다는 이론이다.

벤저민 디즈레일리Benjamin Disraeli의 '사고는 행동의 자식이다'라는 말 역시 같은 의미이다. 좀 더 익숙한 표현을 예로 들면 '습관이 천성을 바꾼다'라는 말도 가능하다.

필립 짐바르도Philip George Zimbardo는 다음과 같은 실험을 했다. 시뮬레이션 형태로 감옥을 만든 다음 무작위로 대학생 지원자를 선발하여 각각 죄수와 감시원 역할을 배정했다. 그리고 이들이 일정 시간 동안 함께 생활하도록 했다. 흉악한 죄수와 악독한 감시자가 감옥의 참혹성을 만들어내는 것인지, 아니면 감시자와 범죄자의 역할 자체가 동정심이 많은 사람마저도 악랄하게 변하게 하는 것인지 알고 싶었다.

실험 이틀째, 순수한 상태의 대학생들은 시뮬레이션 상황에 빠르게 몰입했다. 그리고 각자의 배역에 따라 행동을 취했다. 감시자들은 죄수들을 구박하기 시작했으며 어떤 이들은 잔혹하고 모욕적인 규칙까지 만들기 시작했다. 죄수들은 점점 말이 없어지기 시작했다. 또한, 반항과 탈출을 하려는 자도 생겼다. 이런 행위가 계속되자 대학생 지원자들의 태도도 진짜 현실인 것처럼 변하기 시작했다. 결국, 상황이 점점 악화되자 짐바르도는 원래 계획했던 2주간의 실험계획을 실험 6일 만에 멈춰야 했다.

짐바르도는 마지막 실험보고에서 다음과 같이 말했다.

"사람들이 갈수록 현실과 환상 그리고 자신의 맡은 배역과 실제 자신의 신분을 혼동하기 시작했다. 가상으로 만들어낸 감옥이 그들을 동화시켰고 그들은 감옥이라는 환상의 허수아비가 되었다."

안량과 문추의 대결을 거치면서 관우의 잠재의식에도 혼돈이 일어나고 있었다. 비록 관우의 의식(즉 태도)은 여전히 유비를 향한 충성심으로 가득했지만, 자신이 조조를 위해 싸우는 행동들은 그의 생각을 바꿔놓기 시작했다. 조조를 돕는 일이 그리 나쁘지만은 않다고 생각한 것이다.

이는 위험의 시작이었다. 만약 관우가 다음번에 또 전장에서 공을 세우고 그 공이 점점 쌓이다 보면, 조조에 대해 거부감을 느끼고 있던 내면의 태도에도 변화가 생길 것이다. 결국엔 조조를 위해 싸우는 일이 곧 하늘의 뜻이자 자신의 숙명으로 받아들이게 될 것이다. 정녕 그동안 관우가 내면의 혼란과 모순을 이기기 위해 쏟아부었던 모든 노력이 이대로 한순간에 무너지고 마는 것일까?

조조는 흡족해하며 웃었다. 그야말로 바라던 바가 아닌가?

'그동안 헛수고한 게 아니었어. 지성이면 감천이라더니!'

조조는 그 자리에서 정예 군사 5만 명을 소집했다. 그리고 우금于禁과 악진樂進을 부장군 임명한 뒤 관우에게 여남의 유벽과 공도를 토벌하고 돌아올 것을 명령했다.

조조는 아주 전형적인 다혈질 성격으로 좋고 싫음이 아주 분명하게 드러나는 인물이었다. 안타깝게도 조조는 항상 너무 빨리 기쁨의 샴페인을 터뜨렸다.

그가 흐뭇해하며 기뻐하고 있을 때 어떤 이가 나타났다. 바로 순욱이다.

"승상, 관우가 공을 세우면 떠나겠다고 했던 말을 잊으셨습니까? 지금 관우를 보내시면 그가 유비의 소식을 알게 될 수도 있습니다. 그래도 보내시겠습니까?"

그 말에 조조는 얼음처럼 굳어버렸다. 이 문제로 대신들은 한참 동안 시끄럽게 논쟁을 벌였다. 조조는 웃음기 없는 얼굴로 진지하게 말했다.

"이번에 관우가 돌아오면 더 이상은 그를 내보내지 않을 생각이네."

순욱은 쓴웃음과 함께 자리에서 물러났다.

순욱은 지난번 앞장서서 조조에게 관우를 중용해야 한다고 말한 사람이다. 그리고 지금 더는 관우를 출정시키면 안 된다고 말한 사람 역시 순욱이다. 그의 이전 태도와 지금의 태도는 굉장히 대조적이다. 하지만 조금도 이상하게 생각할 것 없다. 조조를 어떻게 설득하려 했든 간에 그 이유는 단 하나 '질투' 때문이다.

이전에는 관우가 한가하게 생활하며 아무 공적도 쌓지 않았는데도 조조가 삼 일이 멀다 하며 연회를 열어주고 금은보화 선물까지 바쳐대니 배가 아파 견딜 수가 없었다. 하지만 막상 이제는 관우가 공을 쌓아가며 '공신'으로 자리 잡아가는 모습을 보니 이 또한 눈꼴이 사나웠던 것이다.

순욱은 더 이상 관우가 아무것도 하지 못하게 만들어야겠다고 생각했다. 그렇지 않으면 관우가 이번에는 또 무슨 봉작을 받을지 알 수 없는 일이었다. 그래서 이렇게 다급하게 달려와 관우의 출정을 막아섰던 것이다.

하지만 순욱의 설득도 소용이 없었다. 조조가 이후 절대 관우를 출정시키지 않겠다고 말한 이유는 역시나 그가 떠날 것을 염려해서다. 만약 관우의 이런 행동이 생각까지 변화시켜 자신의 사람이 되기를 자청한다면 조조는 기꺼이 그를 받아들일 용의가 있었다.

만약 귀인이 나타나지 않았다면 관우는 조조 수하의 이 생활에서 벗어나지 못했을 것이다.

관우가 병력을 이끌고 여남으로 출발하자 적군들도 이에 맞설 준비를 했다. 관우는 즉시 진을 치고 주둔할 것을 명령했다.

그날 밤 두 명의 첩자가 붙잡혀 관우의 막사로 끌려오게 되었다. 관우는 이들을 보자마자 단번에 알아보았다. 그중 한 명은 손건孫乾이었다. 그는 이전에 유비의 부하로 서주가 조조에게 함락되었을 당시 겨우 도망쳐 살아남은 자다.

손건은 유비와 헤어진 뒤 이곳저곳을 유랑하다 유벽의 눈에 띄어 그의 수하로 들어가게 되었다. 어쨌거나 손건은 유비를 따라다니며 산전수전을 다 겪은 인물이다. 그가 유벽 앞에서 담담하게 지나온 이야기를 늘어놓자 유벽은 곧바로 그의 말에 빠져들었다. 유벽에게 손건이란 유비에게 제갈량 같은 존재였다. 그만큼 유벽은 손건의 말이라면 무조건 믿고 따랐다.

손건의 말에 따라 유벽은 유비의 수하로 들어갔다. 그리고 관우가 병사를 이끌고 오고 있다는 소식을 듣자마자 급히 첩자 행색으로 갈아입은 뒤 적진에 숨어들었다. 관우를 만나기 위해서였다.

손건은 관우에게 가장 중요한 유비의 행방을 알렸다. 그 말을 들은 관우는 긴 한숨을 내쉬었다.

"형님께서 원소의 진영에 계신다는 말을 들은 이상 오늘 밤에라도 형님을 찾아뵈어야겠소. 허나 얼마 전에 내가 원소가 아끼는 두 장군을 죽였소. 아마도 나를 보면 먼저 칼부터 들이댈 것이 분명하오."

관우도 아는 것을 원소는 왜 몰랐을까? 손건이 말했다.

"그렇다면 제가 다시 한번 정황을 살펴보고 오겠습니다. 유벽과는 이미 말을 잘 맞춰 두었습니다. 내일 교전을 한 뒤 그가 퇴각하는 척을 할 것입니다. 그리고 여남의 병력을 장군께 드리겠습니다. 장군께서는 한시라도 빨리 그곳을 벗어날 대책을 마련하십시오. 어서 현덕공을 찾아뵈어야지 않겠습니까?"

관우는 곧바로 손건을 안전하게 되돌려 보냈다. 이에 우금과 낙진이 급히 달려와 관우에게 전후 사정을 따져 물었다. 하지만 관우가 눈을 부릅뜨며 노려보는 바람에 아무 대꾸도 못 하고 발길을 돌렸다.

하북의 두 명장을 꺾은 일과 화웅을 단번에 해치운 사건들로 관우는 병사들 사이에서 이미 신적인 존재였다. 심지어 조조 수하의 수많은 명장조차 그를 어려워할 정도였다. 특히 우금이 그러했다. 몇 년 후 관우가 또 한 번 불패신화를 보여주자, 관우에 대한 두려움은 우금의 일생을 송두리째 바꿔놓았다.

관우가 여남을 함락시켰다는 승전보를 받자 조조는 성대한 연회를 준비한 채 그가 돌아오기만을 기다렸다. 그리고 이제는 더 이상 관우를 출정시키지 않겠노라 굳게 다짐했다.

연회가 끝난 뒤 관우는 두 형수를 찾았다. 두 형수는 관우가 오기만을 목이 빠져라 기다리고 있었다. 유비의 소식을 기다린 것이다. 그녀들은 조급한 마음에 안달이 난 사람처럼 말했다.

"시숙, 이번에는 출타가 길어지셨군요. 황숙에 대한 소식은 좀 알아보셨습니까?"

관우는 아무런 표정 없이 담담하게 말했다.

"아무 소식도 듣지 못했습니다."

그는 곧바로 자리를 떠났다. 아마 이 말은 관우가 평생 유일하게 한 거짓말일 것이다. 물론 관우의 거짓말을 알아차린 사람은 없다.

두 부인은 차마 믿을 수 없어 울음을 터뜨렸다. 비록 유비가 궁색하다 할지라도 그래도 천하에 그만한 인물도 없었다. 게다가 이번에 관우가 오랫동안 전장에 나가 있었음에도 그의 소식을 듣지 못했다 하니, 이는 유비가 이미 이 세상 사람이 아니라는 소리가 아니겠는가?

두 부인의 울음소리는 좀처럼 그치지 않았다. 마침 문밖에서 관우와 함께 전장에 출정한 병사가 관우가 두 형수를 모질게 대한다고 오해했다. 그는 본래 유비 수하에 있던 병사였는데, 그녀들의 우는 모습에 마음이 짠해졌다. 그는 속으로 생각했다.

'어르신, 그러시는 게 아닙니다. 밖에서는 늘 두 형수를 자신의 형님처럼 생각한다고 말씀하시더니 정작 안에서는 어찌 이리 매정하실 수 있습니까?'

그는 그녀들에게 도움이 되고 싶어 우발적으로 안으로 들어가 자초지종을 물었다.

두 형수가 그에게 말했다.

"유황숙께서 변고를 당하신 게 분명하네. 둘째 시숙께서 우리 때문에 차마 말하지 못한 게 분명하네."

그러자 병사는 화가 치밀어 올랐다.

'유황숙께선 분명 원소의 진영에 멀쩡히 살아계시는데 관장군은 어째서 두 부인에게 사실대로 말해 주지 않는 것인가?'

분노한 그는 모든 사실을 폭로하고 말았다.

"울지 마십시오. 유황숙께서는 지금 원소 진영에 무사히 살아계십니다."

그녀들이 울음을 멈춘 채 물었다.

"자네가 그 사실을 어찌 알고 있는가?"

그가 대답했다.

"이번에 관우 장군님과 함께 출정했을 때 막사에서 엿들었습니다."

병사의 말에 두 부인은 눈이 휘둥그레지며 놀라 물었다.

"만약 자네의 말이 사실이라면 시숙께선 어찌 우리에게 황숙의 소식을 숨기셨단 말인가?"

그는 관우가 무슨 생각을 하는지 알 턱이 없었다. 병사는 관우의 행동에 배신감을 느끼며 씩씩댄 채 돌아갔다.

그동안 살면서 산전수전 공중전까지 다 겪은 그녀들이다. 당장 앞으로 대책을 세워야만 했다. 병사의 폭로는 오랜 시간 힘겹게 버티고 있던 그녀들에게 말할 수 없을 만큼 큰 충격을 안겨 주었다.

"변심하신 게야! 황숙과 의로 맺어진 사이라 하나 그동안 쫓겨 다니는 생활이 허다하지 않았는가? 그런데 조조를 보게. 줄 수 있는 모든 것은 다 줄 기세가 아닌가? 얼마 전에는 수정후 자리에까지 앉혀주었으니 더 무슨 말이 더 필요하단 말인가? 분명히 황숙을 버리고 조조를 택한 게 분명해!"

관우가 유비를 배신했다는 전제가 확실시된 만큼 자신들의 안위를 지키기 위해 서둘러 대책을 마련해야 했다. 이런 그녀들도 참 안타깝기 그지없다. 설사 관우가 의를 저버렸다 할지라도 그녀들의 지아비인 유비 역시 사돈 남 말할 처지는 아니었다. 지아비란 사람조차 그녀들을 이렇게 버려두고 도망치지 않았는가? 게다가 관우는 그저 남편의 의형제일 뿐이다. 형님의 부인과 그의 아우 간에 반드시 지켜야 할 의무라도 존재한다는 말인가? 관우가 조조에게 충성한다 해서 그녀들이 그를 비난할 자격이 있을까?

만약 관우를 불러 질책한다면 자신들을 모르는 체할 수도 있다. 만약 상황이 그렇게 된다면, 설사 유비의 소식을 알더라도 그녀들이 천리 밖에 있는 적진에 남편을 찾으러 간다는 건 불가능한 일이다. 결국, 다시 유비의 '의복'이 되기 위해선 어떻게든 관우의 옆에 있어야 했다.

그녀들은 생각했다. 관우가 유비의 소식을 숨기고 있는 것은 언젠가 솔직히 털어놓고 만회할 가능성도 있다는 의미였다. 그래서 그녀들은 고민 끝에 유비가 자주 쓰던 방법을 선택하기로 했다.

'부드러운 것이 강한 것을 이기고, 물러서는 것이 나아가는 것이다!'

유비는 이 방법을 아주 기막히게 잘 사용했다. 과연 그의 부인들은 어떠할까?

◈ 심리학으로 들여다보기

사람은 행동의 노예다. 이러한 이치를 깨달은 사람이라면 자신이 행동의 주인이 될 수 있다. 반대로 그 이치를 깨닫지 못한 사람은 평생 자기 행동의 노예가 될 수밖에 없다. 주체적 사고로 움직이지 못하고 대중심리에 편승하거나 맹목적 순종을 택하기 때문이다.

3부

관우, 적토마를 타고 천 리를 달리다

자기 의지를 실현하기에는 그 가치의 몇 배나 되는 용기가 필요하다.
의욕만 앞세운다고 되는 것이 아니라
결단력이나 판단의 과감성이 뒷받침되어야 한다.
부정적인 결론을 먼저 생각하지 말고 할 수 있는 방법을 모색해야 한다.

남이 소홀히 여긴 대상이 내 목줄을 쥐고 있을 수 있다

유비의 두 부인은 관우를 불렀다.

"시숙, 황숙께서는 이제껏 단 한 번도 시숙을 소홀히 대하신 적이 없습니다."

이 말속의 숨은 의미는 유비가 비록 자신들을 '의복'으로 밖에 취급하지 않았지만, 관우와 장비만큼은 항상 자신의 수족처럼 여기지 않았느냐? 좀 더 솔직히 말해서, 자신들이 유비와 함께 잠자리를 가진 시간보다 남자인 형제들과 함께 밤을 지새운 시간이 더 길지 않았느냐는 뜻이다. 그때까지 그녀들에겐 단 한 명의 자녀도 없었다.

"설마 조조에게 은혜를 입었다 하여 황숙과의 옛 의리를 잊어버리셨습니까? 그렇지 않고서 어찌 우리에게 황숙의 소식을 사실대로 말씀해 주지 않으셨습니까? 이렇게 시름시름 애만 태우다 죽을 바엔 시숙의 손에 목이 잘리는 편이 낫겠습니다. 이 자리에서 우리 같은 걸림돌은 해치워 버리시고 마음껏 부귀영화 누리시며 사십시오!"

관우가 눈물을 쏟으며 펄쩍 뛰었다. 화가 나면서도 애가 타 미칠 것 같았다. 관우는 그녀들이 자신을 오해하고 있다는 사실에 마음이 급해지면서도, 아녀자들이 뭣도 모르고 이리 날뛰니 화가 났다. 관우는 다급히 해명했다.

"형님께서 지금 하북에 계신 것은 사실입니다. 제가 두 분께 솔직하게 말씀드리지 않은 이유는 이 소식이 밖으로 새어 나갈까 걱정이 되어 그리한 것입니다."

그녀들은 관우의 말에 대꾸하지 않고 속으로 이렇게 생각했다.

'이미 알 만한 사람은 다 알고 있는데, 소식이 밖으로 새어 나갈까 봐 말하지 못했다고?'

유비가 하북의 원소 진영에 있다는 소식은 거짓이 아니었다. 이를 일개 병사도 알 정도면 우금도 알고 있을 테고 조조는 진작 알고도 남았을 것이다.

관우는 자신을 뚫어지게 쳐다보며 그녀들이 무언으로 하는 말이 느껴졌다.

"이제 앞으로 어찌하실 생각입니까?"

심적 압박감을 느낀 관우는 다급히 말했다.

"당연히 형님을 찾아갈 것입니다. 하지만 우선 치밀한 계획이 필요합니다. 절대 성급하게 움직여선 안 됩니다."

그녀들이 크게 한숨을 쉬었다.

관우는 이 한숨 소리가 무엇을 의미하는지 알고 있었다. 처음 투항했을 당시 그녀들에게 그 어떤 고난과 위험도 절대 두렵지 않다고 맹세했던 그였다. 지금 와서 보면 그때 관우는 굉장히 자신만만했었다. 물론 당시에는 지금 이런 상황이 먼 이야기였을 테니 그럴 수 있다. 하지만 그것이 현실로 다가왔을 때 자신이 다짐을 실천한다는 것은 그리 쉬운 일이 아니다. 여기서 쉽지 않다고 말하는 이유는 현실적으로 두 부인의 탓도 있다. 만약 관우 혼자였다면 창도 있겠다, 말도 있겠다 무슨 걱정이겠는가? 천 리 만 리 도망치는 것은 일도 아니다. 하지만 힘없는 두 여인을 이끌고 천 리 밖까지 도망치는 것은 혼자 도망칠 때와는 완전히 다른 이야기다. 다만 그녀들이 이미 마음의 상처를 받은 이상 관우의 계획은 성공을 장담할 수 없게 되었다.

관우는 그녀들과 함께 천 리 길 여정에 오른 뒤 매번 관문을 통과할 때마다 장수들을 베어 가며 비교적 순조롭게 고비를 넘겼었다. 하지만 도중에 도적 떼들의 노리개가 될 뻔한 적도 있었다. 당시 요화廖化가 아니었다면 유비는 마누라 간수도 제대로 못 하는 남편으로 손가락질받았을 것이다, 한평생 영웅으로 살아온 관우의 명성 역시 한순간에 무너졌을 것이다.

그녀들은 마지막으로 말했다.

"시숙, 가능한 한 빨리 서둘러 주세요."

관우는 고개를 끄덕이며 물러났다.

그녀들의 이러한 수법은 모두 유비에게 배운 것이다. 두 부인과 관우의 관계는 도덕적 윤리의 틀 안에서 형성된 보이지 않는 약속이었다. 하지만 유비가 떠돌아다니는 바람에 이 약속의 구속력은 이미 약해진 지 오래다. 만약 그녀들이 유비의 부인이라는 이유로 관우를 힐

난했더라면 상황은 아주 극단적으로 치달아 관우가 공개적으로 그 약속을 깨버리는 사태가 발생했을지도 모른다. 하지만 그녀들은 머리를 굴려 겉으로는 한없이 힘없고 약한 모습을 보이면서도 실제로는 보이지 않는 예속관계를 분명히 했다. 이렇게 된 이상, 관우는 어쩔 수 없이 이 관계에 예속되어 도덕적 윤리에 따라 행동할 수밖에 없었다. 이제 두 부인이 주도권과 통제권을 갖게 된 것이다.

하지만 냉정히 말해 두 부인이 유비와 같은 수법을 사용했더라도 그 결과가 완전히 똑같을 순 없다. 다시 말해 누가 하느냐에 따라 그 효과도 달라진다.

이유는 간단하다. 지금 그녀들의 목숨은 전혀 가치가 없기 때문이다. 하지만 같은 수법이라도 유비가 사용하면 다르다. 비록 유비가 가진 것 없어도 조조의 눈에는 여전히 영웅이 될 만한 재목인 만큼 상당한 가치가 있다. 그러니 유비가 똑같은 수법을 사용했을 때 그 위력이 어떤지는 상상에 맡기겠다.

그렇다면 왜 그녀들의 말이 관우에게 통한 것일까? 관우는 왜 무시해도 될 그녀들의 말을 들어준 것일까? 그녀들의 가치가 낮아진 것은 모두 유비가 그녀들을 소중하게 여기지 않았기 때문이다. 주변 사람들과는 아무런 상관이 없다. 여기에는 매우 중요한 이유가 있다.

관우가 조조 진영에 있었던 상황이 꼭 나쁜 일만은 아니었다. 이참에 조조에게서 자원의 효율적인 이용법을 제대로 배웠기 때문이다. 관우는 조조의 주특기인 '천자를 이용하여 제후들을 호령하기'를 모방할 수 있었다. 즉, 두 형수를 이용하여 자신의 명성을 지키는데 이용한 것이다.

조조는 자원 활용에 두 가지 장기를 지니고 있다. 하나는 쓸모없는 자원을 유용한 자원으로 바꾸는 것이고, 다른 하나는 자원을 모두 사용하고 나면 가차 없이 버리는 것이다.

구체적으로 조조가 한 헌제를 이용한 것이 바로 대표적인 예다. 한 헌제가 허수아비 황제라는 것은 공공연한 사실이다. 따라서 아무도 헌제를 떠맡으려 하지 않았다. 오히려 애물단지라 생각하며 너도나도 기피했다. 하지만 조조는 헌제를 이용해 제후들을 호령했다. 장수張綉, 여포, 원술, 원소, 공손도公孫度, 유표 등 시대의 호걸들을 차례로 쓰러뜨린 뒤 중국의 북방을 통일시켰다. 물론 적벽대전이라는 작은 전투(겨울에 동풍이 부는 것은 검은 학을 보는 것과 마찬가지로 아주 극히 드문 일이었다)에서 어쩌다 실패하여 천하 통일이라는 절호의 기회를 놓치긴 했지만, 아무튼 이때까지만 해도 '황제'라는 자원의 이용효과는 단연 최고였다.

자원 활용의 대가의 눈에 황제는 여전히 이용 가치가 남아있는 자원이었다. 조조는 한 헌제를 자신의 아들 조비曹丕에게까지 유산으로 남겨주었다. 자원으로서 한 헌제의 역할은 왕위를 선양하고서야 비로소 끝이 났다. 헌제가 왕위를 양위하자 그는 더 이상 물리적인 형태로도 존재할 필요성이 없어지게 되었다. 결국, 조비는 대 위나라 왕조의 자산을 확보하기 위해 헌제를 좀 더 이용하다가 적당한 시기에 그의 목숨을 거두었다.

조조를 보며 관우 역시 자신만의 '한 헌제'를 찾았다. 그리고 하나도 아닌 둘씩이나 얻게 되었다.

이 두 여인은 유비의 두 부인이기도 하면서 관우의 두 형수기도 하다. 감씨와 미씨의 신분은 유비의 부인이지만 유비가 줄곧 그녀들을 중요하게 여기지 않았기에 자원으로서 그녀들의 가치는 말할 수 없이 빈약했다. 물론 그 이유가 간접적으로는 그녀들이 목숨을 보전하는 데 영향을 미치기도 했다. 사람들은 유비가 그녀들을 중요하게 생각하지 않는다는 걸 알고 있기에 아무도 그녀들을 이용하여 유비를 겁박하려 하지 않았다.

이런 이치라면 유비조차 신경 쓰지 않는 그녀들을 그의 형제인 관우가 신경 쓸 이유는 더더욱 없었다. 잘 생각해보면 토산에서 포위당했을 때 애당초 관우는 그녀들의 안위 따위엔 관심도 없었다. 그나마 장료가 두 번째 죄목으로 관우의 발목을 붙잡는 바람에 일이 이렇게 되었을 뿐이다. 관우가 투항을 결정했을 때도 사전에 그녀들에게 알리지 않고 모든 일이 정해진 후에야 말하지 않았는가?

사실상 두 여인은 아무 가치 없는 쓸모없는 자원이다. 하지만 관우에게는 그의 내면의 모순과 갈등을 진정시켜 줄 유일한 안정제였다. 여기서 끝이 아니다. 조조의 자원 활용의 두 번째 법칙처럼 두 여인을 대외적으로 자신을 변호하는 용도로도 사용한다. 물론 아직까진 그녀들을 두 번째 용도로는 사용하지 않았지만, 이후 자신의 변호가 필요 없어질 때까지 닳고 닳도록 이용하게 된다.

관우의 내면은 여전히 모순과 갈등으로 뒤엉켜 있었다. 특히 조조의 물질 공세가 심해질수록 그러한 갈등은 더욱 심각해졌다. 만약 관우가 그만한 타당한 이유가 없다면 스스로에 대한 고문과 사람들의 질타에 앞에서 아무 말도 하지 못할 것이다. 무엇보다 체면을 중요하게 생각하고 틀린 것을 쉽게 인정하지 못하는 그에게 이 상황에서 유일한 구세주는 두 형수뿐이었다.

관우가 조조의 진영에서 생활하는 동안 두 형수는 크게 도움이 되지 않았다. 그러나 조조에게서 벗어나 유비에게 돌아갈 때 두 형수는 반드시 필요한 자원이었다. 조조에게 항복했다는 오명을 벗기 위해선 반드시 '두 형수의 안전'을 지켰다는 명분이라도 있어야 했다. 관우가 두 형수를 이용하여 명성을 지키겠다는 말은 바로 이런 의미였다.

따라서 조조를 떠날 땐 반드시 두 형수를 데리고 가야만 했다. 물론 관우도 유비가 그녀들의 생사에 연연하지 않는다는 걸 잘 알고 있었다. 이후 고성에서 유비와 다시 만났을 때도 그녀들의 안위 여부는 유비의 관심 밖이었다. 그렇다 하더라도 관우의 입장에선 신경 쓰지 않을 수 없는 존재였다.

두 형수도 문제도 얽혀있지만, 사실 관우가 조조를 떠나는 것에는 중대한 결심이 필요했다. 당연히 그 과정은 목숨을 걸어야 할 만큼 매우 위험한 일이었다. 하지만 떠날 때 떠나더라도 반드시 조조에게 떳떳하게 자신의 뜻을 밝혀야만 했다. 이점에서는 관우와 유비가 매우 대조적이다. 유비는 항상 말없이 몰래 도망쳤지만 관우는 그러질 못했다. 조조가 그에게 그토록 많은 것을 베풀었는데 한마디의 말도 없이 사라진다면 '배은망덕'이라는 오명은 피할 수 없지 않겠는가?

관우는 세상에서 유일하게 불충불의한 일을 하고서도 가장 충성스럽고 의리 있는 인물로 유명하다. 가장 큰 이유는 그의 모든 행동이 떳떳했기 때문이다.

어쨌든 관우는 용기를 내 다가올 현실에 부딪힐 준비를 해야 했다. 드디어 조조에게 이별을 고할 시간이 다가왔기 때문이다. 하지만 두 형수의 압박만으로는 아직 행동으로 옮기기까지 마음의 준비가 되지 않았다. 아직은 자신의 내면을 움직여줄 더 큰 힘이 필요했다. 그렇다고 관우의 망설임과 방황을 비난하진 말자. 누구도 그 상황에 처하면 그보다 더 잘할 보장은 없다.

관우가 이러지도 저러지도 못하며 방황하고 있을 때 어떤 이가 그를 찾아왔다. 관우는 그 사람이 나타난 계기로 마음속 결심을 굳혔다.

◈ 심리학으로 들여다보기

모방은 매우 중요한 생존기술이다. 신념을 지키려는 자에게는 그것을 꺾어버리거나 좌절로 내모는 위기와 위협이 필수적으로 따른다. 자기 의지가 흔들릴 때 자신만의 확고한 생존전략이 없다면 책이나 경험에서 얻은 지혜를 모방해 보자. 자신만의 기술이 될 수 있다.

순간의 충동이
실패의 쓴맛을 낸다

조조는 우금의 말을 듣고 깊은 수심에 잠겼다. 곧장 장료를 불러 이를 어찌하면 좋을지 상의했다. 조조가 말했다.

"문원, 그대가 보기에도 이번에 관우를 여남에 보냈던 게 잘못된 판단이라 생각하는가? 관우가 이미 유비의 소식을 들었다 하네. 내 지금 후회막급일세. 어찌하면 좋겠는가? 아니면 자네가 관우와 한 번 이야기해보지 않겠는가? 지금 이곳에서 그나마 그와 한두 마디라도 나눌 수 있는 자가 자네뿐 아닌가?"

장료는 속으로 생각했다.

'어찌 또 내게 이런 일을 떠넘기신단 말인가? 그 홍당무 같은 놈이 얼마나 상대하기 어려운 놈인지 알고서 말씀하시는 건가? 어떤 소식을 가져가도 내 말엔 관심도 없을 텐데.'

장료는 내키지 않았으나 조조의 부탁이니 거절할 수도 없었다. 장료는 집으로 돌아와 한참을 고민한 끝에 관우를 찾아갔다.

가뜩이나 고민에 휩싸여 심란한데 갑작스러운 장료의 방문에 관우는 더욱 심기가 불편해졌다.

'장료 저자만 아니었어도 오늘 이런 상황까지는 오지 않았을 텐데! 다른 사람들이야 내가 부럽겠지. 내가 이렇게 애가 타는 줄 누가 알겠는가? 장료가 찾아온 데는 필경 목적이 있을 터, 설마 손건이 전한 소식이 벌써 퍼진 건 아니겠지?'

관우는 순간 경계심의 수위를 높였다.

장료는 안으로 들어와 관우의 눈치를 살폈다. 어딘가 언짢은 듯한 표정에 눈빛은 온통 경계심으로 가득했다. 장료는 서둘러 준비해온 말을 꺼냈다. 우선 크게 웃음소리를 내며 말했다.

"형님, 듣자하니 형님께서 요즘 《춘추》를 읽고 계신다기에, 아우로서 가르침을 받고자 이렇게 달려왔습니다."

관우는 그 말을 듣자마자 순간 긴장이 확 풀어졌다.

장료는 이번에 꽤 수준 높은 협상 기술을 선보였다. 친근한 화제 하나가 둘 사이에 흐르는 경직 되어 있는 분위기를 순간에 녹여버렸다.

스트랫퍼드 해로이Stratford Haroy 박사는 1977년 다음과 같은 실험을 했다. 그는 실험에 참여한 남학생을 두 조로 나누어 이들의 협동심을 테스트했다. 실험 전 할로이 교수는 두 개 조의 학생들에게 각각 어떤 뉴스를 들려주었다. 한 조에게는 긍정적인 분위기가 형성될 만한 뉴스를 들려주었다. 뉴스의 내용은 '전혀 일면식도 없는 어떤 사람이 자신의 목숨을 던져 살인마로부터 다섯 가족을 지켜낸 이야기'였다.

또 다른 조에는 부정적인 분위기가 조성될 만한 뉴스를 들려주었다. 그 내용은 '평소 마음씨가 착했던 다섯 가족이 살인마에게 무참히 살해당한 이야기'였다.

실험의 결과는 매우 극명하게 나뉘었다. 사전에 긍정적인 분위기를 조성했던 조는 부정적인 분위기가 조성된 조보다 협동심이 더 높게 향상되었다. 이렇듯, 긍정적인 분위기는 상대방의 심리와 우리가 하나로 어우러지도록 만드는 힘이 있다.

장료의 목적도 바로 관우가 이러한 작전에 넘어오도록 만드는 것이었다. 장료가 말했다.

"형님. 형님께선 《춘추》에 대해 잘 알고 계실 터이니, 이 아우에게 관포지교(管鮑之交)에 대해 좀 설명해 주십시오."

장료는 왜 하필 그 이야기를 꺼낸 것일까? 그는 아직 설득의 내공을 좀 더 쌓아야 할 것 같다. 사실 이 이야기는 관우에게 매우 민감한 소재였기 때문이다.

관은 바로 관중(管仲)을 뜻하며, 포는 바로 포숙아(鮑叔牙)를 뜻한다. 두 사람 모두 춘추전국시대 때 제나라 사람으로 절친한 벗이었다. 둘은 각각 제나라의 두 왕자를 보필했는데, 관중은 왕자 규(糾)를, 포숙아는 왕자 소백(小白)의 사부가 되었다. 후에 왕자 규가 소백과 제나라의 왕위를 두고 싸우는 과정에서 실패하자, 관중 역시 소백에게 제거당할 위기에 처했다. 다행히도 포숙아의 중재로 소백은 관중의 원한을 모두 풀었을 뿐 아니라 그를 재상으로 등용했다. 심지어 포숙아가 그보다 낮은 직책이었다.

장료의 의도는 분명했다. 관포지교의 일화를 예로 들어 자신과 관우

두 사람을 비유한 것이다.

'그동안 각자의 사정에 따라 서로 다른 주인을 보필하고 있지만, 우리 두 사람은 우정을 나눈 사이가 아니오? 그리고 그대의 능력이 나보다 더 뛰어나니, 나 역시 포숙아처럼 벗의 능력을 인정하고 스스로 낮은 직책을 자처할까 하오. 그러니 함께 같은 주인을 위해 힘써보지 않겠소? 조승상께서도 반드시 소백과 같은 아량으로 과거에 연연하지 않고 그대를 중히 여기실 것이오.'

그래도 장료가 나름 많은 준비를 해왔다는 생각이 들지 않는가? 《춘추》의 수많은 고사 중에 이렇게 절묘하게 상황과 맞아떨어지는 것을 찾아내다니!

장료의 이번 선택은 현명하긴 했다. 그는 자신의 능력으로는 관우를 설득하기는커녕 오히려 그의 화를 돋우기만 할 것을 너무나 잘 알고 있었다. 하지만 유명한 인물과 유명한 일화(권위 있는 인물을 활용한 지렛대효과)로 손쉽게 간접적으로 설득의 효과를 만들어냈다.

'형님께선 《춘추》를 즐겨 본다 하지 않았소? 형님께선 충의를 목숨보다 중요하게 생각하지 않소? 그런 형님이 가장 좋아하는 일화가 관포지교가 아니오? 내 형님께서 좋아하는 걸 함께 즐기고자 하오.'

하지만 너무 성급했다. 처음 시작은 좋았지만 아직은 대화의 밑밥을 더 풀어야 하는데 곧바로 민감한 문제를 꺼내는 것은 시기상조였다.

여전히 경계심이 있던 관우는 장료의 말을 듣고 난 뒤 역시 자신을 의중을 알아보러 왔음을 눈치챘다. 관우는 그를 비웃으며 말했다.

"관중이 이런 말을 했다지. 나와 포숙아가 함께 전장에 나갔을 때, 나는 항상 맨 뒤쪽에서 싸우고 퇴각할 때도 가장 빨리 도망쳤지만 포숙아는 단 한 번도 나의 험담을 하지 않았다. 그는 오히려 내가 늙은 어머니를 보살펴야 해서 그리 한 것이라 말했다. 또한, 내가 세 번이나 관직에서 낙방했을 때도 그는 나의 재능이 부족해서 아니라 그저 운이 없었던 것일 뿐이라고 말해 주었다. 어디 그뿐인가? 내가 그와 장사를 했을 때 내가 더 많은 몫을 챙길 때도 포숙아는 내가 탐욕이 많아서 아니라 내 집 사정이 안 좋으니 당연히 더 많은 몫을 가져가야 한다고 말했다. 그러자 관중이 뭐라고 말한 줄 아시는가? 나를 낳아주신 분은 부모님이지만, 나를 가장 잘 아는 자는 포숙아라고 말했다네. 이것이 바로 관포지교의 일화일세."

장료는 그의 말을 듣고서 가슴이 철렁했다.

"참으로 열심히 《춘추》를 읽으셨군요! 처음엔 관중과 포숙아도 다른 주군을 모시다 결국엔 함께하지 않았습니까? 그 일화가 딱 나와 형님의 이야기 같아 꺼낸 것인데, 형님께선 나와 다르게 보신 것 같습니다. 결국, 포숙아는 주기만 하고 관중은 받기만 했다는 말인데, 듣고 보니 그럼 결국엔 이 아우가 손해가 아니겠습니까?"

어차피 이미 판은 벌어졌으니 이제는 어떻게든 말을 꺼내야 했다. 장료가 말했다.

"형님, 그럼 저와 형님의 우정은 어떤 것입니까?"

장료는 어떻게든 관우가 자신이 원하는 답을 해주기만을 기도했다. 그러자 관우가 껄껄 웃으며 말했다.

"자네와 나 말인가? 자네와 나는 오다가다 만나 친구가 된 사이가 아닌가? 상대방이 위험에 처해있을 때 서로 구해 주고, 어려운 일이 있으면 서로 도와주어야 하겠지. 하지만 상황이 허락지 않으면 우리 관계도 딱 거기까지가 아니겠는가?"

관우는 장료의 체면을 완전히 구겨버렸다. 한마디로 이런 뜻이다.

'네놈이 나와 관포지교처럼 되고 싶다고 했느냐? 솔직히 말해 주지. 네놈은 포숙아처럼 될 수도 그럴 자격도 없어.'

관우의 대답은 아주 칼같이 단호했다. 어차피 거절할 것이라면 반드시 단호하게 거절해야 한다. 맺고 끊음이 불분명할 경우 오히려 질질 끌려다니다 후환만 남기게 된다. 일단 상대에게 틈을 주면 그 틈을 파고들어 당신의 우유부단함을 조종하며 더 많은 것을 요구한다. 이것이 대표적인 '문간에 발 들여놓기' 기술이다.

장료는 당황한 나머지 얼굴이 새빨갛게 달아올랐다.

'이 정도에 물러날 수는 없다. 사실 처음부터 고사를 언급한 것은 은근슬쩍 그를 떠보기 위해 쓴 방편일 뿐이었다. 화가 나긴 하지만 지금은 화를 낼 겨를도 없다.'

장료가 큰 소리로 말했다.

"그럼 형님과 현덕공의 우정은 대체 어떤 우정입니까?"

말인즉슨 이렇다.

'그럼 유현덕이 네게 포숙아보다 더 많은 것을 준다는 말이냐? 내가 볼 땐 그렇게 보이지 않는걸.'

하지만 이번에도 장료의 계획대로 잘되지 않았다.

'지금 형님과 내 사이가 관포지교보다 못하다는 말이 하고 싶은 게냐? 그렇다면 굳이 말해 주지.'

관우는 한바탕 크게 웃은 뒤 말했다.

"나와 현덕공은 모든 생사를 함께하기로 한 사이네. 형님과 내 관계를 어디 관포지교에 비교할 수 있겠는가!"

이에 장료는 노골적으로 따져 물었다.

"그럼 이전에 현덕공께서 하비에서 패배했을 때 형님께선 왜 죽을 힘을 다해 현덕공을 보호하지 못하셨습니까?"

관우를 투항하는 과정을 가장 잘 아는 사람이 장료다. 그런데 그것을 약점으로 삼다니. 관우가 지금 말은 아닌 척하지만 분명 순간적으로 화가 치솟았을 것이다. 하지만 관우는 화 대신 실소를 터트렸다.

"그때는 형님의 행방을 몰랐기 때문이네. 만약 형님께서 그때 정말로 돌아가셨다면 분명 나도 형님의 뒤를 따랐을 것이네."

장료는 순간 충동적으로 말을 뱉어버렸다.

"그럼 지금 현덕공께서 하북의 원소 진영에 있다고 하던데 형님께서는 어쩌실 생각이십니까?"

이 말을 뱉은 순간, 장료는 자신의 계획은 이미 물 건너갔음을 깨달았다. 하지만 후회하기엔 이미 늦어버렸다.

관우는 그 순간을 놓치지 않고 곧바로 장료에게 말했다.

"내 이전에 했던 말들을 어찌 어길 수 있겠는가? 이보시게 문원, 자네가 수고 좀 해주시게. 처음 내가 말한 세 가지 조건도 자네가 전달하지 않았는가? 수고스럽겠지만 이번에도 자네가 조승상께 말씀을 올려주시게나. 그런 다음 내가 승상을 직접 찾아뵈어 말씀드리겠네."

'조조에게 어떻게 말을 꺼내야 할지 고민하던 차였는데 네놈이 정말 시의적절하게 나타나 줬구나. 결자해지라 하지 않았더냐? 처음에 나를 조조의 진영으로 불러들이려 다리를 놓은 것이 네놈이니 내가 이곳을 떠날 때도 네놈이 다리가 돼 주어야겠다!'

생선은 제때 먹지 않으면 상하는 법이다. 바로 이 순간의 장료 모습을 고스란히 반영해 주는 말이다. 장료는 결국 씩씩대며 돌아갔다.

이번 설전에서 장료가 잘한 부분은 타인의 특기를 이용하여 분위기를 전환시킨 점이다. 당연히 첫 단추는 나름 잘 꿰었다. 하지만 장료의 실수는 상대방의 주특기를 가지고 상대하려 한 것이다. 관우는 매일같이 《춘추》를 읽기에 당연히 그 내용도 잘 알고 있을 터인데, 굳이 관우와 《춘추》로 논쟁하려 들었으니 그의 패배는 당연한 결과다.

또한, 장료의 성급한 성질도 큰 단점으로 작용했다. 장료는 관우가 유비의 소식을 접한 걸 조조가 이미 알고 있다는 사실을 내뱉지 말았어야 했다.

사실 조조의 진영을 떠나 다시 하북에 투항을 하는 것은 관우에게 매우 힘든 결정이었다. 그러나 조조가 정말 모르는지 아니면 모르는 척하는지 알 수 없는 상황에서 장료의 방문은 오히려 관우에게 생각을 정리하고 결정을 내리도록 도와주었다.

실제로 수많은 어려운 일들은 한순간의 충동에 의해 해결될 때가 많다. 반면 망설이느라 계속 결정을 내리지 못하면, 결국 부정적인 생각에 휩싸여 일을 그르치게 된다.

관우 역시 아무 결정도 내리지 못하고 고민만 하고 있었다. 그러던 차에 장료가 관우의 고민을 둘러싸고 있던 벽을 단번에 깨뜨려 주었다. 관우는 이제 떠날 것인지 남을 것인지 분명하게 선택해야 한다. 비록 관우가 떠나도록 부추기려는 의도는 아니었지만, 어쨌든 장료 덕분에 관우는 불확실한 자기 앞날에 대한 공포를 벗어던질 수 있게 되었다. 이제는 정말 조조와 헤어질 때가 온 것이다.

◈ 심리학으로 들여다보기

단호함과 망설임은 거절의 양면과 같다. 흑 아니면 백처럼 거절에는 '적당히'라는 것이 존재하지 않는다. 거절하려면 미련을 갖지 않도록 과단성 있고 엄격하게 처신해야 한다. 입장이 난처하다고 가능성을 열어둔다면 곧바로 어려움에 직면하게 된다.

시대의 영웅도
선물에는 흔들린다

갑자기 관우의 집 대문이 바빠졌다. 얼마 전에는 장료가 왔다 가더니 이번에는 오랜 친구라며 누군가 찾아왔다. 그런데 문을 열고 보니 아는 이가 아니었다. 누구인지 물으려는데 상대방이 먼저 자신의 소개를 했다.

"나는 원소의 수하 진진이오."

"이렇게까지 이 사람을 찾아오신 데는 분명 이유가 있어서겠지요?"

관우는 깜짝 놀라며 급히 주변 사람들을 내보냈다.

진진이 가져온 것은 다름 아닌 유비의 서신이었다. 관우는 서신을 쭉 읽어 내려갔다. 하지만 서신에 담긴 글자 하나하나는 그의 마음을 칼로 도려내듯 했다. 관우는 하염없이 눈물을 흘렸다.

서찰에는 다음과 같이 쓰여 있었다.

수족과도 같았던 자네와 도원에서 결의를 다짐하고 함께 죽기를 맹세했네. 그런데 어찌하여 그대는 맹세도 의리도 저버린 것인가? 그대가 그토록 명성과 부가 갖고 싶다면 더는 말리지는 않겠네. 다만 내 서신에서 못다 한 말은 죽음으로 대신하겠네.

결혼하면 부부가 닮는다고 했던가. 어쩜 이렇게 감씨와 미씨 두 부인이 했던 말과 같을 수가 있을까? 그런데 그녀들 앞에선 그저 눈물 몇 방울만 흘렸던 관우가 몇 줄 안 되는 유비의 서신 앞에서는 소리를 내며 통곡했다.

같은 말을 서로 다른 사람이 한 것뿐인데 그 영향력은 완전히 달랐다. 유비가 두 부인보다 더 가치 있는 사람이라서가 아니다. 사실 유비는 그렇게 가치 있는 인물은 아니다. 관우가 명예와 부를 얻고자 했다면 애초 유비는 쓸모없는 인간이었다. 서신에서 유비는 도원결의 때 한 약속을 언급했다. 그러나 정작 자신은 살기 위해 도망치지 않았는가? 한날한시에 같이 죽자던 그 약속은 다 어디로 간 것인가? 오히려 관우 혼자 남겨져 그의 가솔들을 보호하며 비참하게 생활하고 있지 않은가? 그런데 결국 한다는 말이 '맹세와 의리도 저버렸다'니. 도둑이 제 발 저린 격이다.

아마 다른 사람이었다면 부아가 치밀어 오르고도 남았을 것이다. '네가 이리 모질게 나오는데 나 역시 의릴 지킬 생각이 없지. 괘씸하게 나에게만 책임을 묻다니'라고 말하며 곧바로 절교를 선언했을 것이다. 이것이 현실에서 볼 수 있는 보편적인 현상이다.

하지만 관우는 달랐다. 오히려 구슬픈 울음소리와 함께 눈물을 흘리며 마치 진진이 유비인 듯 그 앞에서 진심을 털어놓았다.

"제가 왜 형님을 찾지 않았겠습니까? 그동안 형님께서 어디에 계시는지 정말 찾을 수가 없었습니다. 제가 어찌 부귀영화를 탐하고자 조승상에게 충성을 하겠습니까?"

유비가 부족한 것이 많음에도 관우는 왜 그토록 그에게 충성하는 것일까? 이런 유비의 영향력은 대체 어디서부터 나오는 것일까? 그건 바로 '동침'에서 나온 것이다.

유비, 관우, 장비가 도원결의를 맺은 이후 이들은 식사도 같이하고 잠도 같이 잤다. 식사할 때도 같은 밥그릇과 같은 젓가락을 사용했다. 너무 과장된 것처럼 느껴지는가. 물론 당시 생활환경이나 조건이 이렇게 궁상을 떨 만큼 찢어지게 가난하지는 않았다. 그렇다고 공용 젓가락이 있을 리가 만무하지 않겠는가? 분명 반찬도 여러 사람이 집었다 놨다 했을 것이다. 개인의 위생 습관상 좋아 보이진 않지만, 성이 다른 세 형제가 형제의 정을 쌓기엔 이만큼 좋은 방법도 없었을 것이다.

이들은 잠을 잘 때도 마찬가지로 한 침대에서 함께 잤다. 이는 유비의 주도로 이루어진 것이다. 유비는 관우, 장비와 결의를 맺은 후 어쩌다 보니 자신이 선택한 형제들이 하나같이 천하에 손에 꼽히는 용맹함과 지혜를 갖춘 인물들이란 사실을 깨달았다.

유비는 어릴 적부터 자신이 황제가 되는 상상을 이야기할 정도로 배포가 컸으며, 그가 가장 잘할 줄 아는 것이 사람의 마음을 얻는 것이었다. 그리고 사람의 마음을 얻는 가장 효과적인 방법이 '동침'이라는 것도 잘 알았다.

조조, 손권, 원소와 같은 세도가들도 인재를 무척이나 중요하게 생각했지만 그렇다 해서 그들과 동침하진 않았다. 조조는 자신이 그토록 온갖 정성을 쏟아부었는데도 유비를 향한 관우의 충심을 꺾을 수 없었는지, 그리고 그 이유가 단지 '동침'에 있었다는 사실을 아마 죽을 때까지 깨닫지 못했을 것이다. 물론 그 사실을 알았더라도 현실적으로 원하는 바를 이루기란 불가능했겠지만.

관우는 이미 유비와 함께 동침하면서 그에게 온 마음을 바쳤기 때문이다. 장비 역시 그러했다.

현실에서 가장 친밀한 우정이 어떻게 만들어지는지 생각해보자. 대부분 '학교생활과 군 생활'에서 만들어지는 관계는 진정한 우정과 의리로 뭉쳐진 관계라고들 말한다. 일반적으로 '학교와 군대'에서 보내는 시간 동안 각 개인은 함께 모여 먹고 자고 생활한다. 이런 생활을 통해 느끼는 고도의 친근감으로 어느새 서로 간의 차이점은 줄어들고 비슷한 부분은 점점 더 많아지게 된다.

사람들이 같은(혹은 유사한) 복장을 하고, 식당에서 함께 밥을 먹고, 같은 기숙사에서 생활하다 보면 쉬는 시간도 같아지고 평소에 즐기는 여가활동도 비슷해진다. 이렇게 함께하는 것들이 많아지면 서로 비슷한 것에 이끌리게 되고, 시간이 지나면 어느새 깊은 감정이 생긴다. 그리고 집단 내에서 소수 몇몇 마음과 뜻이 맞는 사람들은 친밀한 관계를 넘어서 생사를 함께 할 정도로 변치 않는 관계를 맺는다.

아리스토텔레스는 '친구란 이런 사람이다. 그들과 우리가 가진 선악의 관점은 일치한다. 따라서 그들과 우리가 적에 대해 갖는 관점도 같다. 또한, 우리는 우리와 비슷한 사람들, 그리고 우리와 같은 꿈을 꾸는 자를 좋아하게 마련이다'라고 말했다.

뉴컴Newcomb은 1961년 미시간대학에서 전과轉科를 선택한 남학생들을 두 개 조로 나누어 연구를 진행했다. 조별로 17명의 학생이 있으며 이들은 서로 잘 모르는 사이다. 하지만 13주 동안 한 아파트에서 생활한 결과, 이들 중 서로 유사성을 가진 학생들이 더 쉽게 친구가 되는 것을 발견했다. 그중 한 그룹은 5명의 문과 학생들로 이들의 정치적 관념은 매우 자유로웠으며 모두 똑똑한 학생들이었다. 또 다른 그룹은 3명의 보수적이고 조숙한 성격을 가진 학생들이었는데, 이들 모두 공과대 학생이었다.

유비, 관우, 장비도 그러했다. 함께 밥을 먹고 함께 잠을 자면서 친밀감은 극도로 높아졌다. 이들은 같은 방에서 생활했을 뿐 아니라 심지어 같은 침대에서 함께 잤다. 그런 점에서 보면, 현실 속 '동창애同窓愛나 전우애戰友愛'와 비교했을 때 이들의 친밀감이 얼마나 높았을지 짐작할 수 있다.

또한, 이렇게 서로 전혀 모르는 사이에서 출발하여 형제가 될 수 있었던 것은 함께 추구하는 바가 같았기 때문이다. '함께 힘을 합쳐 도탄에 빠진 나라를 구하고 태평성대를 이루자'라는 맹세에서도 이들의 가치관과 공동의 목표가 분명하게 나타나 있다. 이처럼 같은 방향을 지향하는 가치관은 서로 간의 유사성을 최절정으로 이끄는 데 중요한 역할을 했다.

건장한 남자 셋이 함께 자면 어떤 느낌일지 상상이 안 될 수도 있다. 하지만 이제는 이들 형제의 동침 결과가 어땠을지 잘 알 거라 믿는다. 동침이 만들어낸 이 세 사람 사이의 끈끈한 관계(다른 뜻으로 오해하지 말길 바란다)는 단연 천하무적의 위력을 발휘했다.

정치적 인물이 이렇게까지 하기란 결코 쉬운 일이 아니다. 이들에겐 잠을 자는 시간조차도 자원 이용의 연장선상이다. 유비는 부인들과 잠자리를 가질 시간까지 포기하면서 두 형제와 함께 동침했다. 베푼 게 있으면 반드시 얻는 것도 있는 법이다. 서신에 쓴 글자 몇 줄에 관우가 이토록 서럽게 눈물을 흘리고 있지 않은가?

진진은 관우를 위로하며 말했다.

"현덕공께서도 장군을 애타게 기다리고 계시오. 장군께서 맹세를 저버린 것이 아니라면 어서 빨리 현덕공을 뵈러 가시오."

관우는 눈물을 그치며 말했다.

"세상만사 끝이 있어야 시작할 수 있지 않겠소? 이곳에 왔을 때도 분명히 제 뜻을 밝히고 왔으니, 떠날 때도 제 뜻을 밝히고 가는 것이 옳을 줄 아오. 수고스럽겠지만 공께서 불가피한 제 뜻을 형님에게 전해주시길 부탁드립니다. 저는 하루빨리 조조에게 제 뜻을 전한 뒤 두 형수님과 함께 형님을 찾아뵙겠소."

관우는 대답 말미에 두 형수를 언급했다. 관우의 이 말에서 심오한 조조의 자원 활용 법칙을 느낄 수 있다.

진진은 의아하게 생각했다.

'혹시 관우가 핑계를 대는 건 아닐까? 조조에게 떠나겠다고 말하면 과연 조조가 그대로 보내줄까?'

진진이 관우에게 조심스럽게 물었다.

"만약 조조가 동의하지 않는다면 어찌하실 생각이오?"

이 같은 의문을 갖는 것은 누가 봐도 지극히 정상적인 반응이다. 관우가 말했다.

"죽는 한이 있어도 이곳에 남아있을 일은 없을 것이오."

진진은 비록 자기 뜻이 아닌 명령을 받고 온 것이긴 하나, 임무를 수행할 때만큼은 투철한 직업 정신을 갖고 있었다. 진진이 말했다.

"그럼 현덕공께서 희망을 저버리지 않으시도록 제게 답신을 한 장 써주십시오."

관우가 괴로운 건 괴로운 거고 만남은 또 다른 일이다. 헤어질 때보다 만나기가 어렵다니! 헤어질 땐 말 없이 헤어졌는데 만날 땐 너무 많은 것이 달라져 있었다.

관우는 어떤 말을 쓸지 곰곰이 생각했다. 유비와 만났을 때 어떻게 해서든 난처한 상황들은 피하고 싶었다. 그는 말 한마디 한마디마다 신중을 기해 써 내려갔다.

오죽하면 손에 들고 있는 붓이 12킬로그램이나 나가는 청룡언월도보다도 더 무겁게 느껴질 정도였을까?

> 형님, 저는 의란 마음을 버리지 않는 것이고 충의란 목숨을 아까워하지 않는 것이라 들었습니다. 저 역시 어려서부터 독서를 좋아하여 예와 의를 조금은 알고 있습니다. 특히 양각애羊角哀와 좌백도左伯桃의 이야기를 보고서 세 번이나 감탄하며 눈물을 흘렸던 것을 기억합니다.
>
> 어떻게든 하비성을 지키고 싶었지만, 식량과 외부 원조가 끊기면서 극심한 곤경에 빠졌었습니다. 본디 죽음을 각오하였으나 두 형수님을 지켜야 한다는 책임감에 차마 목숨을 끊을 수가 없었습니다.

최근 여남을 토벌하러 출정하던 중 형님의 소식을 듣게 되었습니다. 우선 조공께 인사하고 두 형수님을 먼저 보내드리겠습니다. 지난날 한에 투항할 때 미리 약조해 둔 것이 있습니다. 또한, 이곳에서 진 빚은 모두 갚았으니 제가 이곳을 떠나는 일은 염려하지 않으셔도 됩니다.

형님의 서찰을 이렇게 받다니 꿈만 같습니다. 제가 역심을 품는다면 신께서 노하시어 분명 제게 벼락을 내리실 겁니다. 제 속을 다 꺼내어 보일 수 없어 그저 답답할 뿐입니다.

형님을 다시 뵙는 그날만을 기다리고 있겠습니다.

이제 장료는 어서 발등에 떨어진 불부터 꺼야 한다. 차라리 《춘추》를 보지 않았으면 더 좋았을 것을! '관포지교'가 '양각애와 좌백도'의 우정에 밀릴 것이라고 상상이나 했겠는가? 실제로 양각애와 좌백도는 함께 매장되어 죽었다. 바로 관우와 유비와의 관계, 그리고 관우와 장료와의 관계가 확연히 드러나는 대목이다.

관우가 쓴 서신의 내용 역시 아주 고도의 기술이 함축되어 있다.

다른 부분은 볼 필요 없이 '두 형수'를 언급한 부분만 살펴봐도 안다. 편지에는 여전히 형수를 이용하여 자신의 명분을 지키려는 의도가 다분히 묻어 있다. 관우는 짧은 글에서 '두 형수'를 두 번이나 언급했다. 첫 번째는 '두 형수님을 지켜야 한다는 책임감' 그리고 두 번째는 '두 형수님을 먼저 보내드리겠습니다'이다. 앞 구절은 자신이 투항을 어쩔 수 없는 선택이었음을 말하는 것이고, 뒤 구절은 형님을 다시 찾아뵐 구실을 만들기 위함이다. 또한, 자신의 투항을 '한나라에 투항'이라고 특별히 언급했다.

관우가 자기합리화로 인한 괴로움을 애써 억누르고 있다는 것은 서신 속 구절구절을 보면 알 수 있다. 과연 이런 아우의 복잡한 심경을 유비가 알아줄까?

진진은 서신을 받은 뒤 어두운 틈을 타 되돌아갔다. 진진이 떠난 뒤 관우는 많은 생각과 감정들이 휘몰아쳤다. 지난 일들이 주마등처럼 눈앞에서 하나둘씩 지나가고 있었다.

◈ 심리학으로 들여다보기

인간관계에서 동침이 갖는 영향력을 우습게 보지 마라. 유대감이 깊어지고 신뢰가 굳건해지는 비결이다. 믿지 못하는 상대와 하룻밤을 보낼 사람은 없다. 잠이 들면 무방비상태로 어떠한 대응도 할 수 없다. 위기에 노출되는 줄 알면서도 동침한다는 것은 무한 신뢰가 아니면 불가능하다.

길이 막히면
돌아가는 길을 찾아야 한다

관우는 밤새 잠을 이루지 못했다. 관우는 날이 밝자마자 조조를 만나기 위해 나섰다.

조조는 장료에게 보고를 받은 뒤, 시간을 끌기 위해 모든 문 앞에 피객패避客牌를 걸어 둔 채 아무도 들이지 못하게 했다. 조조를 만나지 못한 관우는 하는 수 없이 돌아갔다. 하지만 감씨와 미씨는 '쇠뿔도 단김에 빼야 한다'며 매일같이 관우에게 달려가 언제 이곳을 떠날 것인지 채근했다.

관우가 말했다.

"곧 떠나게 될 것입니다. 제가 조승상께 인사를 드리면 형수님들께서는 곧바로 마차에 오르십시오."

자신이 일부러 일을 미루고 있는 것이 아니라는 것을 알리기 위해,

관우는 20명 남짓 되는 예전 부하들에게 짐을 싸도록 분부했다. 그리고 조조가 하사한 물건들은 단 하나도 빠짐없이 이곳에 남겨두고 가도록 명령했다.

사실 관우가 짐을 정리하게 시킨 것 역시 '시간을 벌기 위한 작전'이다. 관우의 시간 끌기 작전은 조조의 작전보다 한 수 위였다.

관우가 떠나기 전에 지켜야 할 약속은 단 하나였다. 조조에게 직접 떠난다는 사실을 알리고 가는 것이다. 하지만 현재 조조가 침묵으로 일관하고 있는 탓에 본의 아니게 시간이 계속 미루어지고 있었다. 그러나 감씨와 미씨는 단 한시도 기다리려 하지 않았다.

만약 관우가 조조가 만나줄 때까지 앉아서 기다리기만 했다면 두 부인은 분명 그가 고의로 일을 지체시키고 있다고 의심할 것이다. 그러면 관우가 그녀들을 이용하여 명성을 지키려는 계획 또한 수포로 돌아가게 된다.

그녀들이 유비를 만나면 분명히 관우의 일거수일투족과 그녀들이 판단한 생각을 유비에게 일러바칠 것이 분명하다. 그럼 유비 또한 그녀들의 말을 완전히 무시하지는 못할 것이고, 그렇게 되면 관우는 자신의 이전 과오를 씻어버릴 기회를 영영 잃어버리게 된다.

방법은 오직 행동으로 보여주는 것뿐이다. 그래야만 그녀들은 관우의 행동이 진짜라고 믿을 것이다. 시간을 끌어서도 안 되고 망설이는 모습을 보여서도 안 된다. 그리하여 관우는 떠날 날짜가 정해지지 않는 상황에서 일단 짐부터 꾸리도록 명령했다.

관우가 조조가 하사한 물건을 모두 남겨두라고 명령한 것 역시 자신의 결심이 확고함을 보여주기 위한 행동이다. 더는 조조와 그 어떤 것으로도 엮이지 않겠다는 의지를 간접적으로 내비친 것이다.

반대로 조조의 작전은 단순 회피에 불과했다. 피하기만 하면 일이 해결되지 않는다. 어쩌면 상황이 더욱 악화될 수도 있다.

조조의 의도는 이랬다. 자신에게 전달되는 모든 소식통을 철저히 끊어 관우가 떠나지 못하도록 하는 것이다. 하지만 조조가 아무리 그리 한들 모든 소식통을 끊을 수 있는 건 아니었다. 왜냐하면 관우의 입장에선 어떤 통로를 찾아서라도 자기 의중만 전달하면 되기 때문이다. 만약 조조가 연일 밤낮 공사다망한 이유로 그의 알현을 거절했더라면 좀 더 효과적으로 시간을 끌 수 있었을 것이다.

확답을 받아오라고 채근하는 두 형수 때문에 관우는 몇 번이나 조조의 집을 찾아갔다. 하지만 번번이 퇴짜를 맞고 돌아올 뿐이었다. 관우는 할 수 없이 장료를 찾아갔다. 그러나 그 역시 아프다는 핑계로 만나주지 않았다.

관우는 더 이상 조조를 찾아가는 것이 무의미하다는 것을 깨달았다. 게다가 두 형수에게 이미 떠난다고 말한 상황에서 일을 더 지체하는 것 역시 불가능했다.

결국, 관우는 고심 끝에 조조에게 편지를 쓰기로 결심했다. 이것이 바로 관우가 생각하는 또 다른 통로다.

> 한수정후 관우, 한의 대승상께 친히 전할 말이 있어 이렇게 붓을 들었습니다.
>
> '하늘이 있기에 땅이 존재하고, 아비가 있기에 아들이 존재하고, 군주가 있기에 신하가 있다'라는 말이 있다지요. 하늘의 기운은 양기를 따라 흐르

고 땅의 기운은 음기를 따라 흐른다고 하옵니다. 또한, 만물이 이렇게 순조롭게 어우러질 때 비로소 만천하에 삼강오상三纲五常의 예가 퍼질 것이옵니다.

소신 한에서 태어나 자랐으며 소싯적 황숙을 만나 생사를 함께하기로 맹세했습니다. 일전에 하비성을 지키지 못하고 한에 투항했을 때, 승상께서 소신의 세 가지 조건을 들어주셨기에 지금 이곳에 남아있게 되었습니다. 승상의 하여와 같은 은혜로 분에 넘치는 직책까지 받아 그저 송구할 따름이옵니다.

허나 소신 최근 유황숙께서 원소의 진영에 계신다는 소식을 접한 뒤로 밤새 한숨도 잘 수가 없었습니다. 그동안 승상께서 베풀어 주신 은혜가 바다와 같이 깊다면, 이전의 주인과의 맹세는 산과 같이 무겁습니다. 그분을 찾아가는 것이 쉬운 일은 아니겠으나 그렇다 하여 이곳에 남아있는 것은 소신에겐 더욱 어려운 일입니다. 모든 일에도 선과 후가 있지 않습니까?

그리하여 소신 원래 주인에게 되돌아가고자 합니다. 승상의 깊은 은혜에 미처 보답하지 못하여 송구하옵니다. 소신 이후 반드시 죽음으로써 이 은혜 갚도록 하겠습니다. 그럼 이만 줄이도록 하겠습니다.

건안建安 5년 가을 관우

관우의 편지에는 다섯 가지 의미가 포함되어 있다.

첫째, 자신과 조조와의 관계를 분명히 구분 지었다. 관우는 자신을 '한수정후'로, 조조를 '한의 승상'이라 칭함으로써, 자신과 조조 모두 '한'이라는 틀에 포함되어 있음을 강조했다. 이 대목에서 관우가 '한수정후'라는 직함을 어느 정도 의식하고 있음을 알 수 있다. 하지만 더욱 중요한 것은 자신이 '조조가 아닌 한에 투항'했다는 사실을 언급했다는 점이다. 설령 조조에게 투항했다 할지라도 조조가 한의 대승상이자 한을 대표하는 인물이기에 이를 강조한 것이다.

둘째, 관우가 '하늘과 땅, 아버지와 아들, 군자와 신하, 양과 음, 삼강오상' 등과 같은 도리를 인용한 이유는 자신이 오늘날 조조에게 이별을 고하는 행동이 사회의 윤리 도덕이 지향하는 기본원칙에 어긋남이 없음을 설명하기 위해서다.

셋째, 재차 자신이 내세운 '세 가지 조건'을 언급한 이유는 조조가 그에게 한 약속을 되새김질시켜 주기 위해서이다.

넷째, 냉정하게 말해서 조조는 관우에게 아낌없이 퍼주었다. 물론 그동안 관우가 세운 공만으로도 이미 조조에게 빚은 갚았다(호혜성 원리)고 볼 수 있다. 하지만 조조가 그에게 베푼 것과 관우의 기여도는 결코 정비례하지 않는다. 사람의 마음이란 게 손에 쥐고 있던 것을 놓으라고 할 때나 이미 잃어버린 것은 소중함을 배로 느끼지만 손에 쥐고 있는 것은 오히려 그 가치가 절감된다. 관우가 조조를 위해 싸우는 동안 그는 유비가 자신에게 베푼 은혜가 얼마나 컸는지를 생각해 왔다. 하지만 막상 조조를 떠나는 순간에는 조조가 자신에게 베풀었던 것들을 떠올렸다.

중국에서는 상대방의 장수와 복을 기원할 때 '동해처럼 한없는 복을 누리시고, 남산처럼 오래오래 장수하십시오'라고 말한다. 산과 바다는 동급의 존재로 그 크기를 비교할 수 없다. 관우가 '그동안 승상께서 베풀어주신 은혜가 바다와 같이 깊다면, 이전의 주인과의 맹세는 산과 같이 무겁습니다' 라고 쓴 이유 역시 유비와 조조 모두 자신에게 중요한 존재임을 피력하기 위해서다. 물론 당연히 이 상황에서만 특별히 연출된 말이다.

다섯째, 관우는 조조를 떠나 다시 적진에 항복하는 일이 그리 내키는 일은 아니었다. 관우가 아닌 그 누구였더라도 이런 감정은 똑같이 느꼈을 것이다. 그래서 관우는 자신의 복잡한 마음을 추스르기 위해 '승상의 깊은 은혜에 미처 보답하지 못하여 송구하옵니다. 소신 이후 반드시 죽음으로써 이 은혜 갚도록 하겠습니다'라고 썼다.

관우의 서신 내용을 보면 조금의 다급함도 느껴지지 않는다. 예의상, 그리고 자신의 마음이 조금이라도 편해질 수 있을 것 같아 쓴 편지이기 때문이다. 하지만 편지 역시 서면 형태의 약속이다. 우리는 서면의 위력이 얼마나 큰지 앞의 이야기에서 확인했다. 따라서 관우 역시 이후 언젠가는 반드시 '죽음'으로써 조조에게 은혜를 갚아야만 할 것이다.

편지를 다 쓴 뒤 관우는 사람을 불러 그동안 조조로부터 하사받은 금은보화와 이를 기록해 둔 장부를 모두 한곳에 보관하게 했다. 그리고 의미심장한 눈빛으로 '한수정후' 인장을 한참을 쳐다보더니 그것마저 높은 곳에 매달아 두었다.

모든 물건을 정리한 뒤 관우는 사람을 시켜 조조에게 편지를 전달하고 오라고 시켰다. 관우는 두 형수를 마차에 태운 뒤 남녀 20여 명이 그녀들 곁을 보필하도록 했다. 이로써 천 리를 달려야 하는 험난한 여정이 시작되었다.

관우는 청룡언월도를 들고 마차가 북문을 통과할 수 있도록 호송했다. 문지기들이 이들의 행렬을 막아섰지만, 눈을 부릅뜨고 청룡언월도를 휘두르는 관우의 위엄에 이내 겁을 먹고 문을 열어주었다. 관우와 그의 일행들은 곧장 관도를 향해 달렸다.

관우의 편지를 훑어본 조조는 한참을 넋을 잃은 채 앉아 있었다.

"관우 그자가 기어이 떠났단 말이냐!"

그 순간 조조는 상실감과 후회, 자책, 망연자실 등 온갖 복잡한 감정이 물밀듯이 밀려왔다. 잠시 후 누군가 달려와 관우의 행방을 보고했다. 관우가 봉작패는 물론이고 하사한 모든 물건을 제자리에 두고 자신을 따르던 20여 명의 부하들과 마차에 타고 이미 성을 빠져나갔음을 알렸다.

조조는 곧바로 정신을 차리고 즉시 중신들을 불렀다. 모두 이 소식에 매우 놀라며 갑론을박의 논쟁을 펼쳤다. 이때 조조 수하의 장군 채양蔡陽이 말했다.

"소신이 3천 병력을 이끌고 지금 당장 그들을 추격하겠습니다. 반드시 관우를 생포하여 승상께 바치겠나이다."

하지만 조조는 고개를 흔들며 말했다.

"모두 이번 일을 거울로 삼으라. 잃는 게 있으면 얻는 것도 있지 않겠는가? 맺고 끊음이 분명한 것이 진정 천하의 대장부가 아닌가? 모두 관우를 보고 배우라."

채양을 비롯한 대신들은 도무지 조조를 이해할 수 없었다. 조조가 관우를 가장 붙잡고 싶어하지 않았던가? 그런데 관우가 말없이 떠난 이 상황에서 조조는 관우를 변호했다. 그러면서 자신들에게는 관우를 본받으란다! 도대체 무얼 보고 배우란 말인가? 배은망덕? 아니면 말없이 떠나는 것?

채양은 조조를 설득하려 했지만, 조조는 단칼에 그의 말을 잘라버렸다. 그리고 절대 관우 일행을 뒤쫓지 못하도록 했다.

일전에 조조가 남긴 유명한 명언이 하나 있다.

"내가 세상을 저버릴지언정 세상이 나를 저버리게 하지 않을 것이다."

그렇다면 이 순간 관우가 자신을 버렸는데도 조조는 왜 화 한 번 안 내고 오히려 도망갈 수 있도록 도와준 것일까?

조조라고 어찌 화가 나지 않았겠는가? 모르긴 몰라도 그 역시 천불이 났을 것이다. 조조 역시 천 번이고 만 번이고 그를 보내고 싶지 않았다. 하지만 자신이 공개적으로 밝힌 '세 가지 약조'를 어길 순 없었다. 이 두 가지 마음이 갈등을 빚던 차에 일이 벌어졌다. 이미 벌어진 사실을 되돌릴 순 없는 노릇 아닌가?

결국, 지금 그가 할 수 있는 것은 자기 생각을 바꿔 관우가 안전하게 떠날 수 있도록 도와주는 것뿐이었다.

물론 자기 생각을 바꾸는 것은 굉장히 고통스러운 과정이다. 하지만 심리학적으로 봤을 때 이는 지극히 정상적인 현상이다.

2003년 미국은 이라크가 대규모 살상 무기를 가지고 있다는 이유로 전쟁을 선포했다. 전쟁이 터질 당시 38%의 미국인만이 이라크가 대규모 살상 무기를 가지고 있지 않더라도 이 전쟁은 정의를 위한 것이라 생각했다. 또 미국인의 5분의 4는 자국의 군대가 이라크에서 살상 무기를 찾아낼 것이라 믿으며 전쟁을 지지했다. 하지만 이라크에서는 그들이 말한 대규모 살상 무기는 발견되지 않았다. 그러자 전쟁을 지지하던 사람은 혼란에 휩싸였다. 특히 전쟁으로 인해 파괴되고 부서

진 이라크를 본 뒤 그러한 감정을 더욱 강하게 느꼈다. 급기야 그들 중 일부는 자신들이 느끼는 혼란스러움을 씻어버리기 위해, 미국 정부가 전쟁을 선포한 원인의 기억을 수정했다. 그들은 이라크 전쟁은 이라크의 참혹한 종족 멸족 통치로부터 그들을 해방시켜 주고, 중동의 평화와 민주를 정착시키기 위함이라고 해명했다. 전쟁이 끝난 한 달 뒤, 이전에 소수에 불과했던 전쟁 지지관점들이 다수의 의견으로 바뀌었다. 58%의 미국인들은 비록 이라크에서 대규모 살상 무기를 발견하지 못했지만 그래도 이 전쟁을 지지한다고 밝혔다.

유일하게 태도(의견)를 바꾸는 것만이 마음의 평안을 가져다준다. 물론 이러한 변화를 짧은 시간 내에 받아들이는 것은 어렵다. 하지만 조조가 자원 활용의 고수라는 사실을 잊지 마라. 관우가 떠난 것은 이미 벌어진 일이다. 그러므로 지금 당장 해야 할 일은 관우를 뒤쫓아 복수를 감행하는 것이 아니라 이미 벌어진 상황을 받아들이고 순리에 따르는 것이고, 지금 처한 상황에서 최대한 자원을 활용하는 것이었다.

'내가 세상을 저버릴지언정 세상이 나를 저버리게 하지 않을 것이다'라는 말은 예전에 조조가 한 말이다. 그때 이후로는 입 밖으로 내뱉지 않았다. 물론 당시 조조가 약세의 처지에 있기도 했고 한창 피 끓는 젊은 나이였던 탓도 있었다. 하지만 지금의 조조는 이미 성숙한 정치가다. 물론 마음속으로는 여전히 그렇게 생각할 수도 있겠지만, 그때 이후로 사람들 앞에서 단 한 번도 그 말을 언급하지 않았다. 그는 오히려 한층 더 진일보한 생각을 가졌다.

'설령 세상 사람들이 나를 부정해도 상관없다. 나는 그들의 부정을 곧 긍정으로 바꿀 수 있다. 그들의 부정 또한 유용한 도구로 사용할 것

이다. 천하에 누가 이런 나를 감히 부정할 수 있단 말이냐!'

이렇게 심오한 뜻은 채양 같은 인물이 죽어다 깨어나도 알 수 없는 내공이 아닌가?

◈ 심리학으로 들여다보기

회피와 시간 끌기는 오히려 일을 자신이 원하지 않는 방향으로 끌고 갈 뿐이다. 결단력이 필요한 시점에서 우유부단함은 독이다. 자신을 발전시키지 못하며 나아갈 길에서 발목 잡히는 꼴이다. 멀리 보고 과감한 결정을 내리는 연습이 필요하다.

진정한 고수는 철도 금으로 만들 수 있다

조조 수하들은 관우가 떠난 행위를 불충불의한 것이며 배은망덕한 행동이라 생각했다.

관우는 분명 '조조가 아닌 한에 투항한다'라고 말했다. 그 말의 논리에 따르면 '한'은 정통성을 가진 존재다. 그런데 그런 관우가 한을 버리고 도망갔으니 그의 행동은 불충이다. 또한, 조조가 그토록 그에게 지극정성을 다했는데 모든 것을 버린 채 인사 한마디 없이 떠났으니 이 역시 불의다.

조조가 채양을 되돌려 보내자 이번엔 정욱이 나섰다.

"어찌하여 관우를 놓아주셨습니까?"

"나는 관우가 자신의 주인과 의리를 지키려는 마음을 지켜주고 싶었네."

"그의 이런 행동까지도 감싸주시다니 승상께서는 참으로 아량이 넓으십니다. 허나 저희 장군들은 승상의 결정에 승복할 수 없습니다."

마침내 조조가 가장 우려했던 일이 수면 위로 떠오르기 시작했다. 조조가 대신들의 생각과 행동 변화를 예의 주시하며 황급히 물었다.

"그 까닭이 무엇인가?"

"관우에게는 세 가지 죄목이 있습니다. 소신들은 그것 때문에 분이 풀리지 않습니다. 첫째, 관우는 자신이 궁지에 몰리자 살기 위해 투항한 것입니다. 게다가 승상께선 공도 세우지 않은 자를 편장군에 앉히고 하루가 멀다 하며 금은보화를 하사하셨습니다. 물론 그자가 안량과 문추를 베어 공을 세운 것은 맞지만, 승상께서 그에게 한수정후를 하사하신 것은 너무나도 과분한 처사이십니다. 그런데 이제 와 승상을 나 몰라라 하며 떠난 자이니 이보다 더 불충한 자는 없을 것이옵니다. 이것이 바로 관우의 첫 번째 죄상이옵니다. 둘째, 관우는 승상의 명이 떨어지지도 않은 상태에서 제멋대로 떠났습니다. 게다가 청룡언월도를 휘두르며 문지기들을 겁박했습니다. 이런 무법천지의 행동이 가당키나 한 말입니까? 이것이 바로 두 번째 죄상이옵니다. 셋째, 아무리 의리를 지키는 것이 중요할지라도, 어찌 승상이 베푸신 큰 은혜를 저버리고 달랑 편지 하나 남기고 떠날 수 있습니까? 그자는 승상의 존엄마저 깎아내린 자입니다. 이것이 바로 관우의 세 번째 죄상이옵니다."

정욱의 말은 조조의 심장에 꽂혔다. 다행히도 조조는 원소가 아니었다. 만약 원소였다면 분명 관우가 10명이라도 당장 죽이려 들었을 것이다.

정욱의 말은 이게 끝이 아니었다. 더 강력한 한마디가 남아있었다.

"만약 지금 관우를 원소에게 보낸다면 호랑이를 굴로 돌려보내는 것과 같습니다. 분명 추후 후환이 될 것입니다. 지금 당장 채양을 시켜 그들을 뒤쫓아 후환을 없애셔야 합니다."

정욱의 마음도 참으로 알 수 없다. 애초 관우가 공을 쌓아 빨리 떠나기만을 바라던 그였다. 그런데 막상 관우가 떠나니 그를 죽여야 한다고 말하고 있다. 그런데 따져보면 조금도 이상하게 생각할 게 없다. 모두 질투심이 불러일으킨 행동일 뿐이니까!

사실 관우는 매우 특별한 경우에 속한다. 어떤 규칙도 그에게는 통하지 않았다. 관우는 떠날 때도 남아있을 때도 조조에게 남다른 관용과 우대를 받았기에 다른 사람들의 불평불만은 당연한 반응이었다.

조조 역시 이들의 생각을 모르는 바가 아니었다. 만약 자신이 이번 일을 해결하지 못하면 앞으로 사람을 기용할 때 자신의 위신과 명망이 크게 손상될 것이다. 이뿐만 아니라 자신을 따르는 충직한 동지들이 푸대접을 받았다고 생각할 게 분명했다.

따라서 조조가 가장 먼저 해야 할 일은 어떻게든 이 사건에 대해 그들의 생각을 바꿔놓는 것이었다. 그들이 관우의 행동을 불충불의한 행동이라 생각하고 있는 이상 혼란이 가중될 것이다. 그러니 관우의 행동을 충성과 의리로 포장해야 했다.

일단 관우를 충의로운 장군으로 잘 포장한다면, 조조의 인재 등용 철학 역시 일관성과 정확성을 유지할 수 있다. 또한, 아랫사람이 자신에게 영원히 충성하도록 만들기 위해 관우를 '주인에 대한 충성심과 의리의 교과서'로 활용해야 한다.

이 대목에서 '부정적인 자원을 긍정적인 자원으로 바꿔 이용하라'는 조조의 자원 이용 세 번째 법칙이 탄생한다.

조조가 정욱에게 말했다.

"내 이전에 유비의 소식이 닿으면 언제든지 가도 좋다고 그에게 약조했기에 그를 놓아준 것이네. 만약 그의 뒤를 쫓아 죽인다면 앞으로 천하에 내 말을 믿을 자가 어디 있겠는가?"

정욱 역시 이전에 조조가 했던 약조를 기억하고 있었다. 아무리 그렇더라도 여전히 조조의 말에 동의할 수 없었다. 하지만 정욱은 곰곰이 생각해 볼 필요가 있었다. 조조 같은 신분의 인물이 신뢰를 어긴 대가는 어마어마할 것이다. 애당초 아무것도 가진 게 없는 자는 신뢰를 저버려도 상관없다. 하지만 조조같이 승상의 위치에 있는 자가, 더구나 한 왕조의 실질적인 세력이 자신이 한 말을 지키지 않는다면 그 대가는 관우보다 더 큰 것을 잃을 수 있었다.

하지만 관우가 그동안 누렸던 것들과 떠나는 순간까지 제 뜻대로 하는 것을 보니 정욱은 여전히 배가 아팠다. 정욱이 이어 말했다.

"하지만 아무 말도 없이 떠나는 건 실례가 아닙니까?"

조조가 관우의 행동을 충성과 의리 있는 행동으로 포장하기 위해선 하나의 전제가 필요하다. 그것은 관우가 떳떳하게 떠난 것임을 밝히는 것이다. 만약 관우가 몰래 달아난 것으로 굳어진다면 이는 그 전제가 될 수 없다. 그러면 사람들은 그가 스스로 배은망덕한 행동에 차마 얼굴을 들 수가 없어 몰래 달아났다고 생각할 것이다.

조조 역시 분명히 그 점을 잘 알고 있었다. 하지만 관우가 말없이 떠날 수밖에 없었던 이유에는 조조의 잘못도 있었다. 조조가 회피한 탓에 만날 수 없었기 때문이다. 따라서 조조는 관우의 행동이 정당했다는 것을 밝히기 위해서라도 반드시 그 책임을 자신에게 뒤집어씌울 수 밖에 없었다. 조조가 말했다.

"그것은 관우를 탓할 일이 아니네. 그가 이전에 몇 번이고 집 앞에 찾아왔지만, 이 몸이 그를 되돌려 보냈네. 또한, 관우는 떠나기 전에 단 하나의 재물도 취하지 않았고 하사받은 물건을 모두 남겨두고 떠났네. 그의 이런 의지야말로 천금과도 바꿀 수 없는 것일세. 정말로 충성과 의지가 대단한 자가 아닌가? 이 몸은 그가 정말 존경스럽네!"

정욱은 조조의 입에서 그런 말이 나올 줄 꿈에도 생각지 못했다. 조조의 표정을 살펴보니 이내 그의 진심이라는 것을 확인했다.

누가 조조의 고충을 알겠는가? 아무리 열이 받고 화가 나도 조조는 관우의 정당성을 보호해야만 자신의 정당성까지 지킬 수 있었다. 이는 오직 '내면의 호소'만이 가능한 일이다. 하지만 그의 이런 내면의 호소는 관우라는 '부정'적인 자원을 곧 '긍정'적인 자원으로 바꿨다. 조조는 계속해서 관우를 자신이 원하는 대로 써먹을 수 있었다. 그로 인해 관우가 떠나든 남아있든 조조에게는 모두 호재가 되었다.

정욱의 독설은 결국 조조를 벼랑 끝까지 밀어붙였다.

"승상, 이후 관우가 화근이 되면 지금 소인이 승상을 말리지 않은 것을 탓하지 마십시오."

조조에게도 체면이란 게 있지 않겠는가? 정욱의 끈질긴 집착은 오히려 상대방의 반발심리를 일으켰다.

'내가 관우를 놓아준 것이 그리도 못마땅하더냐? 원래 보내주기로 한 것 아니더냐! 내가 굳이 이렇게까지 나서야만 속이 시원하겠느냐!"

조조는 당장 장료를 시켜 관우를 뒤쫓아 가 잠시 행보를 멈출 것을 명령했다. 그런 다음 자신이 직접 문무대신들을 이끌고 배웅하러 나섰다. 조조는 관우에게 하사할 노잣돈으로 황금과 홍색 의복도 함께 선물할 수 있도록 준비(관우가 항상 입고 있던 녹색 도포는 유비가 그에게 하사한 옷이었다. 조조가 그에게 특별히 홍색 의복을 하사하는 이유는 유비의 것과 구분을 짓기 위해서다)시켰다.

관우는 두 형수가 타고 있는 마차를 호위하며 달렸다. 그러니 마차의 속도는 더딜 수밖에 없었다. 한참을 달리는데 뒤에서 누군가 외치는 목소리가 들려왔다.

"형님! 잠시 멈추십시오."

관우는 순간 잔뜩 긴장했다. 하지만 자신을 부르는 목소리가 친근한 음성이었다. 자신을 헤치러 오는 자의 목소리가 아니었다. 관우는 말을 돌려 그자를 기다렸다. 말을 타고 온 자는 바로 장료였다. 관우는 청룡언월도를 손에 쥔 채 말했다.

"문원, 설마 나를 붙잡으러 왔는가?"

장문원의 협상 기술은 그동안 수준이 꽤 높아졌다. 지난번 토산에 관우를 설득하러 갔을 때도 그는 순간적으로 칼을 땅에 버림으로써 단번에 관우의 호감을 얻었다. 이번에도 역시 조조의 심중을 잘 알고 있었기에 빈손으로 달려왔다. 장료가 말했다.

"보시다시피 몸에 갑옷 하나 걸치지 않았습니다. 게다가 무기 하나 없는 마당에 내 어찌 형님을 잡아갈 수 있겠습니다? 형님, 긴장하지 마십시오. 형님이 먼 곳으로 떠난다는 소식을 들으신 뒤 승상께서 친히 배웅하고 싶어 하십니다. 이 말을 전하러 온 것이지 형님을 헤치려는 게 아니니 곡해하지 마십시오."

관우는 안도의 한숨을 쉬었다. 정녕 조승상이 그리 말했단 말인가? 조승상이? 순간 경계심을 다시 바짝 세웠다.

"혹시 시간을 지체시키려는 술수 아닌가? 일단 나를 이곳에 발목을 묶어 둔 다음 다른 음모를 꾸미려 하는 술수가 아니냔 말일세."

뒤를 돌아보니 수십 보 뒤에 파릉교灞陵橋가 있었다. 관우는 말을 뒤로 후퇴시킨 다음 유리한 지형에 자리를 잡은 뒤 말했다.

"승상께서 철마를 끌고 오신다 해도 조금도 두렵지 않네. 원하신다면 얼마든지 맞서드릴 각오가 되어 있네!"

이때 모래바람과 함께 조조가 수십 명의 장군을 이끌고 나타났다. 하지만 그들 모두 무기를 들고 있지 않았다. 그 모습을 확인한 관우는 극도의 경계심을 한층 내려놓았다. 조조가 말했다.

"운장, 어찌 이리 급히 떠나시는가?"

관우는 속으로 '그걸 정녕 몰라서 묻는단 말이냐'라고 생각했다.

"소인의 옛 주인께서 원소의 진영에 있다는 소식을 접하게 되어, 일전에 승상과 한 약조대로 떠나게 되었습니다. 몇 번이나 승상의 댁을 찾아갔으나 뵐 수 없었습니다. 제가 받은 모든 것은 승상께 돌려드리고 떠나옵니다. 승상께서도 부디 약조를 지켜주시리라 믿습니다."

"하늘과 땅에 맹세한 약조를 어찌 어길 수 있겠는가? 하여 친히 자네를 배웅하러 나왔네. 다만 그대가 빈손으로 떠나가는 길이 고생스러울까 염려가 되네."

조조는 말에서 황금이 담긴 궤를 내려놓도록 명령했다.

관우는 완곡하게 거절했다. 그러자 조조가 다시 말했다.

"그대가 세운 공에 대한 내 작은 보답일세."

관우는 감동에 젖어 자신도 모르게 말이 튀어나왔다.

"지금까지 줄곧 승상께 큰 은혜를 입었습니다. 소인이 세운 작은 공으로는 차마 다 갚지 못할 은혜를 베풀어주셨으니, 언젠가 다시 만나게 되면 반드시 은혜에 보답하겠습니다."

지금 번쩍이며 떠오르는 것이 없는가? 그렇다. 바로 '호혜성 원리'이다. 관우의 이 말을 들은 모든 사람은 모두 행운아다. 얼마 지나지 않아 관우의 이 한마디 말이 얼마의 가치를 지녔는지 알게 될 테니 말이다. 조조는 희미한 웃음을 지었다.

"운장, 나 역시 자네의 충성과 의리에 감탄했네. 그리하여 조그마한 성의로 의복도 한 벌 준비했으니 받아주시게."

조조는 준비한 것을 가져오도록 수하에게 명령했다.

하지만 관우는 언제 어떻게 상황이 변할지 몰라 말에서 차마 내릴 수가 없었다. 결국, 그는 청룡언월도로 옷을 잽싸게 낚아챈 뒤 자신의 몸에 걸쳤다. 그런 뒤 고개를 돌려 조조에게 감사의 인사를 전했다.

"감사히 잘 입겠습니다. 승상!"

말을 마치자 관우는 곧장 북쪽을 향해 달렸다.

조조는 관우가 멀리 사라지는 것을 바라보았다. 관우를 바라보는 조조의 입가에는 희미한 미소가 번졌다. 하지만 조조 수하의 장군들은 분을 삭이지 못했다.

"저런 천하의 예의라고는 모르는 망나니 같으니라고! 반드시 잡아 죄를 물어야 합니다!"

하지만 조조는 고개를 흔들며 관우를 변호했다.

"그만두시게. 그는 단신이고 우리 쪽은 수십 명이나 되지 않는가?

그가 의심을 품는 것은 당연한 반응이네. 내 손으로 그를 보내준 이상 약조를 어길 순 없네!"

조조는 장군들을 이끌고 다시 성으로 돌아갔다. 돌아가는 길 내내 조조는 후회가 밀물처럼 밀려왔다.

'이 수많은 장군이 모두 운장과 같다면, 이 세상에 두려울 것이 무엇이겠는가!'

하지만 조조는 다시 생각했다.

'관우 한 사람을 이렇게 보냈지만, 분명 내 곁에는 수십 명의 관운장이 성장할 것이리라.'

관우는 곧바로 말머리를 돌려 마차를 쫓아갔다. 그런데 이게 어찌 된 일인가? 일행들이 아무 흔적도 없이 사라져버린 것이다. 관우는 심장이 덜컥 내려앉았다. 두 형수가 없으면 관우의 목숨도 끝난 것이나 다름없었다.

◈ 심리학으로 들여다보기

자원 이용의 진부한 수법과 참신한 방법의 차이는 단 한 끗 차이다. 창고에 넣어두고 활용하지 못하는 자원은 없는 것과 마찬가지다. 다양한 쓰임을 연구하고 이용의 범위를 넓혀야 한다. 남들과 똑같은 지점에서 똑같이 활용한다면 자원의 효율이 현저히 떨어진다.

편견이
시야를 흐리게 한다

관우는 다급히 마차를 뒤쫓았다. 그런데 주변을 아무리 둘러보아도 개미 한 마리 보이지 않았다. 순간 눈앞이 깜깜해지며 아무 생각도 나질 않았다. 두 형수를 찾지 못한 채 혼자 떠나는 것은 아무 의미가 없었다.

그렇게 속수무책으로 방황하는데 갑자기 산꼭대기쯤에서 큰 소리가 들려왔다.

"운장공, 잠시만 멈추십시오!"

눈을 들어보니 갓 스무 살이나 되어 보이는 젊은이였다. 황색 두건을 쓰고 무명옷을 입은 사내가 창을 든 채 말을 몰고 오는데, 말 목덜미에는 머리통이 하나 매달려 있었다. 그리고 100여 명쯤 되어 보이는 졸개들이 그의 뒤를 따라 빠르게 내려왔다.

관우가 물었다.

"어디서 온 누구시오?"

젊은이는 관우 앞에 오더니 창을 버리고 말에서 내린 채 바닥에 납작 엎드렸다.

가뜩이나 심란한 데 영문을 모를 일이었다. 관우는 일단 말의 고삐를 당겨 멈추고 창을 거두며 물었다.

"그대는 먼저 성명부터 밝히시오."

"소인, 양양襄陽 출신으로 성은 요廖, 이름은 화化이며 자는 원검元儉이라 하옵니다. 난세에 의탁할 곳 없이 강호를 떠돌다 수하에 500여 명의 사람을 모으게 되었고, 지금은 이 산의 주인 노릇을 하고 있습니다. 좀 전에 저의 형제인 두원杜遠이 산 아래를 순찰 나갔다가 두 부인을 납치하여 산으로 데려왔기에, 소인이 시종들에게 물어보니 그분들이 유황숙의 부인이라고 했습니다. 그리하여 제가 당장 무릎 꿇고 사죄했는데, 두원이 끝까지 오만불손하게 행동하여 제가 그자의 목을 이렇게 베어버렸습니다. 두 부인께서는 털끝 하나 다치지 않으셨습니다. 소인이 이렇게 달려왔으니 장군께서는 부디 용서를 베풀어 주십시오."

관우는 놀란 가슴이 쉽사리 진정되지 않았다. 만약 두 형수가 변이라도 당했다면 어찌할 뻔했는가? 이 산을 정복한들 두원의 머리가 잘려 나간들 무슨 소용이란 말인가? 요화에게 감사하는 마음이 울컥 솟으려는 찰나 관우의 눈에 띈 것이 있었다. 그가 머리 위에 쓰고 있는 황색 두건이었다. 관우는 미간을 찌푸리며 재빨리 물었다.

"지금 두 형수님께서는 어디에 계시오?"

"소인, 두 분의 안위가 걱정되어 지금 산꼭대기에 모셔두었습니다.

사람을 붙여놓고 왔으니 안심하십시오."

"어서 두 분을 산 아래로 모셔오시오."

얼마 지나지 않아 100여 명쯤 되는 요화의 수하들이 마차를 호송하여 산에서 내려왔다. 관우는 그 즉시 말에서 내려 마차 앞에서 연거푸 그녀들의 안위를 물었다.

"형수님, 어디 다치신 곳은 없으십니까? 모두 제 불찰입니다!"

두 부인이 말했다.

"요장군께서 계셨으니 망정이지, 그렇지 않았다면 우리 모두 두원에게 능욕을 당했을 것입니다."

관우는 그녀들을 보필하던 시종에게 요화가 어떻게 두 부인을 구했는지 물었다. 시종이 말했다.

"두원은 두 부인을 납치하여 산으로 데려간 다음 요화 장군과 함께 각각 한 부인씩 나눠 취하려 했습니다. 하지만 요화 장군이 전후 사정을 물은 다음 곧바로 두 부인께 예우를 갖췄습니다. 그리고는 두원에게 두 부인이 보통 분이 아닌 거 같으니 다시 산 아래로 모셔다 드리자고 했습니다. 그런데 두원이 끝까지 명령을 거부하여 요화 장군이 그의 목을 즉시 베어버렸습니다."

관우는 가슴이 철렁 내려앉았다. 만약 두 부인이 변이라도 당했다면 아무리 자신의 목숨을 백번 내놓아도 유비를 볼 면목이 없었다. 마음 속에서 다시 한번 요화에게 고마운 마음이 물밀듯이 밀려왔다. 관우는 요화에게 예를 갖추어 감사를 표시했다. 그러자 요화는 자신 역시 수하들을 이끌고 관우와 함께 길을 떠나고 싶다고 말했다. 또한, 자신도 유비에게 힘을 보태고 싶다는 뜻을 밝혔다.

하지만 관우는 요화가 머리에 쓰고 있는 황색 두건을 보며 곰곰이 생각했다.

'이자에게 고마운 것은 사실이나, 어쨌든 황건적들과 같은 부류가 아닌가? 동행하면 우스운 꼴이 될 게 분명해.'

결국, 관우는 그 자리에서 완곡하게 그의 제안을 거절했다.

"그대의 성의는 정말 고맙소. 하지만 조공을 떠나올 때 남은 천 리 길을 혼자서 가겠다고 약조했소. 이제 막 길을 떠났는데 약조를 어기는 것은 옳지 않다고 생각하오. 미안하지만 자네의 마음만 받겠소. 이후 다시 만나게 되면 반드시 오늘의 은혜를 갚겠소!"

관우의 대답을 듣고 난 요화는 더 이상 억지 부릴 수 없어 아쉬움을 뒤로 한 채 발걸음을 돌렸다.

그런데 요화는 왜 두원을 죽였을까? 요화에게 두원은 형제와도 같은 존재였다. 당시에는 산 중의 왕이 산 아래의 여인을 납치하여 아내로 취하는 것 역시 지극히 당연한 일이었다. 그런데 요화는 왜 두원이 납치해 온 두 여인이 관우가 호위하던 유황숙의 부인이라는 말을 듣자마자 그에게 칼을 겨눈 것일까? 정녕 형제의 정이 유황숙의 이름값보다 못하단 말인가?

요화는 능력과 통찰력이 있는 미래 지향적인 인물이었다. 동한 말년의 혼탁한 난세에서 꿈을 실현할 세상을 잃은 요화가 할 수 있는 것이라곤 산속의 도적 패가 되는 것뿐이었다. 하지만 그는 항상 기회를 기다리고 있었다.

두원이 유비의 부인을 납치하여 산으로 데려왔을 때 그는 자신에게 기회가 왔음을 직감했다. 당시 유비는 인과 덕을 갖춘 인물로 널리 알려져 있었다. 비록 그동안 연전연패로 겨우 목숨만 부지하는 상황이었지만, 요화는 유비가 재기할 날이 반드시 올 것이라 굳게 믿었다. 그리고 이번 기회에 자신도 유비의 사람이 되고 싶었다.

물론 그의 계획도 중요했다. 하지만 촌각을 다툴 만큼 급한 문제는 아니었다. 현재 가장 급한 것은 관우가 당장 하산해야 하는 상황이었다. 관우가 안량과 문추를 베었다는 사실은 이미 허도許都 근방까지 퍼진 상태였기에, 허도 부근 산속에 살던 요화가 이를 모를 리 없었다. 더욱이 지금 관우를 화나게 하면 산 전체가 피바다가 될지도 모를 일이었다. 가능한 한 빨리 두 부인을 관우에게 되돌려주고 잘못을 인정하는 것만이 살아남을 길이라 판단했다.

반면 두원은 당장 눈앞의 것에만 관심 있을 뿐 내일은 생각지 않는 인물이었다. 요화는 자기 뜻에 끝까지 반대한 두원을 단칼에 베어 논란을 잠재웠다. 이것만으로도 그가 결정적인 순간에 얼마나 결단력 있게 행동하는 인물인지 알 수 있다.

하지만 예상치 못하게 요화는 관우에게 제안을 거절당했다. 그리고 그렇게 그들과 헤어졌다. 그렇다고 후회할 필요는 없었다. 호혜성 원리에 따라 머지않아 관우와 유비의 두 부인에게 베풀었던 공은 보답을 받게 될 것이다. 실제로 시간이 지나 요화는 촉한蜀漢에서 공을 세워 중용되었으며, 후에 우거기장군右車騎將軍에 봉해졌다.

당시 민간에서는 '촉나라에는 대장이 없으니 요화를 선봉장으로 삼는다'라는 말이 나돌았다. 요화를 비하하는 표현 같지만 실제로는 그렇지 않다. 물론 요화의 실력을 관우, 장비, 조운, 마초와 같은 맹장들과 비교하자면 한참 뒤떨어지는 것이 사실이다. 촉나라의 선봉이 되는 것 역시 아무나 맡을 수 있는 임무가 아니다. 그러나 관우, 장비, 조운, 마초가 세상을 떠난 즈음 요화는 이미 촉나라의 중요한 인재로 성장해 있었다. 선봉이라는 자리를 꿰차기에 충분했다.

위의 일화를 보면 요화가 직업 선택과 진로 설계에서 선견지명을 갖고 있었음을 알 수 있다. 하지만 아무리 탁월한 선택과 설계라도 결정권자의 허락이 없으면 모두 무용지물이다.

그렇다면 관우는 왜 요화의 제안을 거절했을까? 그 답은 아주 간단하다. 바로 요화가 머리에 쓰고 있던 두건의 색깔 때문이었다.

사실 관우는 자신의 사람 한 명이 아쉬운 상황이었다. 이번에 두 부인이 두원에게 납치를 당한 이유도 사람이 없었기 때문이다. 몸이 두 개가 아닌 이상 조조와 담판을 짓는 동안 두 부인까지 호위한다는 것은 불가능한 일이었다. 만약 요화와 동행한다면 그 한 사람만으로도 호위는 충분할 뿐만 아니라, 요화가 이끄는 500여 명의 수하까지 합류하게 되니 관우로서는 든든한 지원군을 얻는 것이었다. 하지만 관우는 요화의 제안을 일언지하에 거절했다.

관우를 만날 때 황색 두건을 쓴 것이 요화의 최대 실수였다. 하고많은 색 중에 왜 하필 황색 두건을 썼을까? 관우가 황건적 소탕에 누구보다 앞장섰던 것을 몰랐던 것일까? 지난 수년간 유비, 관우, 장비 세 사람은 황건적 토벌을 위해 의기투합하여 전장에서 싸웠다. 그렇기에 관우가 황색 두건을 쓴 사람을 보자마자 반감 정서를 갖고 적대시하는 것은 조건반사와도 같다. 관우의 잠재의식 속에 황색 두건은 곧 적의 무리라는 인식이 남아있기 때문이다.

사람은 군집 동물이다. 오랜 시간 진화하며 사람은 자신에게 붙여진

꼬리표를 인지하고 그것에 따라 자신을 분류한다. 이런 분류법은 굉장히 유용하다. 각 부류는 하나의 집단과도 같다. 사람은 자신과 특정 집단을 연계시켜 그 속에서 자존감을 얻게 되는데, 이를 내집단in-group이라고 부른다. 내집단과 타 집단(외집단이라고도 부름)을 비교하며 내집단을 편애하고 타 집단을 무시하는 경향을 띤다. 심지어 내집단과 대립하는 집단을 적대시하기도 한다.

이러한 심리 현상이 '편견'이다. 편견이란 구성원이 다른 어떤 집단과 그 구성원에 대해 사전에 부정적으로 인식하는 것을 의미한다.

9·11테러 사건이 일어난 지 얼마 지나지 않아 미국인들 사이에서는 아랍혈통의 사람들에게 적대적 감정이 극도로 고조되었다. 뉴욕에서 어떤 남성이 파키스탄 출신의 부녀자를 차로 친 사고가 발생했는데, 그는 그 자리에서 이렇게 외쳤다.

"모두 국가를 위해서 한 일이다!"

그런가 하면 텍사스 주의 덴턴 시에서는 이슬람 사원이 소이탄(사람이나 시가지 등을 불태우기 위한 포탄) 공격을 받았으며, 보스턴대학에서는 중동계 학생이 칼에 찔리는 사고도 발생했다. 또한, 콜로라도대학에서는 학생들이 도서관에 페인트로 '아랍인들은 모두 미국에서 사라져라'라는 문구를 적기도 했다.

아랍혈통 사람 모두가 9·11테러 사건과 관련된 것은 아니다. 하지만 미국인들은 그들을 같은 대립집단으로 분류하여 테러와는 무고한 이들에게까지 분노를 표출했다.

이것이 편견의 어두운 그림자다. 관우와 황건적(황색 두건을 쓴 자들까지 포함)은 서로 대립하는 집단에 속해 있었기에, 관우가 황건적에 편견을 갖는 것은 당연한 현상이다.

요화는 황건적이 아니었다. 하지만 그가 쓰고 있던 황색 두건의 색깔은 관우의 편견을 불러일으키기 충분했다. 관우의 입장에서 그를 황건적과 같은 집단으로 생각하는 것은 지극히 자연스러운 현상이다. 그래서 요화로부터 큰 도움을 받았음에도 불구하고 그에게 경계를 풀지 못한 것이다.

우리는 자신이 속해 있는 집단이 성공한 집단일 경우, 해당 집단에 대한 소속감을 강하게 드러내며 만족을 느낀다. 반대로 자신이 속한 집단이 실패했을 경우, 그 집단과 거리를 두거나 심지어 관계를 끊으려는 경향을 나타낸다.

1988년 서울 올림픽 때 일이다. 자메이카계 캐나다인 단거리 육상선수 벤 존슨Ben Johnson이 100미터 단거리 경기에서 금메달을 땄다. 캐나다 언론은 '캐나다인'이 올림픽 금메달을 따는 쾌거를 이뤘다며 대서특필했다. 하지만 벤 존슨이 금지약물인 스테로이드 복용 사실이 드러나면서 금메달 수상이 취소되자, 캐나다 언론은 곧바로 그가 '자메이카' 출신임을 강조하여 보도했다. 또한, 존슨이 영웅이었을 땐 사람들은 어떻게든 그와 가깝게 지내고 싶어 했지만, 그가 스캔들의 주인공이 되자 곧바로 그와의 관계를 청산하고 그와 거리를 두었다.

관우의 눈에 황건적이라는 집단은 한낱 도적 떼이며 자신과는 근본적으로 격이 맞지 않는 부류로 인식했다. 게다가 황건적과 전투에서 승리를 거두었기에 그는 자신이 속한 집단에서 느끼는 상대적 우월감이 컸다. 즉 자신의 속한 집단이 하는 일은 정의롭고 가치 있지만, 황건적 같은 무리의 행동은 사악하고 비열하다고 여겼다. 그러므로 요화에게 고마운 마음은 있지만, 그가 황건적과 같은 부류이기에 동행을 꺼리는 반응은 지극히 당연했다.

하지만 요화가 관우의 이런 미묘한 생각까지 어떻게 알겠는가? 사실 요화 자체는 아무 죄가 없다. 관우가 그토록 혐오스러워하는 황건적과도 전혀 무관한 인물이었다. 단지 아주 사소한 복장 실수로 좋은 기회를 놓친 것뿐이다.

그러나 그가 베푼 은혜는 언젠가 반드시 그에게 기회를 줄 것이다. 그저 인내심을 갖고 때를 기다리면 된다.

◈ 심리학으로 들여다보기

첫인상을 심어줄 때 복장은 외모 다음으로 중요한 요소다. 단정하고 깔끔한 옷차림에 고개 돌리는 사람은 없다. 외모적 개성을 표출할 때도 상황과 장소, 상대를 충분히 고려해야 한다. 첫인상에서 긍정적인 반응이 나와야 다음을 기약할 수 있다. 독창적인 개성을 표현은 충분히 친숙해진 뒤에 해도 늦지 않다.

비정상적인 행동에는 반드시 이유가 있다

두 부인을 잃어버렸다 다시 만난 관우는 마냥 안도할 수도 기뻐할 수도 없었다. 이제 겨우 허도를 벗어나 심리적 압박감이 더욱더 커졌다. 앞으로 천 리 길의 긴 여정 앞에 어떤 숱한 고비와 위험이 있을지 알 수 없기 때문이다. 관우는 어떻게든 두 부인의 안전을 지켜 낼 것이라고 스스로 다짐했다.

감씨와 미씨 두 사람은 관우가 걸친 붉은색의 비단 도포를 보고 매우 의아해했다. 그도 그럴 것이 이제껏 관우는 녹색 도포를 입고 다녔기 때문이다. 붉은색과 녹색은 누가 봐도 확연한 차이가 난다. 관우는 두 부인에게 조조가 파릉교에서 도포를 하사한 일을 설명했다. 두 사람은 그의 해명에 가타부타 말하지 않았지만, 그가 입은 붉은색 도포 때문에 하마터면 순결을 잃을 뻔했다는 사실에 분개했다. 그녀들 역시 자신들이 유비에게 그다지 중요한 존재가 아니라는 것쯤은 잘 알고 있었다. 게다가 만약 돌발 상황이라도 발생한다면 그나마 '의복'으로서 유비 곁에 남아있을 명분마저 사라질 게 분명했다. 그러기에 관우에게 길을 재촉하는 것 말고는 묻지도 따질 수도 없었다.

어느새 하늘이 어둑어둑해졌다. 저 멀리 장원庄園(귀족들의 사유지)을 발견한 관우는 그곳에서 하룻밤을 묵기로 했다. 수염과 머리카락이 새하얗게 센 주인장이 나와 그들을 맞이했다. 그가 물었다.

"장군의 존함이 여쭤봐도 되겠습니까?"

그러자 관우가 예를 갖춰 대답했다.

"저는 유비 유황숙의 형제 관 아무개요."

사람은 모든 사회적 관계의 집합체이다. 그 덕에 사람들은 다양한 신분 식별방식을 갖게 되고 자기를 소개할 때 상황에 따라 신분을 매번 바꾸곤 한다.

지금 관우의 상황이 딱 그러하다. 그는 여러 개의 신분 중 한수정후漢壽亭侯라고 소개할 수도 있었다. 직함 또는 직위를 드러낼 경우, 굳이 귀찮게 많은 설명을 하지 않아도 될 만큼 그 효과는 아주 분명하게 나타난다. 일반적으로 지위가 높고 권위가 있는 고위 관직자들에게 존경심과 경외심을 드러내기 때문이다. 만약 관우가 이같이 자신을 소개했다면 극진한 접대를 받을 가능성이 더욱 커진다.

물론 직함 등 수식 없이 직접 자신의 이름을 밝히는 방법도 있다. 하지만 이런 경우 접대하는 사람은 그저 평범한 사람으로 인식해 접대의 태도가 달라질 수 있다.

하지만 관우는 이 두 가지 방법 모두 사용하지 않았다. 그가 선택한 것은 간접적인 자기소개 방식이었다. 관우는 자신을 유비의 형제라고 설명했으며, 자신 이름을 '아무개'로 표현했다. 이런 소개방식은 우리 일상에서도 흔히 볼 수 있다.

이소룡李小龍의 사부 엽문葉問을 예로 들어보자. '엽문은 누구인가'라고 물었을 때 이전에는 아는 사람이 거의 없었다. 반면 이소룡은 모르는 이가 없을 정도로 유명했다. 이후, 사람들은 이소룡이라는 중개자를 통해 쉽게 엽문을 알아보았다. 만약 이소룡이 아니었더라면 엽문을 소개하려면 하루 반나절을 설명해도 모를 것이다.

이런 방식으로 자신을 소개한다면 반드시 중개자의 신분, 지위, 유명도, 영향력이 자신보다 훨씬 뛰어나야 한다. 어떤 의미에서는 자신이 그 중개자보다 낮은 위치의 사람이어야 한다. 그러므로 자존심이 있는 사람이라면 이런 방식으로 자신을 소개하지 않는다.

관우는 자존심이 매우 강한 인물로 자의식 또한 매우 높았다. 이런 그의 성격이 이렇게 간접적인 방식으로 자신을 소개하다니. 그의 이런 행동은 비정상적으로 보일 수밖에 없다.

그렇다면 관우는 왜 그렇게 자신을 소개한 것일까? 무릇 모든 비정상적인 행동에는 반드시 말 못 할 사정이 있게 마련이다.

이미 앞에서 관우는 갖가지 방법으로 내면의 갈등과 혼란을 잠재우기 위해 애를 써왔다. 하지만 조조의 진영에서 있었던 일들은 지울 수 없는 오점으로 남아 계속 그를 괴롭혀 왔다. 두 부인이 유비의 품으로 돌아가는 날, 즉 유비와 재회가 임박해질수록 관우는 어떻게 해서든 그동안 자기합리화 해왔던 마음 상태를 바꿔야만 했다. 그래서 관우는 일면식도 없는 노인 앞에서 자존심을 버려가면서까지 자기 신분을 유비의 아우라고 소개했다. 자신과 유비와의 관계를 특별히 강조한 것이다. 하지만 주인장의 첫 반응은 좀 의외였다.

"아하, 혹시 안량과 문추를 단칼에 베었다는 관공이신가요?"

그야말로 관우의 눈물 나는 노력을 단번에 무기력하게 만든 대답이었다. 사람들은 상대방의 가장 특징적인 부분 또는 행동을 가지고 그 사람을 표현하는 경우가 많다.

로리 넬슨Lori Nelson과 데일 밀러Dale Miller는 1995년 실험을 진행했다. 스카이다이버와 테니스 선수 두 가지 직업을 가지고 있는 사람을 다른 이들에게 소개했다. 그런데 사람들은 그 사람을 '스카이다이버'라고 기억했다. 또한, 그 사람에게 선물할 책을 고르라고 했을 때, 사람들이 선택한 것은 테니스 관련 서적이 아닌 스카이다이버 관련 서적이었다. 이 실험 결과는 뱀과 애완견을 기르는 사람에게서도 똑같이 나타났다. 사람들은 그를 애완견이 아닌 뱀을 기르는 사람으로 기억했다. 스카이다이버와 뱀이 테니스와 애완견보다 훨씬 독특한 특징을 갖고 있었기 때문이다.

관우 역시 그가 보여준 가장 특징적인 행동은 안량과 문추의 목을 벤 사실이다. 따라서 관우가 자신을 어떻게 소개하든 주인장은 관우를 가장 확실하게 구분할 특징으로 그를 기억해낸 것이다.

누구나 그렇듯 유명인의 방문은 굉장히 영광스러운 일이다. 주인장은 기쁨을 감추지 못하며 곧장 관우를 집 안으로 안내했다. 관우가 말했다.

"두 부인께서 아직 마차 안에 계시오."

그러자 주인장은 자신의 아내와 딸을 불러 감씨와 미씨 부인이 마차에서 내리는 것을 돕고 초당 안에 자리를 마련해주었다. 관우는 두 손을 앞으로 포갠 채 정중히 두 부인의 옆에 서 있었다. 감씨와 미씨뿐 아니라 주인 또한 그의 이런 모습에 놀란 표정을 지었다.

주인장이 관우에게 자리에 앉을 것을 권하자 관우가 말했다.

"어찌 형수님들께서 앉기도 전에 제가 먼저 앉을 수 있겠소?"

"관공과 유비는 성이 다른 형제가 아니십니까? 어찌하여 이토록 두 부인을 깍듯이 모시는 겁니까?"

"저와 형님 그리고 장비는 형제의 연을 맺어 생사를 함께 하기로 맹세했소. 두 부인께서 전란으로 인해 이토록 고생하시는데, 어찌 실례를 범할 수 있겠소?"

관우의 대답에 주인장은 깊이 감복했다.

"관우 장군께서는 정말 천하의 진정한 의인義人이십니다."

관우가 그동안 두 부인에게 예를 갖춰 대하긴 했지만, 이번에는 그 정도가 최상의 수준이었다. 물론 이 역시 비정상적인 행동이다. 그렇다면 관우는 왜 이런 행동을 했을까?

이전에 화웅의 일화에서 언급했던 '이목의 집중효과'를 기억하는가? 관우의 비정상적인 행동 역시 타인의 평가를 의식한 결과에서 비롯된 것이다.

현재 관우는 누군가 자신을 '유비에게 충성을 다하는 사람, 유비와 생사를 함께하기로 맹세한 사람'으로 인정해 주길 바랐다. 관우는 이 방법만이 내면 갈등을 잠재울 현실적인 처방이라 생각했다.

주인장은 매우 침착했다. 그리고 관우 일행에게 대접을 마친 후에야 자신을 소개했다. 그는 한 환제桓帝 시절 의낭議郎(관직 이름으로 문지기 업무를 수행함)을 맡았던 호화胡華로, 지금은 관직에서 물러나 귀향했다고 말했다.

이야기를 나누던 중 호화는 자기 아들 호반胡班이 현재 형양滎陽의 태수인 왕식王植 밑에서 일을 하고 있으며, 관우도 필시 그곳을 지나치게 될 것이라고 말했다. 관우 역시 조조의 진영을 떠나오면서 있었던 그간 사정을 일일이 호화에게 털어놓았다. 관우의 이야기를 들은 호화는 흐느끼며 눈물을 흘렸다. 그리고 곧장 편지를 써 관우에게 주면서 그것을 자기 아들 호반에게 보여주면 그가 무사히 길을 통과할 수 있도록 도와줄 것이라 말했다.

관우는 일단 편지를 받아 챙겼지만 그다지 중요하게 생각지 않았다. 이 편지가 없다 해서 자신을 포함한 20여 명의 일행이 당장 위급해지는 건 아니었기 때문이다.

밤이 깊어지자 두 부인은 방안에서 휴식을 취하고, 관우는 그 밖에서 초를 밝힌 채 《춘추》를 읽으며 밤을 새웠다.

어쨌든 호화 덕에 감씨와 미씨 부인은 관우로부터 평생 다시 없을 최고의 예우를 받게 되었다.

한편, 조조는 수하들을 이끈 채 파릉교에서 말머리를 돌렸다. 그 자리에 있던 신하들은 이를 갈며 분해했지만, 정작 조조 당사자는 계속 수염을 쓸어내리며 미소만 지을 뿐 아무 말도 하지 않았다.

조조는 자신의 결정을 매우 만족스러워했다. 관우가 유비의 곁에 돌아가게 되면 분명 의식적으로든 무의식적으로든 자신과 유비를 비교하게 될 것이다. 이미 짧은 시간 동안 조조가 모든 격려 수단을 다 써먹었기에, 유비는 관우가 조조에게 받은 것 이상의 새로운 것을 안겨

줄 수 없는 상태였다. 격려에서 가장 중요한 것은 '새로운 느낌'을 주는 것이다. 일단 식상해지면 격려의 효과가 미미해져 자원을 제대로 활용하기 어려워진다.

더 중요한 사실은 또 있다. 비록 관우를 보내주었지만, 조조가 그에게 보여준 최고의 예우는 '거만함'이라는 씨앗을 관우의 마음속에 심어준 것이다. 내면에 '거만함'이 싹을 틔우게 되면 그 싹이 걷잡을 수 없이 자라나 결국 '거만함'이 마음을 지배하게 된다. 그리고 거만한 자의 최후는 오직 패배뿐이었다.

조조는 '쉽게 얻은 것은 결코 가치 있는 것이 될 수 없다'라는 이치를 알고 있었다.

'비록 지금 이렇게 보내주지만, 앞으로 남은 여정이 더 힘든 시간이 될 것이다. 결국엔 한 발자국도 떼지 못한 채 무릎을 꿇게 될 것이다.'

실상 관우의 앞길을 막는 것은 그리 어려운 일도 아니었다.

'앞으로 남은 다섯 개의 관문을 통행증도 없이 홀로 두 여인을 데리고 쉽게 지나갈 수 있으리라 생각하느냐? 수문장들이 관문을 지키고 있는 이상 네놈 사정을 봐줄 사람은 아무도 없을 것이다. 다른 길을 찾을 수 있으면 어디 한 번 찾아보아라. 길을 돌아간다 해도 마차를 이끌고 가파른 산세를 넘는다는 것이 쉽지는 않을 것이다. 나는 네놈이 갖은 고생을 겪고 난 뒤에 통행증을 보내줄 생각이다. 그래야 내 은혜의 소중함을 뼈저리게 느끼지 않겠느냐? 그럼 언젠가 내게 더 큰 은혜로 보답하겠지.'

조조가 검은 속내를 숨긴 채 관우가 좌절에 부딪히기만을 기다리고 있는 동안, 관우는 호화의 집에서 아침을 먹은 뒤 두 부인을 마차에 태우고 떠날 준비를 하고 있었다.

관우는 호화와 작별 인사를 나눈 뒤 말에 올라탔다. 그리고 곧장 동령관東嶺關을 향해 달렸다.

험난한 여정의 서막이 그렇게 시작되었다. 그 누구도 앞으로 다가올 관우의 운명을 예측할 수 없었다.

◈ 심리학으로 들여다보기

상황에 맞게 자신의 신분을 다르게 표현하는 것 역시 반드시 갖추어야 할 생존 능력 중 하나이다. 하나의 고정된 기준이나 틀보다 융통성 있는 자신만의 표현법이 있으면 좋다. 어떤 자리에서든 물 스미듯 어울릴 수 있는 자연스러움을 추구해 보자.

4부

다섯 관문에서 여섯 장수를 베다

인생에 곧고 빠른 지름길은 없다. 굽이굽이 장애물이 놓여있고
내리막과 가파른 오르막이 기다리고 있다. 두 손 들고 항복할 것인가,
포기할 것인가, 주저앉을 것인가. 모두 자기 의지에 달려 있다.
나아가겠다는 의지만 꺾지 않는다면 기쁨의 순간이 온다.

자기가 우월하다는 생각을 접어라

관우 일행은 곧장 동령관으로 향했다. 하북으로 향하는 첫 번째 관문인 동령관을 지키는 장군의 이름은 공수孔秀이고 수하에 5백여 명의 병사가 있었다. 관우는 말고삐를 재촉하며 고개를 오르기 시작했다. 수문 병사는 공수에게 관우 일행이 당도했음을 알렸다.

그 말을 듣자마자 공수는 칼을 들고 나섰다. 그리고 관우를 보자마자 당장 말에서 내려 자신의 명령을 따르라고 소리쳤다. 다들 공수가 정신이 나갔다고 생각할 것이다. 공수의 상관이자 승상인 조조도 이제껏 관우를 극진히 대우해 주었다. 떠나는 길까지 배웅해 주었는데 이름 없는 장수인 공수가 감히 천하에 위세를 떨치고 있는 관우에게 호통을 친 것이다. 정말 스스로 명을 재촉하는 꼴이 아닌가?

하지만 이보다 더 깜짝 놀랄 일은 관우의 반응이었다. 관우는 순순히 말에서 내려 공수에게 예를 갖췄다. 관우가 이렇게 고분고분하게 행동한 적은 그의 일평생 처음이자 마지막이었을 것이다. 자존심 강하기로 둘째가라면 서러울 그가 왜 순순히 공수의 말에 따랐을까?

사실 관우는 조조의 배웅을 받은 때의 훈훈한 분위기에 심취해 자신이 부딪힐 난관에 대해서는 미처 생각지 못했다. 한동안 조조의 진영에 머물며 호의호식한 것은 사실이나 지금은 이미 조조의 곁을 떠난 상태가 아닌가? 하지만 잠재의식 속에 자신은 아직도 조조의 진영에 머물러 있었으며, 공수가 적이라는 사실조차 잊어버렸다.

충분히 마음의 준비를 하지 않은 상태였기에 생각지도 못한 공수의 오만방자한 행동을 보고도 관우는 아무 대응도 못 했다. 이제껏 조조에게 최상의 대우를 받았지만 그것도 지금은 옛날얘기가 되어버렸을 만큼 한참의 시간이 흘렀다. 반면 공수는 관우와 첫 대면에서부터 주도권을 잡았다. 관우가 공수와의 심리대결에서 밀린 이상 그다음 행동은 동적으로 끌려다닐 수밖에 없었다.

그렇다면 공수의 마음은 어떤 상태일까? 조조 부하들이 관우에게 공통으로 가지고 있는 마음은 '질투심'이었다. 하지만 조조가 워낙 관우를 아낀 탓에 누구도 감히 입 밖으로 불만을 표출하지 못했다. 그러나 공수는 달랐다. 비록 관직은 낮지만 동관령은 온전히 공수의 관할 구역이기에 그는 자신의 영역에서만큼은 무소불위의 권력을 휘두를 수 있었다. 현실에서도 이런 부류의 사람들은 매우 많다. 그 유명한 관운장이 자신의 구역에 들어왔으니 이참에 기선을 제압하여 분풀이를 톡톡히 할 셈이었다. 하지만 공수는 관우 일행의 구체적인 행선지까지는 모르는 터라 차마 더 압박하지 못했다.

공수는 관우가 자신의 말에 순순히 따르자 고압적인 태도를 조금 누그러뜨린 채 말했다.

"관장군, 어디로 가려는 것이오?"

"조승상께는 이미 인사를 드렸소. 지금 난 하북에 계시는 유비 형님을 만나러 가는 길이오."

조조 진영에서 '관우의 세 가지 조건'을 모르는 이는 없었다. 공수는 그의 대답을 듣자마자 경계심을 드러내며 추궁하듯 물었다.

"하북의 원소는 조승상의 원수가 아니오? 그렇다면 분명 승상의 통행증도 가져오셨겠지요?"

관우는 순간 멍해졌다. 통행증이라니? 사실 관우는 주변의 압박에 밀려 충동적으로 그것도 단신으로 천 리 길 여정에 올랐다. 그러니 조조에게 통행증을 받아낼 생각을 할 틈이 전혀 없었다. 관우는 궁여지책으로 대답했다.

"급히 떠나오다 보니 미처 승상께 통행증을 받지 못했소."

"통행증이 없으면 나로서도 보내줄 수가 없소. 그럼 이렇게 하시오. 잠시 이곳에 머무르시는 동안 내 수하를 시켜 승상께 보고를 드린 뒤 그때 보내주겠소."

이 난감한 상황은 이미 조조의 머릿속에서 철저히 계산된 계획이었다. 그의 의도대로 험난한 여정의 예고편이 현실화되는 순간이었다.

관우는 간담이 싸늘해지며 마음이 조급해졌다.

'이곳에 머문다는 게 말이 되는가? 시간을 지체했다가 혹여 조조가 변심하면 그땐 정말 옴짝달싹 못 하게 되질 않는가!'

관우는 곧바로 그의 말을 받아쳤다.

"자네가 승상께 보고할 때까지 기다리자면 내 여정이 지체되지 않겠소?"

말인즉슨 '네놈이 융통성을 발휘하여 나를 그냥 보내주면 되질 않느냐'라는 뜻이다. 본래 남에게 부탁하지 않는 관우가 이 정도까지 말한 것은 거의 부탁이라고 봐도 무방하다. 하지만 공수의 태도는 오히려 더 강경해졌다.

"장군은 승상께서 아끼시는 사람이 아니오? 장군께서 승상의 통행증을 갖고 있었다면 내 이렇게까지 할 이유가 있겠소? 어쨌든 지금은 장군 수중에 아무것도 없으니 난 원칙대로 처리할 수밖에 없소."

'원칙대로 처리한다'라는 말은 직장에서 상대방에 대한 시기심을 분출하거나 보복행위를 가할 때 자주 사용하는 방법이다. 공수가 무뚝뚝한 표정으로 말했다.

"나로서도 어쩔 도리가 없소. 이 몸이 하루 동안 보고하지 않으면 장군께서도 하루를 기다려야 하고, 일 년 동안 보고하지 않으면 일 년을 기다려야 하오."

관우는 가까스로 참아온 분노를 억누르지 못하고 화를 터뜨렸다.

"네놈이 어찌 감히 나를 이렇게 모욕하는 것이냐!"

그러자 공수가 얼버무렸다.

"규정이 그러한 것을 어찌한단 말이오? 지금은 내일 당장 어떻게 상황이 변할지 모르는 난세가 아니오? 아무리 큰소리쳐도 통행증 없이는 지나갈 수 없소!"

"그 말뜻은 오늘 안에는 나를 놔주지 않겠다는 말이냐!"

"정녕 가야겠다면 그렇게 하시오. 하지만 마차 안의 여인들은 반드시 이곳에 인질로 남겨두고 가시오."

순간 분노가 극에 달한 관우는 청룡언월도를 공수에게 겨눴다. 우리가 여기서 주목해야 할 사실이 있다. 관우는 아직 진짜 '전투태세'에 돌입하지 않은 상태다. 당연히 '이목의 집중' 상태는 말할 것도 없다. 공수는 태연히 관중關中으로 도망친 뒤 관문을 굳게 잠가 버렸다.

마치 공수가 도망친 것처럼 보이겠지만 실제로는 공수가 이긴 것이나 다름없었다. 왜냐하면 공수가 관문을 잠그는 바람에 관우는 그야말로 진퇴양난의 상황에 빠졌기 때문이다. 이제는 앞으로 나갈 수도, 왔던 길을 되돌아갈 수도 없게 돼버렸다. 드디어 조조가 예견한 상황들이 나타나기 시작한 것이다.

조조의 전략은 이랬다. 수문장은 당연히 통행증이 없으면 관문을 통과시켜 주지 않을 것이다. 게다가 만약 수문장이 관우의 기세에 위협을 느끼면 쉽게 그와 맞서려 하지 않을 것이다. 그렇다면 가장 가능성 있는 시나리오는 수문장이 관문을 닫은 채 관우와 대치하는 것이다. 대치 상태로 끌고 간다해서 수문장에게 나쁠 건 없다. 관우가 이곳을 지나가지 못하게만 하면 수문장은 본인의 소임을 다 한 것이기 때문이다. 하지만 관우 입장에선 매우 난처한 일이 아닐 수 없다. 대치가 길어질수록 그만큼 노숙해야 하는 시간도 길어진다. '집 떠나면 고생'이라는 말도 있지 않은가? 지금쯤이면 관우도 조조가 베푼 은혜에 고마움을 느낄 것이다. 그러니 관우의 의지가 완전히 꺾일 때쯤 사람을 시켜 통행증을 보내면 그 역시 이 공문 한 장의 위력이 '한수정후'의 관인官印 따위와는 비교도 되지 않을 만큼 강하다는 것을 몸소 알게 될 것이다.

하지만 모두의 예상을 뒤엎는 사건이 발생했다. 이 말도 안 되는 상황은 결국 조조의 야심 찬 계획마저 한순간에 물거품으로 만들어 버렸다. 관중으로 후퇴했던 공수가 돌연 관문을 걸어 잠그지 않고 수하의 군사들에게 무장을 명령한 뒤 관문을 연 것이다. 그리고 문 앞으로 나와 관우를 도발하는 것이 아닌가.

공수는 완전무장을 한 상태로 손에는 긴 창을 든 채 관우에게 큰소리로 외쳤다.

"감히 이곳을 지나갈 수 있을 것 같으냐!"

관우는 오히려 냉소를 흘렸다. 그의 주특기는 언변이 아닌 무술로 승부를 내는 것이다. 관우는 마차를 뒤로 물린 뒤 말에 올라타 청룡언월도를 들어 올렸다. 그리고 한마디 말도 없이 곧장 공수를 향해 질주했다. 서슬 퍼런 날에 두 동강이 난 공수가 말에서 떨어지자 사방으로 피가 흩뿌려졌다.

사람들은 이 대목에서 관우가 다시 한번 '이목의 집중효과'를 발휘하여 화웅, 안량과 같이 단번에 공수를 처리했다고 생각할 것이다. 하지만 사실은 그렇지 않다. 기껏해야 이류에 불과했던 공수는 애당초 관우의 '이목의 집중효과'를 불러일으킬 만한 실력이 되지 못했다. 애당초 두 사람의 무술 실력이 동등하지 않았기에 굳이 '이목의 집중효과'가 아니어도 공수와 맞붙는 것은 누워서 식은 죽 먹기였다.

하지만 여기서 중요한 것은 관우가 공수를 단칼에 벤 이유가 아니다. 정작 우리가 궁금해야 할 문제는 '공수가 왜 그렇게 용감했던 것일까'이다. 제삼자가 봤을 때도 그의 행동은 정말 무모하기 그지없었다. 그런데 그는 왜 갑자기 관우를 도발한 것일까?

어떤 사람은 공수가 멍청했기 때문이라 말하고, 또 어떤 사람은 '충동은 마귀'라는 속담을 떠올리며 공수를 그 예로 지목한다. 하지만 다 틀렸다. 공수의 진짜 문제는 바로 '지나친 낙관'에 있었다. 이 문제는 공수 한 사람에게만 해당하는 특별사례가 아니라, 우리 대다수 사람에게서도 이 같은 지나친 낙관적 성향이 나타난다.

지나친 낙관적 성향은 바로 '자기 위주 편향self_serving bias'이 만들어낸 결과다. 어떤 상황에서 우리는 자신이 남보다 훨씬 더 낫다고 생각한다. 전체 수준을 비교할 때도 자신의 도덕적 교양이 훨씬 고상하고, 외모도 훨씬 출중하고, 체격도 훨씬 좋고, 능력도 훨씬 좋다고 생각한다. 또한 사물에 대한 평가도 훨씬 객관적이고 자신의 성과 기여도도 훨씬 더 높다고 여긴다.

데이브 베리Dave Barry는 다음과 같이 지적했다. 연령, 성별, 신앙, 경제적 지위 및 인종의 다양성과 상관없이 누구나 똑같은 능력을 갖추고 있다고 가정했을 때 사람들은 모두 마음속으로 자신의 능력이 평범한 사람들보다 훨씬 더 우수하다고 생각한다는 것이다.

예를 들어 운전기사, 심지어 차 사고로 병원에 입원한 기사들은 모두 자신의 운전 실력이 일반 기사들보다 훨씬 능숙하고 안전하다고 생각하고, 대다수의 외과 의사들은 자기 환자의 사망률이 평균 수준보다 낮다고 생각하며, 대다수 미국 대학생들은 자신이 보험회사가 예측한 사망 연령보다 약 10년 넘게 더 살 것으로 생각한다는 것이다.

미국에서 진행한 조사 결과에 따르면, 식품 구매의 대부분을 본인이 맡고 있다고 생각하는 여성의 비율은 91%였다. 하지만 76%의 남성만이 이 결과에 동의했다. 캐나다의 젊은 기혼자들은 자신이 배우자보다

가사 업무와 자녀 보살피는 일을 더 많이 부담한다고 대답했다.

한마디로 정리하면 모든 사람은 자신의 능력이 평균 이상이라고 생각한다는 것이다. 하지만 모든 사람의 능력이 평균 이상일 수는 없다. 그건 바보도 아는 사실이다. 이렇게 자기도취에 취하는 순간 우리는 돌이킬 수 없는 무모한 선택을 하게 된다.

'관우의 실력이 대단하다는 것도 잘 알고 안량과 문추 모두 관우의 칼에 죽은 것도 알고 있다. 하지만 공수는 스스로 안량과 문추와 다르다고 생각했다. 안량과 문추가 그렇게 허무하게 관우의 손에 목숨을 잃은 것은 그들이 진정한 실력자가 아니기 때문이다. 또한, 관우가 그들을 단칼에 벨 수 있었던 것도 그저 운이 좋았던 것뿐이다. 판은 이미 벌어졌다. 그러니 난 두려울 게 없다!'

공수는 이렇게 자신의 승리에 확고한 믿음을 가지고 있었다. 자신의 목이 날아갈 것이라곤 전혀 생각지 못했다. 그렇다. 공수가 죽은 이유는 멍청한 머리나 충동적 행동에 원인이 있지 않았다. '자기 위주 편향'이 공수를 '용감'하게 만들었다.

◈ 심리학으로 들여다보기

사람은 늘 자신의 현실 수준이 평균 이상이라고 착각하며 살고 있다. 일부러 자신을 비하하거나 자존감을 낮출 필요는 없다. 스스로 자신을 인정하고 당당함을 추구할수록 어느 자리에서나 빛나는 사람이 된다. 하지만 심한 과장이나 교만은 사람들의 눈총을 받을 수 있으니 주의하자.

힘으로 차지한 권력에는 권위가 따르지 않는다

관우의 손에 공수가 죽자 수하의 병사들은 사분오열로 뿔뿔이 흩어졌다. 관우가 크게 소리쳤다.

“다들 도망칠 것 없다! 어쩔 수 없이 공수를 죽였으나 이는 너희와 아무 상관이 없느니라.”

군사들은 모두 두려움에 떨며 바닥에 납작 엎드렸다.

관우가 말을 이었다.

“잘 들어라! 조승상께서도 친히 이 몸을 배웅해 주셨는데 공수 그자는 주제넘게 내 앞길을 고의로 막았다. 게다가 나를 죽이려고까지 했다. 내가 그를 죽인 것은 어쩔 수 없는 선택이었느니라. 너희는 속히 허도로 가서 이 사실을 조승상께 고하도록 해라.”

이유야 정당했지만 어쨌든 조조 수하의 장수를 죽였으니 내심 죄책감이 들어 이런 말을 한 것이다. 관우는 곧장 마차를 이끌고 문을 통과한 뒤 낙양洛陽으로 향했다. 문을 나서는 순간 관우는 앞으로 남은 여정이 순탄치 않으리라 직감했다. 하지만 이제는 물러날 곳이 없었다. 정신을 바짝 차리고 앞으로 돌진하는 수밖에.

먼저 달아난 공수의 수하들은 낙양의 태수 한복韓福에게 이 사실을 알렸다. 한복은 긴급히 장수들을 모아 이 일을 상의했다. 아장牙將(원수의 직할부대를 지휘하는 부대장) 맹탄孟坦이 말했다.

"승상의 통행증도 없이 지나가는 것은 원칙에 어긋나는 일이 아닙니까? 그자를 막지 않으면 필시 문책이 따를 것입니다."

맹탄의 주장은 이치에 맞는 말이다. 왜냐하면 조조 역시 그렇게 생각하고 있었기 때문이다. 한복이 말했다.

"관우의 실력은 당해낼 자가 없네. 안량과 문추 같은 맹장들도 모두 그의 손에 죽지 않았는가? 관우에게 맞서는 것은 무모한 짓이니 계략을 써서 붙잡아야 하네."

아직까진 한복이 공수보다 상황판단이 빠른 것처럼 보인다. 자신과 수하의 장군들이 관우와 무기로 싸웠을 때 승산이 없다는 것을 알고 있지 않은가? 하지만 실상 한복도 여느 사람과 다르지 않았다. 그 역시 자신의 현실을 과대평가하는 착각에 빠져 있었다.

관우의 무예가 출중하다는 것은 이미 아는 사실이다. 그럼 문만 잘 지키고 있으면 되는 것이 아닌가? 낙양은 옛 수도로 관우가 웅장한 성벽을 넘기란 결코 쉬운 일이 아니다. 게다가 수하에 고작 20여 명의 부하들만 있고 그마저도 대부분 유비의 두 부인을 호위하고 있으니 전투력은 거의 없는 상태였다. 그런 관우를 상대하지 않고 허허벌판에 세워놓기만 해도 이긴 것이나 다름없는데, 굳이 또 무슨 계략을 써서 잡겠다는 것인가?

한복이 이렇게 말한 이유는 자신의 지략이 일반 사람보다 절대적으로 뛰어나다고 생각했기 때문이다. 자신이 머리를 쓰면 관우를 이길 수 있다고 생각했다.

결국 '지나친 낙관'에 사로잡힌 한복과 그의 수하들은 관우를 잡을 계획을 세우기 시작했다. 맹탄이 말했다.

"먼저 관문을 모두 막아야 합니다. 그 후 관우가 도착하면 장수들과 병사들이 그와 교전을 펼치겠지요. 태수께서는 높은 곳에서 때를 기다렸다가 관우를 향해 화살을 쏘십시오. 만약 화살이 명중해서 관우가 말에서 떨어지면, 그때 양측에 매복해 있던 군사들이 그를 덮칠 것입니다. 생포하여 허도로 압송해가면 승상께서도 분명 큰 상을 내리실 것입니다."

맹탄의 말에는 '자신의 능력이 평균 이상이라고 생각'하는 자기 위주 편향이 다분히 묻어나 있다.

첫 번째는 '관우가 도착하면 장수들과 병사들이 그와 교전을 할 것이다'라는 대목이다. 맹탄은 한복이 잠복해 있다가 화살을 쏘기 전까지 자신이 관우와 싸워 시간을 벌 수 있다고 생각했다.

두 번째는 '태수께서는 높은 곳에서 때를 기다렸다가 관우를 향해 화살을 쏘십시오'라는 대목이다. 맹탄은 자신에 대한 믿음뿐 아니라 한복의 활 솜씨에도 자신감을 갖고 있었다. 그는 한복이 반드시 관우를 명중할 것으로 생각했다.

세 번째는 '만약 화살이 명중해서 관우가 말에서 떨어지면 그때 양측에 매복해 있던 군사들이 그를 덮칠 것이다'라는 대목이다. 여기서는 '만약'이라는 말을 없애거나 '기필코'라는 말로 바꿔야 맹탄의 진짜 속마음이 드러난다. 맹탄의 '만약'에는 '명중'과 '낙마' 이외에 다른 가정이 없기 때문이다. 맹탄은 분명히 최소한의 고민조차 하지 않았다. 이미 자기 군사들에 대한 확고한 믿음과 자신감이 있었기에 그들이 반드시 화살에 맞아 낙마한 관우를 잡아오리라 생각했다. 사실상 맹탄의 생각은 '모든 사람은 자신의 능력이 평균 이상'이라고 생각하는 수준에서 '모든 조직원의 능력이 평균 이상'이라고 생각하는 수준까지 이르렀다.

한복은 맹탄의 계획에 전적으로 동의했다. 모두 자신감에 가득 차 관우가 오기만을 기다렸다. 관우가 관문 앞에 도착했다는 소식을 받자마자 한복은 천 명의 군사를 이끌고 관문 입구로 나섰다.

관우는 눈앞에 빽빽한 깃발과 창과 칼을 무장한 군사들을 보고선 깊은 한숨을 내쉬었다. 이번 관문도 순조롭게 지나가기는 틀렸음을 직감했다. 한복이 말했다.

"어디서 온 누구요?"

누가 봐도 명백한 '시치미 떼기'다. 하지만 첫 만남에서 주도권 잡을 때 이 방법을 유용하게 사용할 수 있다.

관우는 앞서 겪은 경험에서 얻은 교훈에 따라 이번에는 말에서 내리지 않았다. 말에서 내리는 것은 주도권을 상대방에게 직접 넘겨주는 것이나 다름없기 때문이다.

관우는 말에 탄 채 몸을 약간 숙인 뒤 말했다.

"나는 한수정후 관우요. 이곳을 지나가게 해 주시오."

이번에 관우는 자신이 조조에게 하사받은 작위를 내세웠다. 이 방법은 인간관계에서 가장 효과가 확실한 수단으로 현장에서 즉시 자신의 권위와 지위로 주도권을 잡을 수 있다.

이와 관련한 재밌는 사례가 있다. 미국의 한 교수는 타지로 자주 여행을 다녔다. 그는 여행 중에 술집, 호텔, 공항에서 낯선 사람과 사귀는 것을 좋아했다. 그는 사람을 사귀는 과정에서 자신이 직함을 언급했을 때 상대방과의 대화 분위기가 급격히 변화하는 것을 발견했다. 좀 전까지 말이 끊이질 않던 사람이 갑자기 교수에 대한 존경심을 드러내며 더는 자신의 의견을 말하지 않았다.

어찌 보면 직함이 그 직함의 주인보다 더 큰 영향력을 보인다고 볼 수 있다. 영국 케임브리지대학 출신 연구원이 호주의 한 대학을 방문했다. 그는 각 과를 돌며 자신의 신분을 다르게 소개했다. 첫 번째 방문한 학과에서는 자신을 학생이라 소개했고, 두 번째 방문한 학과에서는 실험 연구원으로, 세 번째 학과에서는 강사로, 네 번째 학과에서는 고등 강사로, 다섯 번째 학과에서는 교수라고 소개했다. 마지막에 학교를 떠나기 전 각 학과의 학생들에게 자신의 키에 관해 물었다. 그 결과 그의 직함 또는 지위가 높아질수록 그의 키도 평균 0.5인치씩 증가했다. 동일한 사람인데도 그가 '학생' 신분일 때보다 '교수' 신분일 때 키가 2.5인치 더 커 보인 것이다.

물론 작위와 직위는 다른 개념이다. 하지만 통상적으로 한수정후의 작위가 낙양 태수의 직위보다 높게 느껴지게 마련이다. 같은 조직 내에서 지위가 높은 사람은 지위가 낮은 사람보다 훨씬 더 많이 영향력을 발휘한다. 지위가 낮은 사람은 쉽게 윗사람의 명령을 거역하지 못한다. 설령 그 명령이 불합리하거나 심지어 잘못된 판단이라 할지라도 그렇다.

직함을 활용하여 권위를 내세울 줄 아는 사람은 조직 내에서도 주도권을 휘어잡아 떳떳함과 상관없이 어떤 목적을 달성해낸다. 현실에서도 사기꾼들이 유명인의 이름을 팔아 속임수로 돈을 버는 사례가 자주 있다. 이 역시 직함을 활용한 예라 할 수 있다. 물론 이러한 방법은 정당하지 않다.

과연 관우는 자신의 직함을 이용하여 한복의 항복을 받아낸 뒤 순조롭게 관문을 통과할 수 있을까? 어찌 보면 관우의 이런 행동 역시 속임수나 다름없다. 이미 떠나올 때 관인을 반납했으니, 더는 한수정후라 말할 수 없었다.

그러므로 답은 불가능이다. 왜냐하면 한 가지 전제조건을 잊고 있었기 때문이다.

권위는 반드시 합법적이어야 힘을 발휘할 수 있다. 하지만 그 권위가 합법성을 잃었다 할지라도 '정보의 불일치'로 상대방이 그 사실을 인지하지 못했을 경우 그 권위는 여전히 제한적으로나마 힘을 발휘할 수 있다.

만약 관우가 병사들을 이끌고 출정하는 길에 낙양을 지나치는 것이었다면 한복 역시 한수정후 관우에게 정중한 태도로 고분고분히 말을 들었을 것이다. 하지만 지금의 관우는 마차 한 대와 겨우 20여 명의 부하만 대동한 채 나타났으니 누가 봐도 이는 명백한 '도주'로 밖에 보이지 않았다.

설상가상으로 한복은 이미 관우의 목적지를 알고 있었다. 관우가 자신의 직함으로 상대를 제압하려 한들 그 합법성이 상실됐으니 힘을 발휘하지 못하는 것은 당연한 결과다.

사실 관우는 눈앞의 좋은 기회가 있었음에도 제대로 알아보지 못했다. 그 기회를 잘 잡기만 했어도 분명 지금의 '속임수'가 통했을 것이다. 앞서 등장했던 요화를 기억하는가? 황색 두건을 썼다는 이유로 관우에게 매몰차게 거절당했던 사람이다.

당시 요화는 5백 명의 수하와 함께 관우 뒤를 따르고 싶어 했었다. 동관령의 공수 수하에도 단 5백 명의 군사밖에 없었다. 만약 요화와 동행했다면 군사의 비율이 같아 공수를 죽인 뒤에도 그의 수하들이 낙양에 서신을 전하지 못하도록 막을 수 있었다. 또한, 떠나기 전 요화의 수하들을 사병 복장으로 갈아입혀 마치 '공적인 일로 출타'하는 것처럼 변장했다면 진짜 사실을 보고받지 못한 한복 역시 그가 당당하게 내세운 '직함'의 위력 앞에 고개를 숙였을 것이다. 그러면 관우는 한복을 속인 채 순조롭게 관문을 통과했을 것이다.

하지만 이제 와 후회해도 늦었다. 한복은 이미 관우를 잡기 위한 만반의 준비를 끝내놓았다.

한복은 그의 '직함'을 듣고도 아랑곳하지 않은 채 말했다.

"조승상의 통행증은 가지고 오셨소?"

그는 관우가 통행증이 없다는 사실을 알면서도 대놓고 요구했다. 관우는 그의 말을 듣자마자 생각했다.

'어찌 하나같이 똑같은 말을 하는 것인가?'

어떤 측면에서 보면 이는 조조의 군대 관리가 엄격하게 이루어지고 있음을 의미한다. 또 다른 측면에서 보면 조조의 조직 내 공사가 '원리 원칙'대로 잘 처리되고 있음도 방증한다.

관우가 대답했다.

"사정이 복잡하게 얽혀 승상께 미리 통행증을 받지 못했소."

당연히 관우의 대답은 아무 힘도 발휘하지 못했다. 어차피 '직함'으로 상대방을 압박할 거였으면 '이런 위아래도 몰라보는 정신 나간 놈을 보았나! 네놈 따위가 감히 내게 통행증을 요구하는 것이냐'라고 끝까지 큰소리를 쳤어야 했다.

관우는 여전히 마음 한구석이 불편했다. 겉으로는 당당하게 소리쳤지만 '속임수'로 관문을 통과한다면 자기 합리화에 생긴 내면의 갈등과 모순을 쉽게 해소할 수 없기 때문이다.

한복이 말했다.

"나는 승상의 명을 받들어 이곳을 지키는 사람으로서 첩자가 이 관문을 통과하지 못하도록 하는 것이 내 본분이오. 통행증이 없다면 불미스러운 일로 도주하는 것으로 간주할 수밖에 없소."

마지막으로 던진 한마디가 더 관건이었다.

"따라서 원리 원칙대로 처리할 것이오!"

한복은 공수만큼 친절하지 않았다. 공수는 그래도 관우에게 며칠 머물다 갈 것을 청하며 승상에게 보고한 뒤 처리하려 했지만, 한복은 노골적으로 관우를 첩자 취급했다.

이 대목을 본다면 '자신의 능력을 평균 이상이라고 생각'하는 면에서 한복이 공수보다 한 수 위였다.

관우가 크게 분노하며 말했다.

"동관령의 공수도 내게 맞서다 죽었다. 그런데 그대 또한 공수처럼 죽고 싶은 것이냐?"

한복이 속으로 생각했다.

'감히 나를 공수 따위에게 비교해?'

한복은 미리 세워 놓은 계획대로 크게 소리쳤다.

"누가 저자의 목을 내게 가져오겠느냐!"

이때 맹탄이 기다렸다는 듯이 쌍칼을 휘두르며 관우를 향해 달려갔다. 한복은 높은 곳에서 활을 쏠 준비를 하고 있었다. 관우는 마차를 대피시킨 뒤 맹탄을 향해 마주 달렸다.

자신감과 낙관은 확실히 개인의 능력을 향상시켜 준다. 설령 그것이 지나친 자신감과 지나친 낙관이라 할지라도 짧은 순간에 효과를 발휘하는 것만큼은 분명하다.

맹탄은 의외로 관우가 휘두르는 칼을 삼 합이나 주고받았다. 그사이 한복이 준비를 마쳤으리라 생각하며 곧장 말머리를 돌려 관우를 유인할 준비를 했다. 하지만 관우가 타고 있는 말이 하루에 천 리를 달리는 적토마일 줄 누가 상상이나 했겠는가? 그에 비하면 맹탄의 말은 평범하기 그지없는 말이었다. 상대가 되지 않는 건 불 보듯 뻔한 일이다. 이전에 문추 역시 도망치다 죽었는데 맹탄이라고 다를 수 있을까? 눈 깜짝할 사이에 관우가 맹탄을 추월했고, 그렇게 관우가 휘두른 청룡언월도에 맹탄은 두 동강이 나 버렸다.

한복은 문 쪽에 숨어 있다가 힘껏 활시위를 당겨 관우의 오른팔을 명중시켰다. 하지만 관우는 화살을 뽑아버린 뒤 부상 당한 팔을 여미고 할 것도 없이 미친 듯이 말을 몰아 한복이 있는 곳으로 돌진했다. 한복은 도망칠 새도 없이 관우의 청룡도에 베여 말에서 떨어졌다.

한복과 맹탄은 공수와 마찬가지로 자신의 실력은 과대평가하고 관우의 실력은 과소평가했다. 과연 다음 관문의 수문장들은 이 세 장수의 잔혹한 결말을 교훈 삼아 분수를 잘 지킬 수 있을까?

◈ 심리학으로 들여다보기

'원리 원칙대로 처리한다'라는 규칙은 모든 조직 내에서 가장 강력하게 작용하는 '보이지 않는 힘'이다. 사회나 직장, 어느 조직이든 기준이 필요하다. 명문화되었거나 관례나 관습에 따른 기준이 있다면 갈등이나 문제가 될 요인이 줄어든다. 원칙이 문제 상황의 판단기준이 되기 때문이다.

거짓과 위선은 사람을 쉽게 유혹한다

인생은 날씨처럼 앞일을 예측하기가 힘들다. 떠날 때까지만 해도 여정이 순탄할 것만 같았는데 그의 앞을 기다리고 있던 것은 '세찬 비바람이 몰고 온 폭풍우'뿐이었다. 하지만 이미 악천후에 대한 마음의 준비를 끝냈고 한 차례 거센 바람이 먹구름을 몰고 갔으니, 어쩌면 이제는 햇빛이 비치는 청량한 하늘을 볼 수 있지 않을까?

관우의 심정 또한 이처럼 걱정 반 기대 반으로 뒤섞여 있었다. 동령관과 낙양 두 곳에서 있었던 일은 남은 여정을 떠나는 관우의 마음에 비장한 경계심을 심어주었다. 하지만 세 번째 관문 기수관沂水關에 당도한 뒤에는 생각지도 못한 호의와 대접을 받게 되었다.

기수관을 지키는 수문장의 성은 변卞, 이름은 희喜였다. 원래 황건적 일당이었지만 패잔병이 된 후 조조의 밑으로 들어갔다. 변희는 관우 일행이 동령관과 낙양을 지나 기수로 오고 있다는 소식을 듣자마자 군사들을 이끌고 관우를 마중 나갔다. 관우는 변희의 이 같은 세심한 호의에 저절로 경계심을 풀고 말에서 내려 인사를 했다. 두 사람이 대화를 주고받는 동안 분위기는 금세 훈훈해졌다.

변희가 말했다.

"천하에 관장군의 명성을 모르는 자가 없는데 어찌 예를 갖추지 않을 수 있겠습니까? 유황숙을 찾아 떠나시는 장군의 충성심과 의리가 정말 존경스럽습니다."

이에 관우는 겸연쩍어하며 말했다.

"공수와 한복이 자네와 같이 생각했다면 내 그자들의 피를 흘리지 않았을 것이오."

변희는 의외로 아무렇지 않다는 듯 말했다.

"잘 죽이셨습니다. 사리 분별 못 하고 판단력이 모자란 자들은 죽어도 아깝지 않은 목숨입니다. 제가 대신 승상을 만나 장군께서 그들을 죽인 것은 어쩔 수 없는 선택이었다고 말씀드리겠습니다."

관우는 변희에게 누차 감사 인사를 한 뒤 그의 안내를 받아 자리를 옮겼다.

변희는 왜 이렇게 쉽게 관우의 신뢰를 얻은 것일까?

모든 사람은 주변으로부터 자신의 행동을 인정받고 싶어 한다. 특히 그 행동이 '인정, 이치, 법'에 어긋날 경우 행위의 주체자는 마음이 편치 않다. 이럴 때 자신의 마음을 알아주는 말 한마디는 그 소중함이 배로 커져 행위 주체자의 불안감과 갈등을 완화시켜 준다.

그동안 관우가 보여준 행동은 모두 그가 뜻한 바가 아니었다. 물론 공수와 한복이 관우의 길을 막았기 때문에 죽임을 당했지만, 사실 관문을 지키는 것은 그들의 임무다. 이런 기본 상식은 관우 본인도 잘 알았다. 그 때문에 관우는 내심 그 둘과 그들의 상관인 조조에게 죄책감을 느끼고 있었다.

하지만 변희는 그의 행동을 비난하지 않고 오히려 강하게 긍정했다. 과거 역사에서도 이런 식의 알랑방귀는 아첨에 능한 자들이 가장 많이 써먹는 수법이었다. 하는 말마다 하나같이 자신의 마음에 쏙 드는데 관우라고 다를 수 있겠는가?

이미 앞에서 보았듯 '제삼자의 칭찬 효과'는 어떤 사람의 긍정적인 이미지를 향상시킬 때 그 효과가 두드러지게 나타난다. 다시 말해 '제삼자의 칭찬 효과'는 어떤 부적절한 행위에 대해 방패막이를 만들거나 변명할 때 아주 유용하다. 또한 그 효과는 행위 당사자가 스스로 변명하거나 호소하는 것보다 훨씬 더 크다. 결국, 관우는 변희의 말을 통해 자신의 행동과 생각이 잘못되지 않았다는 확신을 얻게 되었다. 그 확신이 변희에 대한 믿음을 만들어낸 것이다.

변희는 연회 준비를 마친 뒤 관우 일행을 데리고 진국사鎭國寺로 향했다. 진국사의 승려들이 모두 나와 이들을 맞이했다. 약 30여 명의 승려 중 가장 연장자인 노승의 법명은 보정普淨이었다. 보정은 관우를 보자마자 매우 놀라며 앞으로 걸어 나왔다.

"관장생關長生이 아니십니까?"

관우 역시 무척이나 놀랐다. '장생'이란 이름은 그의 아명이었다. 언제 적인지 기억도 나지 않는 이 오래전 이름을 대체 이 승려가 어떻게 알고 있단 말인가?

보정이 다시 물었다.

"포동蒲東을 떠나 온 지 몇 년이나 되셨습니까?"

포동 또한 관우의 고향이었다. 더 의심할 것도 없이 동향 사람이 분명했다. 관우가 말했다.

"고향을 떠난 지 벌써 20년이 지났습니다. 고승께서는 어찌 저에 대해 그리 잘 아십니까?"

사실 관우는 고향의 난폭한 권세가를 죽인 뒤 도주하여 이제껏 강호를 떠돌다 유비와 장비를 만나게 된 것이다. 그래서 평소 지난 과거를 입 밖으로 꺼낸 적이 없었다. 그런데 일면식도 없는 승려가 갑자기 과거를 물으니 당혹스러움을 감출 수 없었다. 보정이 말했다.

"이 빈승貧僧을 알아보시겠습니까?"

관우가 고개를 저었다.

"고향을 떠난 지 오래되어 기억이 나지 않습니다."

그러자 보정이 미소를 지으며 말했다.

"빈승의 집과 장군의 집은 강을 사이에 두고 마주 보고 있었습니다."

관우는 문득 기억이 떠올랐다.

"그게 법사님이었단 말이오?"

두 사람은 서로를 마주 보며 웃었다. 관우는 어릴 때부터 체격이 남달랐는데 커서도 크게 변하지 않았다. 하지만 관우와 달리 보정은 시골의 소년에서 불문에 입문한 승려가 되었고 이름과 외모도 이전과 많이 달라져 있었다. 따라서 보정은 쉽게 관우를 알아볼 수 있었을지 몰라도 관우의 입장에서 보정을 알아보는 것은 분명 어려웠던 것이다.

동향 사람을 수년 후 타향에서 다시 만나게 된 반가움에 긴장감으로 경직되어 있었던 관우의 마음도 잠시 봄눈 녹듯이 녹아내렸다. 변희는 두 사람의 옛 추억 이야기가 끝날 기미를 보이지 않자 자칫 기밀이 새어 나갈까 걱정되었다. 변희는 곧장 보정에게 호통을 쳤다.

"지금 관장군을 모시고 연회장을 가는 길이네. 헌데 승려가 무슨 말이 그렇게 많은가?"

그러자 관우가 말했다.

"고향 사람끼리 오랜만에 만났는데 어찌 옛이야기를 하지 않을 수 있겠소?"

관우의 말에 변희는 할 수 없이 주지실로 안내하도록 했다.

주지실 안 벽에는 계도戒刀(수행자들이 지니고 다니는 작은 칼)가 걸려있었다. 보정은 손으로 그 칼을 만지작거리며 수시로 관우를 쳐다봤다. 보정의 행동에 무언가를 짐작한 관우는 그가 암시하는 것을 깨닫고 시종에게 자신의 곁에서 청룡언월도를 지키고 있도록 명령했다.

이때 변희가 다시 들어와 관우에게 법당에 마련한 연회 자리에 참석할 것을 권유했다. 관우는 장막 뒤에 많은 사람이 빽빽이 숨어 있는 것을 보고 보정의 암시가 사실이었음을 확신했다. 그리고 변희에게 단도직입적으로 물었다.

"변장군께서 내게 이렇게까지 잘해 주는 것은 호의요, 아니면 다른 뜻이 있으신 것이오?"

화들짝 놀란 변희는 말을 얼버무렸다.

"어찌 그런 말씀을 하십니까? 제가 어찌 장군께 나쁜 마음을 먹을 수 있겠습니까?"

이에 관우는 웃음기를 거둔 채 싸늘하게 대답했다.

"그럼 왜 저렇게 많은 사람이 막장 뒤에 있는 것이냐!"

변희는 순간 할 말을 잃어버렸다. 관우가 분노하며 소리쳤다.

"네놈이 호의로 나를 연회에 초대했다고 생각했는데, 뒤에서는 온갖 꿍꿍이를 세우며 내 목숨을 노리고 있었구나. 하지만 생각처럼 쉽게 날 죽이진 못할 것이다!"

이미 계획이 탄로 났다고 판단한 변희는 급히 수하들에게 명령했다.

"당장 없애라!"

이때 칼과 도끼를 들고 매복해 있던 장수들이 한꺼번에 뛰쳐나와 관우에게 달려들었다. 관우는 시종의 손에 있던 청룡언월도를 빼앗아 휘두르며 주변을 제압했다. 상황이 불리해졌음을 직감한 변희는 급히 후원 쪽으로 몸을 피신했다.

하지만 그냥 도망가게 놔둘 관우가 아니었다. 금세 추격을 당한 변희는 결국 관우의 청룡언월도에 두 동강이 나버렸다. 상황을 정리한 관우가 급히 두 형수를 찾아보니 이미 변희의 병사들에게 붙잡혀 있었다. 다행히도 아직 위해를 가하진 않은 상태였다. 아마 그 둘을 일개 여인네들이라 여기며 모든 힘을 관우와 싸우는 데 집중해야 한다고 생각했을 것이다.

관우가 청룡언월도를 휘두르며 소리쳤다.

"변희는 이미 죽었다. 누가 또 덤빌 테냐!"

그러자 변희의 병사들이 뿔뿔이 흩어져 도망쳤다.

보정이 나타나자 관우는 진심으로 감사의 마음을 전했다.

"법사님이 아니었다면 이미 변희에게 변을 당했을 것입니다."

그리고 두 형수의 안전을 위해 더는 이곳에 머무를 수 없다고 판단한 관우는 보정과 작별 인사를 나눴다. 보정이 말했다.

"빈승 역시 이곳에서 몸을 보전하기 어려울 것 같습니다. 저 역시 곧 의발을 챙겨 떠날 것입니다. 다시 만날 날을 기약하겠습니다."

변희는 공수와 한복이 관우에게 맞서다 죽었다는 것을 알았으면서도 왜 관우와 대적한 것일까?

이 또한 '자기 위주 편향'에서 비롯된 판단 오류다. 공수는 자신의 무예 실력이 관우와 필적한다고 자신했고, 한복은 무예 실력이 아닌 지략으로는 관우를 이길 수 있다고 생각했다. 하지만 두 사람 모두 직접 관우에게 맞서다 목숨을 잃었다.

이 두 사람이 죽은 이유가 무리하게 관우에게 맞섰기 때문(한복의 계략의 경우 겉으로는 명확하게 잘 드러나지 않았다)이라고 판단한 변희는 이렇게 생각했다.

'그놈들은 애초 관우의 상대가 되지 않았다. 나 역시 관우의 상대가 되지 않는다는 걸 인정하지만, 지략만큼은 내가 그놈들보다 한 수 위가 아닌가? 일단 관우에게 잘해 주는 척하면서 미리 병사를 매복시킨 다음 진국사 연회로 유인하자. 술에 취해 긴장감이 느슨해지면 제아무리 관우라 할지라도 무방비 상태가 될 것이다. 그때 내가 도부수刀斧手에게 명령을 내리면 관우는 그야말로 독 안에 든 쥐 신세나 다름없어. 승리는 곧 내 것이다!'

변희의 계획은 상당히 치밀했다. 사실상 관우는 변희가 쳐 놓은 덫에 걸려든 것이나 다름없었다. 우연히 보정을 만나지 않았더라면 관우의 천 리 길 여정은 기수관에서 끝났을 것이다. 그렇다면, 보정은 왜 그렇게 큰 위험을 무릅쓴 채 관우를 도와준 것일까?

변희가 관우를 없애려는데 혈안이 돼 있다는 사실은 모두 알고 있다. 더구나 진국사는 그의 관할 아래 있었기에 조금이라도 방심하면 관우뿐 아니라 보정 자신도 죽음을 피하기 어려웠다.

여기엔 보정과 관우의 동향 친분이 매우 결정적인 역할을 했다. 앞서 언급했듯 유비는 '친근함'으로 관우와 장비로부터 두터운 신뢰를 얻었다. 좀 더 자세히 설명하자면 '친근함'은 선천적으로 존재하는 것과 후천적으로 생기는 것 두 종류가 있다.

유비가 밥을 먹을 때나 잠을 잘 때나 항상 관우, 장비와 함께했던 것은 후천적으로 만들어진 '친근함'에 속한다. 반면 혈연, 지연 등 요소로 맺어진 친구 관계, 동향 관계는 선천적으로 존재하는 것이기에 선택 자체가 불가능하다.

사람들은 서로 간에 거리가 가까워지거나 통하는 게 있을 때 상대방에 호감을 느낀다. 보정과 관우는 어린 시절 동무와 마찬가지였다. 그때 형성된 친밀한 관계는 20년이 흐른 뒤 타향에서 다시 만났을 땐 과거의 기억과 추억의 감정들이 쏟아져 나오면서 '친근함'이 배가 되었을 것이다.

보정은 진작부터 변희가 병사를 매복하여 누군가를 해치려 한다는 사실을 알고 있었다. 하지만 그가 누구를 죽이려는지는 전혀 모르고 있었다. 처음 변희의 음모를 알게 되었을 때 이를 모르는 체할 수도 있었다. 어쨌든 자신과는 상관없는 일이니 무고하게 살해당할 그 사람을 위해 염불 몇 마디만 외우면 그만이었다. 하지만 죽임의 대상이 자신의 고향 동무인 관우라는 사실을 알게 된 이상, 그저 강 건너 불구경만

할 순 없었다.

그러나 변희를 두려워했던 보정은 직접 말을 꺼내는 대신 관우를 주지실로 끌어들여 간접적 암시 방법으로 변희의 계획을 알려 준 것이다. 만약 관우가 멍청해서 그의 뜻을 이해하지 못했더라면 보정 역시 어찌할 도리가 없었을 것이다.

관우가 변희를 죽인 뒤 보정 역시 곧장 의발을 싸 들고 서둘러 먼 곳으로 떠난 것만 보아도 보정이 속으로 얼마나 불안감과 두려움을 느끼고 있었는지 알 수 있다. 보정으로선 쉽지 않은 모험이었음을 짐작케 해주는 대목이다.

보정이 관우를 도운 데에는 다른 이유가 또 있었다. 그것은 종교 신앙이다. 신앙은 한 사람의 가치판단에 매우 큰 영향을 미친다. 여기서 보정은 불자다. 불교의 가르침에서는 악행을 범하지 말고 선함을 받들며, 중생을 구제하라고 강조한다. 더군다나 보정은 한 사찰의 주지이므로 종교적 믿음에 어긋나는 행동은 할 수 없었다. 이는 자기합리화와 자기기만에 빠지지 않기 위함이기도 하지만 그래야만 다른 승도들도 자신을 더욱 믿고 따르지 않겠는가?

물론 당시처럼 전쟁이 난무했던 난세에서 가장 중요한 것은 목숨을 보전하는 일(자신의 목숨을 지키는 것이 다른 사람의 목숨을 구하는 것보다 훨씬 더 중요하다)이다. 그러기에 종교 신앙의 구속력도 크게 줄어들 수밖에 없다. 만약 보정이 변희의 음모를 모르는 체했다면 어땠을까? 비록 그의 명성과 인망에 금이 갔겠지만, 그렇다 하더라도 사찰 내 승도들 역시 그의 어쩔 수 없는 선택을 이해했을 것이다.

결론적으로 보정이 용기를 낸 건 고향 동무라는 친근함과 종교인으로서 책임감, 이 두 가지 요인이 복합적으로 작용했기 때문이다. 그 결과 막강한 군대를 거느리고 있는 변희에게 맞서 그의 음모를 밝히고 관우의 목숨을 구할 수 있었다. 만약 두 가지 요인 중 단 하나만 존재했다면 변희의 음모가 성공했을지 모른다.

◈ 심리학으로 들여다보기

양의 탈을 쓴 거짓과 위선에 현혹되면 걷잡을 수 없이 말려들어 가게 된다. 특히 모르는 분야나 전문적인 지식이 부족한 상황에서 마주하는 가식은 한 줄기 빛처럼 보이기도 한다. 속이려고 작정한 사람을 가려내기란 어렵다. 스스로 냉정한 분별력을 갖추고 있을 때 가능하다.

얼굴보다 확실한 자기 명함은 없다

운 좋게 화를 피한 관우는 다시 여정에 올랐다. 관우는 두 부인을 호위하며 숨 가쁘게 형양滎陽을 향해 달렸다. 아무도 그의 앞에 펼쳐질 운명을 예상할 수 없었다.

형양은 태수 왕식王植이라는 자가 지키고 있었다. 그는 관우가 도착하기 전 이미 공수, 한복, 변희의 변고를 들은 상태였다. 이제 무력뿐 아니라 지략으로도 관우를 당해낼 수 없게 되었으니, 만약 당신이 왕식이라면 어떻게 할 것인가?

왕식은 오랜 고민 끝에 결정을 내렸다. 관우가 형양에 도착하자 관문 입구에서 미소로 관우를 맞이했다. 일전에 변희에게 당할 뻔했던 일로 관우의 경계심이 극도로 높아진 상태였다. 하지만 왕식은 관우에게 적대적으로 맞서지도, 통행증을 요구하지도 않았다. 그저 아무것도 모르는 것처럼 말을 꺼냈다.

"장군, 오랜 여정에 두 부인뿐 아니라 말들도 많이 지쳐있을 것입니다. 일단 성안으로 들어가시지요. 여각에서 하룻밤 쉬었다가 내일 다시 출발하셔도 늦지 않습니다."

관우는 왕식의 세심한 배려에 그 제안을 받아들였다. 그리고 두 형수와 함께 성안의 여각에서 잠시 휴식을 취하며 여독을 풀기로 했다.

왕식은 미리 준비한 연회 자리에 관우를 초대했다. 하지만 관우는 그의 청을 사양하며 말했다.

"형수님들께서 이곳에 계시기에 술을 마실 수 없소."

왕식이 누차 권했지만 관우는 끝까지 거절했다. 그도 그럴 것이 관우가 아무리 귀가 얇은 사람이라도 기억에서 '변희의 암살계획'의 섬뜩함이 채 가시지 않은 상태였다. 즉 진국사 사건의 '최신 효과'가 여전히 관우의 심리에 영향을 미치고 있었다. 두 형수를 두고 혼자 연회를 갔을 때 본인의 신변을 지키는 일은 크게 문제 될 게 없었다. 만일 두 형수가 변고를 당한다면 자신은 죽은 목숨이나 다름없기 때문이다.

왕식은 할 수 없이 차려놓은 술과 음식들을 여각 쪽으로 보내 관우 일행에게 대접했다. 관우는 세심하게 사방을 살피며 별다른 수상한 점이 없다는 것을 확인한 뒤, 우선 두 형수가 쉴 수 있도록 자리를 마련했다. 그리고 나머지 시종들도 각자 휴식을 취하도록 했다. 관우 자신도 매우 지쳐있는 상태였지만 이전의 일들을 생각하면 한시도 긴장을 놓을 수 없었다. 어쩔 수 없이 그는 대청에서 촛불을 켜 놓은 채 《춘추》를 읽었다.

하지만 지금이 어디 느긋하게 《춘추》를 읽을 때인가? 빨리 머리를 굴려 왕식의 숨은 의도를 파악해야 할 것이 아닌가?

이 세상에 이유 없는 사랑도 이유 없는 미움도 없다. 만약 어떤 사람이 보여준 행동과 그가 반드시 보여주어야 행동 간에 큰 차이가 있다면, 무엇 때문에 그런 차이가 생겼는지 의구심을 가져야 한다.

관우는 왕식과 한복의 관계를 몰랐다. 두 사람은 아들과 딸을 나눠 가진 사돈 관계였다. 한복의 죽음 소식은 왕식에게도 금세 전달되었다. 두 사람의 관계가 이러한데 관우에게 귀빈 대접해 주고 떠나는 날 배웅까지 생각하는 것이 정녕 왕식의 진심일까?

비록 관우가 조조 진영의 수많은 장군과 친분이 두텁긴 했어도 그들 뒤에 숨겨진 복잡한 인간관계까지는 자세히 몰랐다. 따라서 관우는 유독 왕식만 다른 수장들과 달랐던 이유에 마땅히 의문을 가졌어야 했다. 음모를 꾸몄던 변희 등은 모두 관우에게 통행증을 요구하며 강하게 압박했다. 만약 관우를 그대로 놔준다면 이는 조조의 군법에 따라 처벌을 받을 일, 그런데 왕식은 왜 처벌을 두려워하지 않는 것일까?

만약 관우가 이 점을 수상하게 생각하고 알아차렸다면 분명 하룻밤 휴식의 제안을 완곡하게 거절했을 것이다. 그리고 왕식의 미소가 가시기 전에 재빨리 다시 떠날 채비를 꾸렸을 것이다. 설령 그 순간 왕식이 언행일치고 뭐고 돌연 태도를 바꾸더라도, 그 기회로 그의 진짜 속셈이 드러날 테니 왕식의 계획도 물거품이 됐을 것이다.

역시나 왕식도 비밀리에 호반胡班이라는 자에게 지령을 내렸다.

"관우는 승상을 배신하고 도주한 자다. 이곳까지 오는 동안 벌써 네 명의 장수를 살해했으니 백번 죽어 마땅한 자다. 하지만 우리가 힘으로는 결코 관우를 당해낼 수 없느니라. 너는 곧 군사 천 명을 이끌고 여각을 포위한 뒤 사방에 땔감을 쌓아 두어라. 그리고 일 인당 하나씩 횃불을 나눠주어 사방에서 불을 지르도록 해라. 쥐새끼 한 마리도 남겨두지 말고 모조리 불태워 죽여야 한다. 오늘 밤 이경에 행동을 개시해라. 나는 군사 천명을 더 이끌고 와 뒷일을 함께 마무리할 것이다."

호반은 지령을 받은 뒤 만반의 준비를 마쳤다. 이제 이경이 오기만을 기다렸다가 여각에 불을 지르기만 하면 되었다. 작전 개시를 기다리는 동안 그의 머릿속엔 갑자기 이런 생각이 스쳤다.

'듣자 하니 관우라는 자가 보기 드문 영웅이라지? 안량, 문추는 물론이고 하북의 명장들도 모두 그의 손에 죽질 않았는가? 그 이전에는 화웅도 단칼에 베어 버린 자다. 나 역시 무예를 배우는 자가 아닌가? 그런 영웅이 지금 형양에 와 있는데 어떻게 생긴 자인지 얼굴 한 번 보지 못하고 이대로 불태워 죽인다면 평생 이보다 더 아쉬운 일이 있을까?'

이러한 생각으로 호반은 곧장 여각으로 달려갔다. 그는 여각의 시종에게 물었다.

"관장군께서는 지금 어디에 계시는가?"

"관장군께서는 아직 잠자리에 들지 않으셨습니다. 지금 대청에서 촛불을 켜놓은 채 책을 읽고 계십니다."

시종이 안내하려 하자 호반이 그를 막았다.

"내가 알아서 보고 갈 테니 알릴 필요 없다."

호반은 좀 더 가까이 다가가 그를 관찰했다. 붉은 얼굴에는 위엄이 가득하고, 자세에는 흐트러짐이 없었다. 그리고 왼쪽 손으로는 수염을 쓰다듬고 오른쪽 손으로는 책장을 넘기며 《춘추》를 읽고 있었다. 호반은 자신도 모르게 감탄이 튀어나왔다.

"풍채에서 느껴지는 위엄이 정녕 신선을 보는 듯하구나!"

목소리가 커진 탓에 관우의 귀에까지 그 소리가 들렸다.

"밖에 누구시오?"

호반은 차마 도망칠 수 없어 할 수 없이 안으로 들어갔다.

"저는 형양 태수 밑에서 일하고 있는 호반이라고 합니다."

순간 관우는 지난 일이 생각났다.

"혹시 허도성 외곽에 사는 호화의 아들이시오?"

호반은 고개를 끄덕이며 그렇다고 대답했다. 관우가 말했다.

"이렇게 만나게 될 줄이야. 하마터면 잊을 뻔했소."

관우는 시종을 시켜 호화의 편지를 호반에게 전해주었다.

사실 관우는 그다지 그 편지를 중요하게 생각지 않았다. 또한, 허도를 떠난 뒤 끊임없이 생사를 위협받았던 터라 편지의 존재 자체를 까맣게 잊어버리고 있었다. 그런데 이 별 볼 일 없다고 생각했던 편지가 자신과 일행 20여 명의 목숨을 지켜줄 구세주일 것이라고 생각이나 했겠는가?

호반은 서신을 다 읽고 난 뒤 매우 놀라며 말했다.

"하마터면 제가 충신의 목숨을 해칠 뻔했습니다."

호반은 그 자리에서 왕식의 음모를 모두 털어놓았다. 관우는 자신과 일행을 불에 태워 죽일 때만을 기다리고 있다는 말을 듣고 등골이 오싹해졌다. 도대체 얼마나 더 이런 위협에 시달려야 할까? 하지만 지금은 한가롭게 신세 한탄을 할 때가 아니었다. 관우는 즉시 사람을 불러 두 형수를 마차에 태우고 자신도 무장을 한 채 말에 올랐다. 호반이 앞장서 달려가 성문을 열어주었다. 관우 일행은 최대한 속도를 내어 그대로 곧장 여각을 빠져나갔다.

호반은 성문을 열어 준 뒤 여각으로 돌아가 불을 질렀다. 불이 타오르는 것을 확인한 왕식은 군사를 이끌고 여각으로 왔다. 그런데 안에 사람이 없다는 사실을 깨닫자 분노를 터뜨렸다. 자세한 상황을 물을 정신도 없이, 관우 일행이 아직 멀리 가진 못했을 것이라 확신하며 즉시 성 밖으로 나가 추격할 것을 명령했다.

왕식 역시 '자기 위주 편향'의 덫에서 자유롭지 못했다.

'힘으로 안 되면 머리로라도 반드시 이기고 말 것이다! 변희는 머리를 쓰긴 했지만 그 계획은 치밀하지 못했다. 군사를 매복시켜둔다 해도 결국엔 관우와 정면승부에서 이겨야만 성공하는 계획이 아니더냐? 아무리 평지에서 싸우더라도 애초 네놈 실력으로는 관우를 절대 이길 수 없었느니라. 또한, 계책을 쓸 거면 관우가 절대 피해갈 수 없는 계책을 써야 하지 않겠는가? 제아무리 용맹한 관우라 할지라도 화공을 당해낼 재간은 없을 것이다. 그래, 불로 네놈을 상대해 주겠다. 승패는 이미 결정되었느니라!'

분명 왕식의 계획은 아주 치밀했다. 하지만 관우에게도 왕식의 계획을 뒤엎을 든든한 무기가 있었으니 바로 호반이었다. 만약 호반이 호기심에 이끌려 관우를 보러 가지 않았더라면, 관우의 이야기는 이곳 형양에서 끝났을 것이다.

왕식에게 명령을 받은 전후를 살펴보면, 왕식은 호반에게 강력한 힘을 행사하고 있었고 호반은 철저히 그의 명령을 따라왔다. 이해되지 않는 점은 어떻게 그날 밤 관우를 처음 한 번 보고서 그렇게 빨리 태도를 바꿀 수 있었느냐이다. 왕식에게 충성을 다했던 그가 관우에게 감복하여 음모를 발설한 것은 물론 제 손으로 성문을 열어주고 목숨까지 구해주었다. 그 이유는 대체 무엇일까?

만약 관우가 사전에 호반에게 그의 아버지 편지를 전달해 주었다면 충분히 납득할 만한 일이다. 하지만 관우는 호화의 편지 따위는 까맣게 잊고 있었다. 따라서 호화의 편지가 중요한 역할을 한 것은 사실이나 호반의 태도 변화에 영향을 미친 가장 중요한 원인이라고는 말할 수 없다. 그렇다면 도대체 어떤 요인이 호반의 마음을 180도로 바꿔놓은 것일까?

답은 아주 간단하다. 그것은 바로 관우의 외모다.

사람들은 외모가 가지는 영향력에 줄곧 부정적인 시각을 가져왔다. 이솝Aesop은 '우리는 사람의 외모가 아닌 마음을 봐야 한다'라고 했다. 아리스토텔레스Aristoteles 역시 '인간적인 매력이야말로 최고의 추천장이다'라는 말을 남겼다.

이 두 사람의 명언 모두 일리가 있는 말이다. 하지만 어디까지나 장기적으로 봤을 때 해당하는 이야기다. 사람이 처음 상대방을 본 순간에는 그 사람에 대한 정보도 충분한 시간도 없다. 내면이 어떠한지 판단할 수도 없다. 따라서 첫 만남에서는 외모로 그 사람을 판단할 수밖에 없다. 실제로 인간관계에서 첫인상이 상대방에 대한 평가의 80% 이상을 결정한다고 한다.

바트 심슨Bart Simpson이 한 실험의 결과를 '바트 심슨 효과Beauty and the Bart Simpson effect'라고 부르는데 이 실험 결과는 다음과 같다. 대다수 사람은 평범한 외모를 가진 아이의 재능과 사교 능력이 예쁜 외모를 가진 아이보다 떨어진다고 생각한다. 반대로 사람들은 무의식적으로 매력이 넘치는 외모를 가진 사람에게 '똑똑해 보인다', '착해 보인다', '성실해 보인다', '영리해 보인다', '용감해 보인다', '카리스마가 넘쳐 보인다' 등의 수식어를 붙인다. 이는 사고판단 능력이 완전히 갖춰지지 않은 영유아에게도 해당된다. 1987년 한 실험을 통해 이 같은 사실이 증명되었다. 3개월이 넘은 아기가 유독 예쁜 외모를 좋아했는데, 평범한 얼굴보다 예쁜 얼굴을 쳐다보는 시간이 훨씬 더 길었다.

외모가 가지고 있는 흡입력은 곧 그만의 매력이 된다. 따라서 외모가 매력적인 사람들은 일반적으로 더 좋은 직업을 얻고, 더 많은 부를 벌어들이게 된다.

1990년 로저Loesser는 캐나다에서 표본조사를 했다. 그는 시험관들에게 표본의 매력을 5개 등급으로 평가해달라고 부탁했다. 1은 평범함, 5는 외모가 아주 매력적임을 나타낸다. 그 결과 매력 점수가 1점씩 상승할수록 해당 표본의 매년 평균 수입이 1,988달러 더 높았다. 프리츠Fritz 역시 1991년 이와 비슷한 실험을 진행했는데, 그는 사진을 기준으로 737명의 MBA 졸업생의 외모를 5개 등급으로 평가했다. 그 결과 매력 점수가 1점씩 상승할수록 남학생은 매년 수입이 2,600달러 더 높았으며 여학생은 2,150달러 더 높은 것으로 나타났다.

외모가 주는 혜택은 사람의 영향력과 권위에서도 나타난다. 1974년 캐나다 연방정부 선거 결과에 관한 한 연구에서 외모가 매력적인 후보자의 득표수가 외모가 별로인 후보자의 2배였다고 밝혔다. 또한, 미국 펜실베니아주 판결에 대한 연구에서는 용모가 준수한 피고인의 형기가 훨씬 더 가벼웠다고 밝혔다. 더 정확히 말하면, 외모가 매력적인 피고인이 외모가 매력적이지 않은 피고인보다 감옥에 수감 되지 않을 확률이 2배 더 높다.

삼국시대와 위진魏晉시대는 중국 역사상 가장 외모를 중시한 시대였다. 또한, 외모의 영향력이 가장 컸던 시대이기도 했다. 《세설신어世說新語》 '용지容止'편에는 위진시대의 미남을 다음과 같이 기록하고 있다.

"반안潘安은 유명한 미남이었는데 그의 아명은 '단노檀奴'였다. 그의 아명은 후에 수많은 여인이 자신의 반려자 또는 남편을 '단랑檀郞'이라고 부르게 된 직접적 계기가 되었다. 그만큼 반안의 출중한 외모는 당시 수많은 여인에게 '최고의 이상형'이었다. 어느 날 반안이 거리에 나서자 여인들이 일제히 걸음을 멈춰 섰다. 여인들은 거리의 양쪽에 두 열로 서서 바구니에 있던 각종 과일을 꺼내 반안에게 던졌다. 그렇게 함으로써 연정을 표현했다."

관우는 얼굴색이 시뻘겋고 턱에는 긴 수염이 나 있어 그 자체만으로도 위엄이 뿜어져 나왔다. 특히 야밤의 촛불에 비친 모습은 마치 신선을 보는 느낌마저 들게 했다. 여기에 영웅의 활약상은 이미 호반의 머릿속에 강한 인상으로 각인되어 있었다.

평범한 외모를 가진 사람들은 성공한 뒤 종종 이런 말을 듣는다.

"명성만 듣다 실제로 뵈니 훨씬 더 멋지시네요."

하지만 관우는 달랐다. 사람의 본능적 판단력으로만 보아도 관우의 외모와 그의 명성은 완벽히 일치했다. 이렇게 '외모'와 '명성'이 합쳐져 발산하는 아우라 정도면 순박한 청년의 마음을 흔들 만도 하지 않았겠는가!

관우의 모습은 거의 신에 가까운 형상이었다. 따라서 호반의 마음이 한순간에 그에 대한 존경심으로 가득 찼다. 아무리 자신이 모시는 윗사람이어도 왕식은 그냥 보통의 평범한 사람일 뿐 그 영향력을 어찌 관우에 견줄 수 있겠는가?

관우를 향한 존경심이 가득 찬 상태에서 아버지 호화의 편지는 결정적인 영향력을 발휘했다. 신에 가까운 관우의 형상을 보고 난 뒤 호반은 그를 해치려는 마음을 접게 되었고, 아버지 호화의 편지는 호반이 앞장서서 성문을 열어 관우를 탈출시키는 데 중요한 역할을 했다.

당시에는 천지군사친天地君師親 즉 '천지에 감사하는 마음을 갖고, 군주와 스승을 존중하고, 조상에 대한 그리운 마음을 가져야 한다'라는 사고가 강했다. 여기서 '친親'과 직접 연관이 있는 '효孝'는 당시 사회의 주요 가치관이었기에 부친의 명이라면 반드시 따라야만 하는 것이었다. 결국, 이 두 가지 요인이 합쳐진 덕에 호반은 왕식이 분노하리라는 것을 알면서도 망설임 없이 결정을 내리게 되었다.

◈ **심리학으로 들여다보기**

겉모습으로 사람의 재능과 품성을 판단해서는 안 된다. 외모가 주는 인상은 시대를 막론하고 유지돼 온 사람의 본능이다. 심성이나 성품을 먼저 온전히 다스리고 격을 높여야 하지만 그에 못지않게 외적 요인을 점검하는 것도 중요하다.

자신을 약자로 포장하면
비웃음을 얻는다

성을 급히 빠져나온 관우는 숨돌릴 틈 없이 말을 몰았다. 왕식이 자신의 계획이 수포로 돌아간 것을 알면 분명 눈이 뒤집힌 채 미친 듯이 추격해 올 게 분명했다.

'충동은 마귀다'라는 속담은 100% 맞는 말이다. 급격한 감정변화는 순식간에 사람의 이성을 잃게 만든다. 왕식은 자신이 관우에게 상대가 되지 않는다는 것을 잘 알았다. 이미 앞서 저승길로 간 장수들이 어떻게 죽었는지도 잘 알고 있었다. 하지만 그의 이성이 치솟는 분노의 감정과 순간적인 충동을 막기엔 역부족이었다.

왕식이 크게 소리쳤다.

"당장 멈춰 서라. 네놈의 목을 가져갈 것이다!"

관우 또한 불같이 화를 내며 말했다.

“네 이놈! 내게 아무런 원한도 없으면서 왜 나를 불에 태워 죽이려 한 것이냐!”

관우는 말머리를 돌린 뒤 그대로 곧장 달려가 왕식을 베어버렸다.

관우는 그 길로 계속 미친 듯이 달려 활주滑州 경계까지 도착했다. 미리 소식을 들은 태수 유연劉延은 황급히 수십 명의 병사를 이끌고 성 밖으로 나가 관우를 맞이했다. 이전에 안량이 국경을 침범했을 때 유연은 관우의 도움을 받아 그간 골머리를 앓아왔던 큰 문제를 해결한 적이 있었다. 따라서 유연에게 관우는 ‘적’이기 이전에 ‘은인’ 같은 존재였다.

지금까지의 살생은 결코 관우가 원해서 한 일이 아니었다. 피를 흘리지 않고 갈 수만 있다면 그렇게 하고 싶은 게 관우의 가장 큰 바람이었다. 관우는 그동안의 교훈을 통해 앞으로 어떻게 처신해야 할지를 뼈저리게 깨달았다. 그리고 익숙한 얼굴이 그에게 인사를 건네는 그 순간 관우는 다른 방식으로 기선 제압하기로 마음먹었다.

관우는 말 위에서 몸을 숙여 인사했다.

“유 태수, 그간 별일 없으셨소?”

그의 이 말은 정말 안부를 묻는 게 아니라 유연에게 먼저 선수를 치기 위해 한 말이다. 말인즉슨 ‘나를 모르는 체할 생각은 하지 말거라. 일전에 만났던 것을 잊은 건 아니겠지’라는 의미다.

유연 역시 처세의 고수답게 아무것도 모르는 양 태연히 물었다.

“관장군, 어디로 가실 생각이십니까?”

“승상께 작별 인사를 드렸으니 이제 유비 형님을 찾아갈 생각이오.”

“듣자 하니 현덕공이 원소에게 몸을 의탁하고 있다던데, 원소는 조승상의 원수가 아니오? 그런데도 승상께서 그곳에 가는 것을 허락하셨단 말씀이오?"

그가 이렇게 의구심을 표한 이유는 관우가 조승상에게 인사까지 했다지만, 자신이 볼 땐 도망자처럼 보였기 때문이다. 만약 조승상이 정말 떠나는 것을 동의했다면 굳이 그 많은 장수를 죽일 필요가 있었을까? 관우 역시 물러서지 않았다.

"유비 형님의 소식을 듣게 되면 언제든 떠나겠다고 말씀드렸었고, 이는 오래전에 승상께서도 이미 약조하신 일이오."

유연 역시 '관우의 세 가지 조건'을 모를 리 없었다. 하지만 그렇다고 관우를 자신의 손으로 보내준다면, 이후 조조의 노여움과 책임 추궁은 피할 수 없게 될 것이다. 결국, 능구렁이 유연은 관우의 말이 채 끝나기도 전에 즉시 이야기의 화제를 돌렸다.

"지금 황하 나루터의 요새는 하후돈夏候惇 장군의 수하인 진기秦琪가 지키고 있소. 아마 쉽게 보내주지 않을 것이오."

유연의 이 수법은 직장 내에서 책임을 전가할 때 쓰는 필수 기술이다. 사실 유연은 진작부터 눈치채고 있었다. 분명 관우가 자신을 보자마자 이전의 안량을 베었던 일에 보답을 요구할 테고, 자신으로선 거절할 수도 없는 노릇이니 차라리 아예 다른 놈에게 책임을 떠넘기려는 요량이었다. 하지만 관우와 진기는 이야기는커녕 얼굴 한 번 본적 없는 사이였기에 관우는 유연에게 도와달라고 요구했다.

"유태수, 황하를 건널 수 있도록 내게 배 한 척을 빌려주실 수 있소?"

이 말은 '조승상의 통행증이 없는데 내가 강을 건너는 꼴을 진기가 보고만 있겠느냐? 어림 반 푼어치도 없는 소리다. 나 역시 별로 그와 엮이고 싶지 않으니라. 내가 몰래 강을 건널 수 있도록 네놈이 배만 빌려주면 끝나는 일이다'라는 의미다.

하지만 이대로 물러날 유연이 아니었다.

"배라면 내게도 있소(없다는 핑계로 관우를 속일 순 없는 상황이다). 하지만 빌려주기 곤란하오."

"이유가 무엇이오? 이전에 이 몸이 안량과 문추를 베어드리지 않았소? 이 몸이 유태수의 걱정거리를 해결해 준 것이나 마찬가진데 이제와 고작 배 한 척도 내게 내줄 수 없다는 말이오?"

'호혜성 원리'의 위력은 실로 대단하다. 가는 게 있으면 오는 것도 있어야 하는 것이 인지상정이 아니겠는가? 관우의 부탁은 절대 거절할 수 없는 것이었다. 하지만 유연 앞에서는 호혜성 원리도 제힘을 발휘하지 못했다. 그 이유는 유연이 뻔뻔해서가 아니라 그 만의 특별한 기술이 있기 때문이다. 그것은 바로 '불쌍한 척하기'다.

유연은 애처롭기 짝이 없는 표정으로 말했다.

"관장군, 그대의 은혜는 내 항상 잊지 않고 있소. 내가 그대를 도와주지 않는다는 것은 오해요. 그대도 하후돈 장군의 성정을 알고 있지 않소? 만약 내가 그대에게 배를 빌려주면 그가 내 머리통을 통째로 날려 버릴 게 분명하오."

유연은 자신을 힘없는 약자로 포장하여 모든 책임을 제삼자에게 전가했다. 즉, 제삼자를 핑계 삼아 자신의 선택이 부득이한 일임을 강조해 호혜성 원리를 깨뜨리지 않아도 되니 아주 요긴한 수법이었다. 관우는 속으로 생각했다.

'하후돈의 칼에 죽을 것은 걱정되면서, 내 손에 죽을 것은 두렵지 않더냐?'

하지만 본래 약자에게 마음이 모질지 못한 관우는 유연이 눈물 콧물을 훔치는 모습을 보이자, 속으로 '이런 아무짝에도 쓸모없는 인간 같으니'라고 욕만 했을 뿐 강하게 몰아세우지는 못했다.

관우는 다시 마차를 이끌고 곧장 진기의 요새 쪽으로 달렸다. 멀리서 관우가 떠나는 뒷모습을 바라보던 유연은 운 좋게 살아남았다는 기쁨에 웃음을 감추지 못했다.

관우가 유연은 어떻게 잘 피했지만 문제는 진기였다. 진기는 관우가 요새에 도착했다는 소식을 받자마자 즉시 군사를 이끌고 요새로 나갔다. 진기가 말했다.

"신분을 밝혀라!"

매우 오만한 말투였다. 관우는 미간을 찌푸린 채 대답했다.

"나는 한수정후 관우다!"

여기서 주목할 사실은 관우가 또 과거의 영광과도 같은 직함을 내세웠단 점이다. 오만무례한 자를 기선 제압하는 데 있어 그보다 더 높은 위치의 직위를 내세우는 것만큼 효과가 확실한 것도 없다. 하지만 역시 진기에게도 이 방법은 통하지 않았다.

진기는 여전히 거만한 말투로 물었다.

"어디를 가려고 하는 것이냐?"

관우는 가까스로 화를 참으며 대답했다.

"하북에 계시는 유비 형님을 찾으러 가는 길이오. 강을 건너야 하니 배를 좀 빌려주시오."

"승상의 통행증은 가져왔느냐?"

그놈의 공문은 이미 귀에 못이 박히도록 들은 말이다. 솔직하게 말해봤자 결과는 불 보듯 뻔하다. 왜냐하면 통행증의 존재는 '가장 강력한 보이지 않는 힘'을 지닌 '가장 뻔한 핑계'이기 때문이다. 그리하여 이번에는 다른 방식을 써보기로 했다.

"나는 단 한 번도 조승상의 명령에 움직인 적이 없소. 그런데 공문 따위가 대체 왜 필요하단 말이오!"

그러자 진기가 큰소리로 웃었다.

"나는 하후돈 장군의 명령에 따라 이곳을 지키는 사람이다. 승상의 공문 없이는 네놈은 물론 이곳의 새 한 마리도 황하를 건널 수 없느니라!"

관우는 결국 화를 터뜨렸다.

"지금까지 내 앞길을 막았다 저승길로 간 자들의 소식을 못 듣진 않았겠지?"

"네놈에게 죽은 자들은 하나같이 별 볼 일 없는 장수들이 아니더냐! 설마 나를 죽일 수 있을 것이라 생각하는 것이냐?"

그러자 관우는 더욱 발끈하며 대답했다.

"하북의 명장인 안량과 문추의 일을 듣지 못하였더냐! 네놈이 그자들보다 더 대단하단 말이냐?"

이 말에 진기는 바로 칼을 꺼내 관우를 향해 돌진했다.

진기는 왜 이렇게 당당한 것일까? 여기에는 두 가지 이유가 있다.

하나는 진기의 무예 실력은 앞에서 등장했던 수장들보다 월등히 뛰어났기 때문이다. 그의 눈에 그들은 보잘것없는 존재들이었다. 하지만 이보다 더 중요한 원인이 있었으니 그것이 바로 두 번째 이유다. 진기는 든든한 배경을 가지고 있었다. 진기의 외숙이 바로 조조 휘하에 있는 명장 채양蔡陽이었다. 진기는 어릴 적부터 채양에게서 무예를 배우고 유명한 스승들에게 가르침을 받아 자연스럽게 뛰어난 무예 실력을 갖출 수 있었다. 그런 채양은 조조의 심복인 하후돈 장군과도 각별한 사이였다. 특별히 자신의 조카인 진기를 하후돈에게 부탁하여 그의 밑에서 힘을 기르도록 했다.

화려한 인맥 덕에 주변 사람들 모두 그를 함부로 대하지 못했다. 이 같은 배경은 진기의 '자기 위주 편향'을 더욱 강하게 만들어 자신의 능력을 과대평가하고 자기 본 모습을 제대로 직시하지 못하게 만들었다.

앞에서 등장했던 관문 수장들이 문을 걸어 잠그고 나오지 않았다면 관우에게는 험난한 산길로 돌아가는 방법도 있었다. 하지만 진기가 지키고 있는 이곳은 황하가 흐르고 있어 배 없이는 단 한 발자국도 건너갈 수 없었다. 진기가 삼엄하게 지키고 있는 이상 관우로서도 정면 대결 외에는 방법이 없었다. 하지만 이미 저승길로 간 다섯 장군의 교훈도 진기의 거만한 성정을 일깨워주기엔 역부족이었다. 애초부터 진기는 관우를 자신의 상대로 생각조차 하지 않았다.

진기를 상대하는 일 역시 관우에게는 식은 죽 먹기에 불과했다. 단 한 번 스쳤을 뿐인데 진기의 목은 이미 땅에 떨어져 있었다. 그런데 일이 커지고 말았다. 공수, 한복, 맹탄, 변희, 왕식은 그렇다 쳐도 진기만큼은 죽이지 말았어야 했다. 앞의 장수들은 그다지 영향력 있는 인물들이 아니었다. 하지만 진기의 배경, 즉 그의 뒤에서 버티고 있는 무시무시한 세력들이 관우를 그냥 놔 둘리가 없었다.

어쨌든 진기는 이미 죽었다. 그의 수하 군사들은 사분오열로 흩어져 도망치기 시작했다. 관우는 몇몇 군사들을 붙잡아 조속히 강을 건널 배를 준비하도록 명령했다.

황하를 건너 어느새 원소의 관할구역에 다가가고 있었다. 그동안 살벌하고 험난했던 긴 여정도 드디어 끝났다고 생각하니 어느새 무거웠던 마음도 한결 가벼워진 느낌이었다. 자신이 지나왔던 다섯 개의 관문, 그리고 그곳에서 목을 베었던 여섯 장수가 머릿속에서 주마등처럼 지나갔다. 하지만 한편으로는 마음 한구석이 편치 않았다.

'조승상이 이 사실을 알게 되면 나를 얼마나 괘씸하게 생각할까? 부디 이 관우를 용서하십시오. 은혜를 저버린 천하의 불한당으로 생각하시겠지만, 어쩔 수 없는 선택이었음을 이해해 주십시오.'

호혜성 원리는 절대 사라지지 않는다. 여섯 장수의 죽음이 결코 헛된 죽음은 아니었다. 이들의 죽음은 결국 후에 수십 배 이상의 생명을 구하는 '구명줄'이 되었다.

관우가 한창 길을 달리는데 북쪽에서 누군가 급히 쫓아왔다.

"운장, 잠시 멈추십시오!"

눈이 휘둥그레지며 상대를 쳐다보았는데 그는 다름 아닌 손건孫乾이었다. 손건이 유비의 최근 소식을 가지고 왔었다.

"지금 원소 진영의 사정이 아주 좋질 않습니다. 전풍은 옥에 갇혔고 저수는 참수되었으며, 심배審配와 곽도郭圖는 서로 세력다툼을 하느라 정신이 없는 상태라고 합니다. 유황숙께서는 자칫 화를 당할 수 있다고 판단하시어 핑계를 만들어 여남汝南으로 가 유벽劉辟과 공도龔都 쪽에 합류하셨습니다. 황숙께서 혹여 장군께서 원소를 찾아갔다 해를 입지 않을까 걱정하시어 저를 이곳에 보내셨습니다."

생각지도 못하게 유비의 자세한 행방을 듣게 된 관우는 크게 기뻐하며 곧장 두 형수에게도 그 소식을 전했다. 관우는 그 자리에서 방향을 바꿔 여남으로 곧장 출발했다.

황하를 건넌 뒤 이제 모든 난관은 다 지나갔다는 생각에 관우는 마음이 후련해졌다. 하지만 지금까지 살얼음판 같았던 고난의 여정이 빙산의 일각일 것이라고는 꿈에도 상상하지 못했다. 당장 코앞에 더 큰 위험이 그를 기다리고 있었다.

◈ 심리학으로 들여다보기

'불쌍한 척하기'는 '호혜성 원리'도 무효화시키는 유용한 기술이다. 동정을 유발하는 작전은 나이 불문, 지위나 힘을 불문하고 통한다. 인간애가 바탕이 된 심리의 자극으로 '먼저 도와주어야 한다'라는 동기를 유발한다. 어떤 자극보다 강한 힘이 발휘되는 것이다.

말을 액면 그대로
받아들이지 마라

조조는 관우가 떠난 뒤 마음이 계속 복잡했다. 하지만 그에게는 아직 최후의 카드가 남아있었다. 이미 머릿속에서는 다음 계획을 그리고 있었다.

조조는 관우가 이쯤이면 대략 동관령에 도착했으리라 짐작한 뒤, 전령병을 불러 통행증을 관우에게 전달하도록 명령했다. 조조가 이렇게 한 데에는 나름 다 이유가 있었다. 전령병은 혼자 말을 타고 가는 것이니 출발은 늦었어도 속도는 관우보다 훨씬 빠를 것이라 판단했다. 또한, 관우가 동관령에서 실랑이를 벌이다 보면 분명 하루 이틀간은 움직이지 못할 테니 그사이에 전령병이 동관령에 당도하고도 충분히 남을 것으로 생각했다.

조조는 관우가 떠나기만을 기다렸다가 자신의 계획대로 관우의 예상 도착 시각을 계산했다. 그다음엔 어떻게든 반드시 하루 이틀 정도 시간을 끌어야만 했다. 관우의 여정이 힘들고 더뎌져야 자신의 도움이 더욱 절실해지지 않겠는가?

조조가 이런 것까지 계산하고 있었다는 사실을 관우가 알 턱이 있겠는가? 황하를 건넌 뒤 관우는 손건을 따라 유비가 있는 여남 방향으로 더욱 속도를 내며 달렸다. 한참을 달리고 있는데 갑자기 뒤쪽에서 거친 말발굽 소리가 들려왔다. 고개를 돌려 보니 먼지 폭풍 사이로 하후돈이 3백여 명의 군사를 이끌고 맹렬하게 달려오고 있었다.

관우는 손건에게 마차를 끌고 계속 가던 길을 갈 것을 부탁했다. 그리고 자신은 말머리를 돌려 하후돈 쪽으로 달렸다. 관우가 먼저 기선 제압을 하며 말했다.

"여기까지 날 쫓아온 것이냐! 정녕 조승상께서 약속을 저버리는 소인배라는 오명을 뒤집어써도 좋다는 말이냐!"

이 방법은 장료에게 배웠다. 장료가 처음 관우에게 투항을 권유했을 때 툭하면 유비를 들먹거리며 설득하려 했었다. 하후돈은 조조의 본가 핏줄이기에 충성심 또한 유비에 대한 관우의 충성심 못지않았다.

하지만 관우 역시 아직은 진정한 설득의 고수는 아닌 듯하다. 조조에 대한 하후돈의 충성심을 노렸다면, 그동안 자신이 조조의 장수들을 죽이고 달아난 것을 하후돈이 그냥 두고 볼 리가 없질 않은가? 또한 조조가 황하 일대 수비를 하후돈에게 맡겼으니 그곳에서 일어난 일들에 분명 죄를 물을 책임이 있다. 이것이야말로 진정한 충성심이자 책임감 있는 태도와 행동이 아니겠는가?

하후돈은 외눈박이 한쪽 눈을 부릅뜬 채 소리쳤다.

"승상께서 아직 확실한 전갈을 보내시지도 않았는데 네놈은 그 수많은 장군을 죽이고 여기까지 달아났느니라. 게다가 내 수하의 진기까지 죽였는데 어찌 네놈을 이대로 놔 줄성싶더냐! 당장 말에서 내려 한판 붙자!"

그러자 관우도 크게 소리쳤다.

"처음 한나라에 투항했을 때 떠날 때가 되면 조승상의 허락 없이도 떠날 것이라 못 박아 두었었소. 그리고 장수들을 죽인 것은 그들이 아무 이유 없이 내 길을 방해하고 심지어 내 목숨까지 위협했기 때문이오. 달리 방법이 없었소."

하지만 하후돈이 쫓아온 것은 진기의 복수를 위해서지 이런 언쟁이나 하자고 쫓아온 것이 아니었다. 채양은 하후돈과의 두터운 관계를 생각하여 자신의 조카를 그에게 맡겼다. 그런데 그를 잘 지키지 못했으니 관우 목이라도 베어 가야 오랜 벗의 얼굴을 볼 염치가 생길 게 아닌가?

하후돈은 관우와 이런 입씨름 따위로 힘을 낭비할 생각이 전혀 없었다. 하후돈이 크게 소리쳤다.

"진기의 한을 갚아주겠다!"

하후돈은 거칠게 말을 몰며 창끝을 관우에게 겨룬 채 정면으로 달려들었다. 관우 역시 청룡언월도를 든 채 하후돈을 상대할 준비를 했다. 그때 뒤쪽에서 매우 다급한 목소리가 들려왔다.

"싸움을 멈추시오! 승상의 통행증을 가져왔소!"

그자는 조조가 처음 파발을 보낸 전령병이었다. 전령병이 전력으로 달려 동관령에 도착했을 땐 승상의 전갈을 전한 뒤 곧바로 허도로 돌아갈 수 있을 것으로 생각했다. 하지만 예상치 못하게 관우는 이미 관문 수장을 죽이고 떠난 뒤였다. 혹여나 또 관우를 놓칠까 봐 그 길로 곧장 뒤쫓았지만, 매번 도착할 때마다 절망적인 소식뿐이었다. 그렇게 황하 둔치까지 쫓다 결국 강 건너 여기까지 온 것이다.

전령병은 그 자리에서 조조의 명을 전했다.

"승상께서는 관장군의 충성심을 아끼는 마음에 혹여나 관문을 통과하는 데 어려움을 겪지 않을까 우려하시어, 특별히 제게 이 공문을 전달하라 말씀하셨습니다. 그리고 관장군께서 가던 길을 갈 수 있도록 방해하지 말라 하셨습니다."

순간 관우는 가슴이 덜컥 내려앉았다. 반면 하후돈은 납득할 수 없다는 듯 소리쳤다.

"관우가 관문 수장들을 모조리 죽였다는 사실을 승상께서도 아시느냐?"

전령병이 대답했다.

"그 일에 대해서는 아직 모르고 계십니다."

하후돈이 말했다.

"그렇다면 내가 관우를 승상 앞에 직접 끌고 가야겠구나!"

관우 역시 매우 화내며 소리쳤다.

"네놈 따위를 두려워한다면 사내대장부도 아니지!"

말이 끝나자마자 관우는 말을 세차게 몰며 곧장 하후돈에게 달려들었다.

하후돈도 이에 맞서 매섭게 창을 휘둘렀다. 둘은 20여 합을 주고받았지만 승부는 쉽게 나질 않았다. 하후돈은 조조 진영에서 일류 장군이긴 하나 가장 손에 꼽히는 맹장은 아니었다. 사실 조조 진영에는 하후돈의 실력과 막상막하인 장군들이 많았다. 그가 관우와 20여 합이나 상대하고도 아직 살아있는 건 아직 관우가 '이목의 집중상태'까지 이르지 않았다는 의미이다.

앞서 나온 안량과 문추의 경우, 그들이 만약 진짜 실력으로 관우와 대결을 했더라면 적어도 100합 이상은 주고받아야 승부가 끝났을 것이다. 게다가 승패의 결과 또한 짐작할 수 없었을 것이다.

두 사람이 한창 싸움을 하고 있을 때 또 다른 이가 소리치며 달려왔다. 그는 조조가 보낸 두 번째 전령병이었다. 그는 조조가 만약의 일에 대비해 낙양에 미리 배치해 두었는데, 관우가 수장들을 죽이고 관문을 통과했다는 소식을 듣자마자 그 길로 곧장 관우를 쫓아왔던 것이다.

전령병의 말이 끝나자 하후돈은 또 다시 사납게 말했다.

"관우가 관문의 수장들을 죽인 사실을 승상께서도 아시느냐?"

전령병이 대답했다.

"승상께서는 모르고 계십니다."

그러자 하후돈이 대답했다.

"그렇다면 더욱 이 자를 놓아줄 수 없느니라!"

관우와 하후돈은 계속 싸움과 대치를 반복했다. 하지만 얼마 지나지 않아 조조의 세 번째 전령병이 당도했다. 사실 조조는 다섯 개의 관문에 다섯 명의 전령을 보낼 생각이었다. 하지만 세 번째 전령을 보낸 뒤 네 번째부터는 더 이상 보내지 않았다. 관우가 관문의 수장들을 죽였다는 소식이 이미 퍼질 대로 퍼져 통행증을 보내는 게 의미 없어져 버렸기 때문이다.

야심 찬 계획이 모두 물거품이 되자 조조는 울화통이 터질 것 같았다. 그는 관우가 그의 수하들을 죽인 것을 탓하지 않았다. 오히려 관문의 수장들이 제 분수도 모르고 날뛰다 멍청하게 화를 입은 것에 화가 치밀어 올랐다. 결국, 앞뒤 분간 못 하는 우둔한 자들 때문에 그의 계획은 물론 이제껏 자신이 쌓은 공든 탑까지 무너져 버렸다.

하지만 조조는 역시 조조였다. 그는 황하 요새를 지키고 있는 하후돈을 떠올렸다.

'원양元讓(하후돈의 자)이라면 나와 오래 함께했으니 분명 내 뜻을 잘 알아들었을 것이다. 그런 바보 멍청이들처럼 선불리 관우와 맞서진 않겠지.'

이렇게 희망하면서 충분히 관우를 잘 붙잡아 둘 것으로 생각했다. 하지만 또 다른 불길한 생각이 엄습해 왔다. 관우가 관문의 수장들을 죽인 사실을 하후돈이 안다면, 분명 불같은 성미에 절대 관우를 가만두지 않을 게 분명했다.

그렇게 생각하고 보니 갑자기 등골에서 식은땀이 흘러내렸다. 두 호랑이가 싸운다면 필시 어느 한쪽이 죽어야만 그 싸움이 끝날 것이다. 하후돈은 조조가 아끼는 심복과도 같은 장군이었다. 만약 관우의 칼에 허무하게 죽어버린다면 조조로서는 엄청난 손실이었다. 하지만 운 좋게 하후돈이 관우를 죽인다면 이 또한 조조로서는 관우라는 좋은 자원을 제대로 써보지도 못한 채 잃어버리는 꼴이 된다. 또한, 천하의 사람들은 분명 조조가 관우를 암살한 것이라며 모든 비난의 화살을 그에게 던질 테니 그리되면 자신의 명성에도 전혀 도움이 될 게 없었다.

조조는 마음이 다급해져서 급히 장료를 불렀다. 최대한 빨리 황하

하구로 가 관우가 그동안 몇 명을 죽였든 상관없으니, 관우가 하후돈만은 절대 죽이지 못하도록 말리라고 명령했다. 또한 나중을 위해 관우가 가던 길을 가도록 놓아 주라고 분부했다.

하후돈과 관우가 승부를 내지 못한 채 끊임없이 싸우고 있을 때 장료가 이들 앞에 나타났다. 이번에 장료가 가져온 조조의 명령은 매우 단호했다. 조조는 드디어 관우라는 자원의 가치를 살려둘 수 있게 되었다.

하지만 하후돈은 여전히 채양과 마주할 생각을 하면 면목이 서지 않아 조조의 명령에 쉽게 수긍하지 못했다. 할 수 없이 장료가 말했다.

"우선 관장군을 보내주시오. 채양장군께는 내가 잘 말씀드리겠소."

결국, 하후돈은 군사들과 말을 뒤로 물렸다.

식은땀을 흘리게 만들었던 이번 싸움에서 우리가 눈여겨볼 부분은 바로 조조의 명령에 대한 하후돈의 태도다. 일반적으로 상급자의 명령에 절대복종하는 것은 가장 모범적인 아랫사람들의 태도다. 하지만 하후돈은 달랐다. 절대 맹목적으로 명령을 따르지 않았다. 그는 우선 상급자가 해당 명령을 내렸을 때의 상황을 파악한 뒤 그 상황에 근거하여 다시 상급자의 명령을 분석했다.

하후돈의 이런 태도는 굉장히 현명한 처사다. 왜냐하면 상급자와 일선 현장 간에는 분명 정보가 불일치하는 상황이 존재할 수 있기 때문이다. 상급자가 정보가 불충분한 상태에서 판단과 명령을 내리게 되면, 그 명령은 현장 상황과 괴리가 존재해 반드시 오차 또는 실수를 초래하게 된다. 만약 아랫사람이 기계적으로 상급자의 명령을 처리한다면, 표면적으로는 명령을 아주 충실히 수행하는 것처럼 보이지만 결과적으로는 무책임한 행동이나 다름없는 것이다.

하후돈이 매번 전령병들에게 관우가 관문 수장들을 죽인 것을 조조가 아는지 물을 이유는 바로 상급자가 어디까지 알고 있는지 파악하기 위해서다. 상급자가 얼마나 알고 있느냐가 바로 그의 판단의 결정적인 근거가 되기 때문이다.

하후돈은 관우가 진기를 죽인 것을 매우 분통해하면서도 시종일관 냉정함을 잃지 않았다. 그는 앞선 여섯 장수처럼 관우의 목을 베어 자신의 능력을 과시하려 하지 않았다. 어떻게든 관우를 생포한 뒤 조조가 직접 처분을 내리도록 하고 싶었다.

조조에게 살아있는 관우와 죽은 관우의 가치는 하늘과 땅 차이이다. 만약 앞서 여섯 장수 중 단 한 명이라도 관우를 생포하여 끌고 왔다면, 그다음은 조조가 어떻게든 방법을 찾아 처리했을 것이다. 하지만 반대로 그들 중 한 명이 관우를 죽이기라도 했다면, 조조는 세상의 비난을 잠재우기 위해서 관우를 죽인 그자를 군법으로 다스렸을 것이다.

위의 두 가지 상황만 보아도 외눈박이였던 하후돈이 그 수많은 장수에 비해 얼마나 현명한 자였는지 알 수 있다. 조조가 결코 아무 이유 없이 그를 신뢰하는 것이 아니었다. 하후돈이야말로 뭐든 믿고 맡길 수 있는 장수였다.

장료의 등장으로 질기고 질긴 싸움이 드디어 끝이 났다. 바로 앞이 원소의 관할 구역이라 추격하던 병사들도 더는 관우 일행을 좇지 못했다. 관우는 긴 한숨을 내쉬었다.

이번 여정에서 관우는 많은 것을 깨닫고 배우게 됐다. 하지만 아직 가장 중요한 것을 배우지 못했으니, 앞으로 펼쳐질 미래가 그에게는 늘 새로운 인생 수업이 될 것이다. 적어도 그가 생을 다하는 순간까지, 그리고 더 이상 배움이 필요 없을 때까지. 이렇게까지 말하는 이유는 이번 일을 대수롭지 않게 넘겼던 관우가 후에 이 일로 인생에서 가장 비참한 실패를 겪는 동시에 자신의 목숨까지 내놓게 되기 때문이다.

다시 한번 오관육참五關六斬(다섯 관문을 지나 여섯 명의 장수를 죽인 사건을 말함) 사건으로 돌아와 보자. 그들은 '자기 위주 편향'에 휘말려 자신의 능력을 제대로 가늠하지 못했다. 하지만 그들이 어떤 마음이었건 어떤 수단을 썼건 결국엔 자신의 목숨으로 그 대가를 치렀다. 모두 다 본연의 직무를 충실히 이행했기 때문이다. 물론 명성과 위세가 드높은 대영웅들과 비교했을 때 이들은 보잘것없는 장수에 불과하다. 이후 사람들은 이들의 이름을 떠올리지 않을 수도 있다. 하지만 이들 모두 자신의 본분에 충실했던 점만은 박수쳐 줄 만하다.

장료와 관우는 헤어져야 하는 순간 서로 무슨 말을 해야 할지 몰랐다. 두 사람의 입장에서 보면 아주 지극히 정상적인 반응이기도 했다. 장료는 아무 말이나 꺼냈다.

"형님, 어디로 가실 생각이십니까?"

장료의 말은 절묘하게 관우의 정곡을 찔렀다. 원래 관우가 가려던 길은 아주 명확했다. 하지만 손건이 나타나면서 급작스럽게 방향을 바꾸게 되었다. 하지만 사실대로 말할 수도 없는 노릇이었다. 혹여 조조가 이 사실을 알게 되면 병사들을 풀어 유비를 죽일 수도 있기 때문이다. 그러면서도 차마 마지막 작별 인사를 하는 오랜 벗을 속일 순 없었다. 관우가 말했다.

"형님께서 이미 원소 진영을 떠났다고 하시네. 지금은 나도 어디 계시는지 잘 모르네. 하지만 천하를 뒤져서라도 형님을 찾아갈 것이네."

관우의 말에 장료는 미소를 지었지만 그 말을 전혀 믿지 않았다.

"어차피 현덕공의 행방을 모르신다면 차라리 저와 함께 승상에게 돌아가시는 것이 어떠하십니까? 현덕공의 정확한 행방 소식이 들리면 그때 다시 출발하시지요."

장료는 말을 끝맺지 못하고 말끝을 흐렸다. 자신도 그건 불가능한 일이라는 생각이 들었기 때문이다. 그는 더 이상 입을 열지 않았다. 당연히 관우는 이렇게 대답했다.

"이미 작별 인사까지 드렸는데 다시 돌아가는 것도 우습지 않겠는가?"

하지만 본심은 이랬다.

'여기까지 오느라 얼마나 힘들었는데, 다시 그 길을 되돌아갈 마음은 추호도 없네.'

관우와 장료는 헤어지며 생각했다.

'다시 만났을 땐 적과 적으로 만나 서로에게 칼을 겨누고 있겠구나.'

◈ 심리학으로 들여다보기

인생은 항상 같은 주제로 우리에게 무언가를 가르쳐 주려 한다. 그 수업은 당신이 두 번 다시 똑같은 실수를 반복하지 않을 때까지 계속된다. 시행착오를 두려워하지 않아야 하는 이유이기도 하다. 처음부터 완벽할 수 없다. 이것은 인생의 진리이다.

모든 거래에는
기술이 필요하다

관우 일행은 그 길로 또 계속해서 달렸다. 이날은 장대비가 쏟아져 행장行裝이 모두 빗물에 흠뻑 젖었다. 멀리 장원 한 채가 보이자 곧장 그곳으로 가 하룻밤 묵어가기를 청했다.

장주는 곽상郭常이란 자였다. 그는 관우 일행을 극진히 대접했다. 곽상에게는 방탕한 아들이 하나 있었는데, 밤이 깊어지자 그 아들이 관우의 적토마를 훔쳐 달아나려 했다. 하지만 적토마가 그를 땅바닥에 패대기쳤고, 관우가 그 소리를 듣고 뛰쳐나왔다. 적토마는 관우가 아끼는 애마로 험난했던 지난 천 리 길 여정에 많은 의지를 한 말이었다. 관우가 그를 죽이려 하자 곽상이 달려와 살려달라고 애원했다. 관우는 곽상이 자신과 일행에게 극진히 대접해 준 것을 생각해 아들을 살려주었다. 호혜성 원리는 어디에서나 존재한다.

다음 날, 관우와 손건은 곽상과 인사를 나눈 뒤 다시 길을 나섰다. 그런데 갑자기 머리에 황색 두건을 쓰고 전포를 입은 자가 산 위에서 100여 명의 무리를 데리고 우르르 몰려왔다. 그중 우두머리 옆에 있던 자가 관우의 적토마를 가리키며 뭐라 숙덕거렸다. 그는 다름 아닌 곽상의 아들이었다.

우두머리가 큰 소리로 소리쳤다.

"나는 천공장군天公將軍 장각張角장군의 부하 배원소裵元紹다! 당장 내게 적토마를 바치거라."

그 말에 관우는 웃음을 터뜨렸다.

"멍청한 놈 같으니라고! 장각과 같은 황건적 잔당과 붙어 다니면서 유비, 관우, 장비 삼 형제의 이름도 못 들어봤느냐? 우리 삼 형제가 바로 황건적을 토벌한 인물들이니라. 배원소 네놈의 약탈 짓도 오늘로 끝내주겠다. 저승에서 네놈 선조들이 너를 기다리고 있을 것이다!"

그러자 배원소가 대답했다.

"만나본 적은 없지만, 시뻘건 얼굴에 긴 수염이 난 자가 관운장이라는 것은 들어봤다. 네놈은 대체 누구냐?"

그날따라 기분이 그럭저럭 나쁘지 않았던 탓이었을까? 관우는 청룡언월도를 거둔 뒤 수염 주머니를 풀어헤쳐 긴 수염을 보여주었다. 배원소는 관우의 용모를 보자마자 말에서 내려오더니 곽상의 아들을 끌어다 함께 무릎을 꿇은 채 고개를 숙였다.

관우가 연유를 묻자 배원소가 말했다.

"장각 형님이 죽고 난 뒤 의지할 곳 없어 이곳저곳을 떠돌아다니며 패거리를 모았습니다. 그리고 오늘 아침 이놈이 산으로 찾아와 자신의 집에 천리마를 타고 온 손님이 묵고 있는데 자신이 그 말을 훔쳐 오겠다고 했습니다. 하지만 그 말이 장군님의 말일 것이라고는 정말 생각지도 못했습니다. 이놈을 죽여 죗값을 치르게 하겠습니다."

배원소는 모든 책임을 자신의 부하에게 떠넘겼다. 하지만 관우는 오히려 그의 말을 듣고 나서 기분이 좋아졌다. 조조가 그의 마음에 심어 둔 '오만'이라는 씨앗이 어느새 싹트기 시작한 것이다.

관우는 이번에도 곽상의 아들을 놔주며 다른 추궁은 하지 않았다. 이 역시 호혜성 원리에 의한 일관된 태도다. 관우는 부드러운 말투로 배원소에게 물었다.

"난 자네를 전혀 모르는데, 자네는 내 이름을 어찌 아는가?"

그러자 배원소가 대답했다.

"여기서 20여 리 떨어진 와우산臥牛山이라는 곳에 주창周倉이라는 관서關西(함곡관 서쪽과 동관 서쪽 지방을 가리킴) 사람이 살고 있습니다. 그자는 두 팔로 천근은 너끈히 들어 올리는 장사인데, 용맹으로 말할 것 같으면 당해낼 사람이 없을 정도입니다. 주창은 원래 황건적 장보張寶의 수하였습니다. 그런데 장보가 죽자 그 역시 갈 곳 없이 떠돌다 산속에서 무리를 모아 숨어 지내고 있습니다. 그가 제게 여러 번 장군의 이름과 명성을 이야기하여 알고 있었습니다만, 뵐 길이 없어 그저 한스러웠을 뿐입니다."

관우는 호탕하게 웃으며 기쁜 내색을 감추지 못했다. 그리고 배원소에게 말했다.

"오늘에서야 이 산속에도 신의信義를 아는 자가 있다는 것을 알았네. 너희도 지금부터는 도적질하는 것을 그만두고 바른길을 찾아가거라."

배원소는 여러 차례 감사 인사를 했다. 두 사람이 한창 이야기를 하던 중 멀리서 말을 탄 무리가 오고 있는 것이 보였다. 배원소가 그 광경을 보더니 관우에게 말했다.

"분명 주창일 것입니다!"

주창은 관우를 보자마자 곧장 말에서 내려 엎드렸다. 관우가 그를 일으켜 세우며 말했다.

"자네는 날 어떻게 아는가?"

"예전에 황건적 장보를 따라다닐 때 존안을 뵌 적이 있습니다. 안타깝게도 도적의 무리에 몸담고 있어 따르지 못하였습니다. 오늘 이렇게 어렵게 장군을 뵈었는데 장군을 따를 수만 있다면 보졸이라도 상관없습니다. 아침저녁으로 장군을 모실 수만 있다면 죽어도 여한이 없을 것 같습니다. 부디 거두어주십시오."

관우는 그의 진심에 감동했다.

"나를 따라가게 되면 그대 수하에 있는 사람들은 어찌할 생각인가?"

주창이 아주 단호하게 대답했다.

"따라가고자 하는 자들은 함께할 것이고, 원하지 않는다면 제 갈 길로 보내줄 것입니다."

그러자 그의 수하들이 일제히 한목소리로 함께 따르겠다고 외쳤다. 관우는 잠시 생각을 한 뒤 말했다.

"두 형수님께 여쭈어보고 결정하겠네."

생각해보라. 요화는 황건적도 아니고 진심으로 관우를 따르고 싶어 했는데 오히려 거절당했었다. 하지만 주창과 배원소는 실제로 황건적 무리가 아닌가? 관우는 대체 왜 이들을 거두려 한 것일까? 설마 황건적에 대한 편견이 벌써 사라지거나 변한 것일까?

외집단에 대한 내집단의 편견이 아무 이유 없이 없어지거나 쉽게 변하는 것은 절대 불가능한 일이다. 외집단의 어떤 개인이 말과 행동으로써 본인이 속한 내집단과의 명확한 차이점을 드러내야만 상대에 대한 편견을 불식시킬 수 있다.

황건적에 대한 관우의 인상은 '의리를 모르고 당장 눈앞의 이익에만 눈이 먼 비열한 무리'였다. 하지만 배원소와 주창은 관우를 보자마자 예를 갖췄을 뿐 아니라, 언행에서도 관우를 무척이나 존경하는 마음이 우러나와 마음을 사로잡았다. 특히 주창은 첫 만남에서부터 자신의 결연한 뜻을 밝히며 관우의 보졸이라도 상관없다고 말할 정도였다. 여기에 배원소가 주창을 소개했을 때 '제삼자의 칭찬 효과'가 더해져 주창의 이미지가 더욱 좋아졌다.

관우는 그동안 다섯 개의 관문을 지나쳐오면서 심리적으로 상당히 압박감을 느껴왔다. 무명 보졸들조차 조조의 명령에 복종했기에 애초 관우 자체를 그리 대단하게 생각하지 않았다. 이 점 또한 관우의 자존심을 매우 상하게 했다.

반면, 배원소와 주창의 진심 어린 말과 행동은 그가 죽인 여섯 명의 장수들의 태도와는 아주 상반된 반응이었다. 관우로선 그들이 당연히 마음에 들 수밖에 없었다. 따라서 자연스럽게 배원소와 주창을 황건적이라는 불한당 조직과는 별개로 생각하게 되었다. 관우가 '오늘에서야 이 산속에도 신의를 아는 자가 있다는 것을 알았네'라고 말한 것도 같은 의미다. 다시 말해, 황건적에 대한 편견은 여전히 남아있지만 관우의 눈에 배원소와 주창은 더 이상 황건적이 아니었다.

관우가 주창을 거두기로 마음을 먹은 뒤 그의 수하들의 향방을 물은 것은 현실적인 필요성 때문이었다. 물론 그동안 혼자서도 수많은 위험과 고비를 잘 넘겨왔지만, 관우는 앞으로 유비가 큰 뜻을 펼칠 때 분명 더 많은 힘이 필요할 것이라 생각했다. 그런 의미에서 주창과 배원소 그리고 그 수하들을 포용하는 것은 최선의 선택이었다. 그렇다면 관우는 이미 마음으로 그렇게 정했으면서 왜 굳이 두 형수에게 의견을 물어보겠다고 말한 것일까? 여기에는 두 가지 이유가 있다.

하나는 유비와 만날 날이 가까워지면서 자신의 행적을 해명할 길은 두 형수가 어떻게 말하느냐에 달려 있었다. 즉 두 형수만이 자신의 명성을 지켜줄 유일한 사람들인 것이다. 게다가 지금은 손건도 함께 있으니 그의 평가 또한 무시할 수 없게 됐다. 따라서 그의 앞에서도 반드시 두 형수에 대한 자신의 공경심과 배려심을 보여줘야만 했다.

다른 하나는 사람은 누구나 모순된 모습을 보이고 싶지 않은 마음을 갖고 있기 때문이다. 앞서 관우가 요화를 거절했는데 이번에 주창을 받아들이는 것은 말의 앞뒤가 맞지 않는 행동이다. 관우도 그렇게 생각했다. 결국, 두 형수에게 의견을 물어봄으로써 자기 합리화를 하고자 한 것이다.

관우는 두 형수가 반드시 동의할 것으로 생각했다. 그럼에도 의견을 물어보는 것은 그냥 형식적인 과정이었다. 그런데 생각지도 못한 반대에 부딪히고 말았다. 두 부인은 시큰둥하게 말했다.

"시숙께서는 허도를 떠나 이곳까지 오시는 동안 혼자서 숱한 고비를 겪으시고도 단 한 번도 특정 무리가 따르게 한 적이 없습니다. 지난번 요화가 따르려고 한 것도 물리치셨으면서 이제 와 주창의 무리를 받아들이시는 연유가 잘 이해되지 않습니다. 허나 우리 같은 여인네들이 무엇을 알겠습니까? 결정은 시숙께서 알아서 하십시오."

이번에는 그녀들 역시 만만치 않았다. 요화가 관우에게 자신을 받아달라고 했을 때 두 부인 역시 그 말이 하고 싶었다. 왜냐하면 두 부인에게 요화는 은인과도 같은 존재였기 때문이다. 하지만 관우는 독단적으로 결정한 뒤 그를 내쳤고, 당연히 그의 처사에 두 부인은 불만을 품었다. 설사 관우가 이번에도 자기 뜻대로 처리해도 두 부인으로서는 간섭하기 어려웠다. 하지만 관우가 굳이 이렇게 자신들을 찾아와 의견을 물으니 이 기회에 완곡하게 불만을 표출한 것이다.

관우는 잠시 멍해졌다 어쩔 수 없이 대답했다.

"형수님의 말씀이 옳습니다."

관우는 주창을 데려가고 싶은 마음은 굴뚝같았으나, 두 형수의 의견을 들은 이상 그녀들의 말에 따르기로 했다.

관우가 주창에게 말했다.

"자네를 원치 않아 그런 것이 아니라, 두 형수님께서 동의하지 않으시니 어쩔 수 없게 되었소. 일단은 산 중으로 돌아가 기다리시오. 형님을 찾게 되면 반드시 자네를 부르겠소."

이 역시 나쁘지 않은 방법이었다. 하지만 주창이 계속 애원했다.

"본디 배운 것이 없어 이제껏 도적질이나 하고 다녔습니다. 그런데 장군을 뵙고 난 뒤 희망이라는 걸 갖게 되었습니다. 허나 이렇게 기약없이 헤어진다면 언제 또 장군을 뵐 수 있겠습니까? 다 같이 따라가는 것이 장군께 폐가 된다면, 부하들은 모두 배원소를 따라가도록 하고 저 혼자라도 장군을 따르겠습니다. 천 리 길이든 만 리 길이든 끝까지 따라가겠습니다!"

관우는 주창의 굳은 의지에 감복하여 다시 두 형수를 찾아 의견을 구했다. 감씨 부인이 말했다.

"한두 명이 따라가는 것이라면 안 될 것도 없지요."

주창은 그 말을 듣고 기뻐 어쩔 줄 몰라 했다. 주창은 어떻게 그렇게 짧은 시간 내에 두 부인의 생각을 바꿀 수 있었을까? 여기에는 매우 중요한 설득의 기술이 숨어 있다.

'문간에 발 들여 놓기 효과'의 유용함을 언급한 적이 있다. 하지만 지금 이 대목은 그와 정반대인 '면전에서 문 닫기door in the face technique' 기술이다. '문간에 발 들여 놓기'는 작은 것에서 점점 큰 것을 요구하는 기술인 반면, '면전에서 문 닫기'는 큰 요구를 먼저 한 뒤 그다음 작은 요구를 하여 원하는 것을 얻어내는 기술이다. '면전에서 문 닫기' 기술은 다음과 같다.

우선 거절당할 가능성이 높은 요구를 하면 당장은 면전에서 문이 매몰차게 닫힌다. 거절당한 뒤 그보다 훨씬 작은 부탁을 하면 닫힌 문을 열게 만들 수 있다. 여기서 '큰' 부탁은 대부분 핑계 또는 구실에 불과하다. 부탁하는 사람이 정말 원하는 것은 그보다 '작은' 것이다. 따라서 부탁하는 사람이 상대방이 무리라고 느낄 만한 요구를 할 때, 그 요구는 필시 거절당할 게 분명하다. 하지만 거절한 사람은 그 거절에 죄책감을 느낀다.

또한 '큰' 부탁과 '작은' 부탁 사이에 '대비' 효과가 생겨, 앞서 '큰' 부탁을 요구하면 후에 '작은' 부탁이 상대적으로 더욱 작아 보인다. 그러므로 부탁받은 사람은 미안해서라도 더 거절할 수 없게 된다. 만약 주창이 '면전에서 문 닫기' 수법이 아닌, 곧장 '작은' 부탁을 청하였다면 아마 그의 부탁은 받아들여지지 않았을 것이다.

이와 관련하여 재미있는 실험이 있다. 실험자는 대학 캠퍼스 내 인도에서 지나가는 사람을 붙잡고 '캘리포니아 상호보험회사'에서 진행 중인 '주택 및 숙소 안전'과 관련된 설문조사를 부탁했다. 이 간단한 설문조사는 15분이면 끝난다고 설득했다. 그가 정중하게 요청한 까닭은 대학 캠퍼스는 매우 분주한 곳이기 때문이다. 반면 보험회사의 설문조사 내용은 지루하기 짝이 없었다. 오직 29%만이 실험자의 부탁에 응해 주었다. 실험자는 '면전에서 문 닫기' 기술로 다른 행인들에게 다시 부탁을 진행했다. 먼저 실험 대상에게 2시간이 소요되는 설문조사를 부탁했다. 실험자는 그 부탁을 거절당한 뒤 그럼 15분 만이라도 설문조사에 응해 줄 수 없느냐고 부탁을 했다. 그 결과 53%의 사람들이 요구에 응해 주었다.

본인의 결연한 의지와 성의가 의도치 않게 이러한 기술에 이용되긴 했지만, 어쨌든 그 덕에 주창은 원하는 바를 이룰 수 있게 되었다.

◈ 심리학으로 들여다보기

누군가에게 부탁할 땐 '쉬운' 것부터 출발하여 점점 '어려운' 것을 제시하자. 누군가에게 원하는 것을 얻고자 할 땐 '큰' 것부터 출발하여 점점 '작은' 것을 요구해야 한다. 어려운 부탁을 거절하는 사람은 미안한 마음에 조금 쉬운 부탁은 흔쾌히 들어준다.

입이 열 개라도
해명되지 않는 일이 있다

주창은 소원대로 관우를 따라갈 수 있게 되었다. 배원소는 자기 주관이 없는 인물이었다. 처음 관우를 만났을 때 말로는 그에게 존경의 뜻을 표했지만, 실상 그의 밑으로 들어갈 생각은 전혀 없었다. 하지만 주창이 관우를 따라가겠다고 하자 그 역시 함께하겠다고 나섰다.

그의 이러한 반응은 전형적인 군중심리와 같다. 누구나 각자 원하는 바를 갖고 있지만, 대다수의 경우 단독으로 결정을 내리라 하면 머뭇거린다. 또한, 자신이 단독으로 결정을 내렸을 때 감당해야 하는 책임을 두려워한다. 하지만 다른 사람, 특히 작은 집단 내에서 권위를 가진 사람이 어떤 결정을 내리면 사람들은 대부분 그의 결정에 순순히 따른다. 배원소도 그렇고 주창의 수하들도 마찬가지다.

배원소에게 주창은 존재감이 큰 인물이었다. 그러니 그의 결정은 배원소에게 큰 영향력을 미쳤다. 하지만 상황이 여의치 않자 주창은 배원소를 데려갈 수 없게 되었다. 주창이 말했다.

"자네는 우선 이곳에서 수하들을 잘 관리하고 있게나. 관장군께서 정착하시면 그 즉시 자네를 데리러 오겠네."

배원소는 섭섭한 마음을 뒤로한 채 작별을 고했다.

관우는 주창과 함께 다시 길을 떠났다. 한참을 달리는데 멀리 산성山城이 보였다. 관우는 현지인에게 그 산성에 관해 물었다.

"고성古城이라는 곳입니다. 몇 달 전에 장비라는 장군이 수십 명의 부하를 이끌고 와 그곳의 현관縣官을 내쫓고 성을 차지하였습니다. 그리고 군사를 모집하여 말을 사들이고 말먹이와 군량을 쌓아 두고 있다 합니다. 지금은 군사가 5천여 명이나 되어 이 근방에서는 감히 대적하려 드는 사람이 없습니다."

관우는 기쁨을 감출 수 없었다. 헤어진 이후로 여태껏 소식을 알 수 없었던 형제가 바로 눈앞에 있었다. 관우는 그 즉시 손건을 고성으로 보내 장비에게 두 형수를 맞이하라고 통보했다. 여기서 주목해야 할 사항은 관우가 장비에게 '자신'이 아닌 '두 형수'를 맞이하라고 한 점이다.

관우가 아직 이 심리학 법칙이 얼마나 섬뜩한 것인지 잘 모르기에 이렇게 마냥 기뻐한 것이다. 심리학 법칙이 적용된다는 가정과 장비의 다혈질 성격을 감안하면, 장비는 아마 관우가 무방비상태일 때를 틈타 단칼에 그를 죽이려 들 것이다.

장비는 손건에게서 자초지종을 들은 뒤 아무 말 없이 즉시 갑옷을 걸쳤다. 그리고 장팔사모를 든 채 말에 올라 천여 명의 부하를 이끌고 곧장 성문을 빠져나갔다. 그 모습을 본 손건은 속으로 생각했다.

'이렇다 저렇다 말도 없이 뛰쳐나가는 걸 보니 저 산적 같은 형님도 어지간히 기쁜가 보군.'

관우는 멀리서 장비가 달려오는 것을 보고 기뻐 어쩔 줄 몰랐다. 그는 곧장 청룡언월도를 주창에게 맞긴 뒤 장비가 오고 있는 쪽으로 말을 세게 몰았다. 본래 장비를 만나면 뜨겁게 포옹하며 다시 만난 감격을 나누고 싶었다. 허나 눈앞에 보이는 장비는 살기가 가득한 눈으로 천둥같이 소리 지르며 금방이라도 관우를 죽일 듯이 창날을 세운 채 달려오고 있었다.

관우는 너무 놀라 몸을 급히 피했다. 하마터면 장비의 서슬 퍼런 창날에 심장이 꽂힐 뻔했다. 관우가 소리쳤다.

"장비 이놈아! 왜 이러는 게냐? 내가 형님이라는 걸 잊은 것이냐?"

관우는 장비가 실성하여 자신을 못 알아본 것이라 생각했다. 하지만 오히려 장비는 호통을 치며 분노했다.

"죽어야 할 놈은 바로 네놈이다! 의리도 모르는 놈이 무슨 낯짝으로 날 찾아왔느냐!"

관우가 대답했다.

"내가 언제 의를 저버렸다는 것이냐?"

장비가 말했다.

"도원결의를 잊고 조조에게 항복하더니, 한수정후가 되어 호의호식하며 잘도 지냈겠다! 오늘 네놈이 죽든 내가 죽든 사생결단을 내고야 말겠다!"

장비는 무기로 관우를 위협했다. 관우는 다급히 해명했다.

"내가 무슨 말을 해도 안 들릴 테니, 네가 직접 두 형수님께 여쭤보아라."

이제 '두 형수'의 존재가 얼마나 중요한지 알겠는가? 만약 지금 '두 형수'가 중간자 역할을 해주지 않는다면, 이미 반 미쳐있는 장비가 관우를 그 자리에서 죽이고도 남았을 것이다.

감씨와 미씨 부인은 급히 마차의 발을 걷은 뒤 소리쳤다.

"막내 시숙, 어찌 둘째 시숙께 이리 대하십니까?"

장비가 말했다.

"형수님들께서는 가만히 앉아서 제가 이 배반자를 어떻게 죽이는지 지켜나 보십시오. 배반자를 처단한 뒤 형수님들을 성으로 모시고 가겠습니다."

그러자 감씨 부인이 급히 해명했다.

"둘째 시숙께서는 형제분들의 행방을 모르고 계셨습니다. 또한, 부득이하게 한나라에 투항한 것이지 결코 조조에게 투항한 것이 아닙니다. 큰 형님께서 원소 진영에 계신다는 소식을 듣자마자 온갖 위험을 무릅쓰고 홀로 우리 둘을 여기까지 데려왔습니다. 그만 오해를 푸십시오."

하지만 장비는 여전히 분노에 가득 차서 말했다.

"대장부가 세상에 태어나서 어찌 두 주인을 섬길 수 있답니까? 형수님, 저놈의 세 치 혀에 놀아나선 안 됩니다!"

감씨 부인은 다시 장비를 설득했다.

"막내 시숙, 둘째 시숙께서 하비성에서 투항한 것은 정말 어쩔 수 없는 선택이었습니다."

그러자 장비가 말했다.

"대장부라면 죽을지언정 그런 비굴한 투항은 하지 않습니다! 조조에게 투항한 자와는 상대하고 싶지 않으니 반드시 오늘 결판을 내고야 말 것입니다!"

억울함에 북받친 관우의 두 눈에서는 뜨거운 눈물이 흘렀다. 관우가 말했다.

"아우님, 날 죽여주시오."

손건 역시 달려들어 장비를 설득했으나 장비는 아무 말도 들으려 하지 않았다.

장비는 왜 그렇게 오랜 시간 생사고락을 함께한 형제 관우에게 야박하게 대하는 것일까? 이는 장비의 성격이 포악해서도, 그가 이치와 도리를 몰라서도 아니다. 단지 인간의 '기본적 귀인 오류The Fundamental Attribution Error'가 초래한 결과다.

일반적으로 개인의 여러 행동에는 두 종류의 귀인 방식이 존재한다.

하나는 내부 원인에 의한 것으로 대표적인 예가 개인의 성격이다. 다른 하나는 외부 원인에 의한 것으로 개인이 처해있는 환경이다. 학생의 성적이 떨어졌을 때 선생님은 그 원인을 해당 학생의 학습 동기의 상실이나 학생 본인의 능력(성격 귀인) 부족에서 찾는다. 아니면 해당 학생의 건강 문제, 집안 문제, 주변 친구들의 영향(환경 귀인)에서 찾는다. 이것이 기본적 귀인 오류이다. 우리가 타인의 행위를 분석할 때 어떤 사람의 행동을 그 사람의 성격, 의도 등 내면의 특징과 직접 결부시켜 판단하며 귀인을 찾는다. 반면 우리가 자신의 행동을 분석할 때는 주로 환경 귀인을 이용하여 설명한다.

예를 들어 다른 사람이 시험에 통과하지 못했을 경우 우리는 그 이유가 그 사람이 멍청하거나 또는 노력이 부족해서(주관적 요인)라고 생각한다. 하지만 본인이 시험에 통과하지 못하면 시험문제가 까다로워서 또는 주변이 시끄러웠기 때문(객관적 요인)이라고 생각한다.

상대방이 가난하면 그 사람의 게으름(주관적 요인)이 원인이라고 생각하고, 자신이 가난할 땐 본인이 좋은 교육을 받지 못하고 집안 환경이 별로라서 또는 좋은 기회를 만나지 못했기 때문객관적 요인이라고 생각한다.

마찬가지로 상대방이 약속을 어기면 그 사람을 품성이 나쁘고, 말에 믿음이 안 가는 사람(주관적 요인)으로 단정한다. 반대로 자신이 약속을 어겼을 땐, 오는 길에 사고를 당해 정신을 잃어 병원에 가느라(객관적 요인) 지키지 못했다는 등의 부득이한 상황들을 이유로 내세운다.

한마디로 정리하면 다른 사람의 잘못은 그 당사자가 초래한 것이고 자신의 잘못은 주변 환경 때문이라고 생각한다. 따라서 기본적 귀인 오류 역시 편견의 일종이다. 즉 환경이 타인의 행위에 미치는 영향을 과소평가하는 편견을 의미한다.

장비는 관우가 의지가 박약하거나 죽는 것이 두려워서, 아니면 유혹을 이기지 못해 조조에게 투항했다고 단정 지었다. 이는 전형적인 성격 귀인이다. 하지만 관우는 자신의 투항을 어쩔 수 없는 선택이라 말한다. 전형적인 환경 귀인이다.

장비는 당시 상황이 어땠는지 전혀 알려고 하지 않았다. 오직 결과만을 두고 관우가 변심하여 더는 자신과 같은 뜻이 아니라고 생각했다. 따라서 관우가 마음속으로 얼마나 애를 태웠는지 알 턱이 없었다.

전후 사정을 모르는 장비는 관우가 도원결의의 맹세를 어겼으니 증오심에 불타 그를 죽여야만 속이 시원했을 것이다.

사실 두 형수 역시 관우가 처음 투항했을 때 장비와 비슷한 생각을 했다. 다만 당시 관우에게 대놓고 따질 만한 상황이 아니었기에 완곡하게 자신들의 불만을 표출할 수밖에 없었을 뿐이다. 관우가 선의로 유비의 소식을 숨겼을 때도, 이들이 가장 먼저 떠올린 것은 관우가 자신들을 팔아 부귀영화를 누리려 한다는 생각이었다. 하지만 이후 관우의 행동을 관찰하면서 그가 변심한 것이 아니라는 것을 믿게 되었다. 하지만 장비는 두 형수처럼 인내심이 있는 것도 아니고 당시 상황에 대해 알려고 하지도 않았기에 자기 생각만으로 그 자리에서 결판을 내려 한 것이다.

그럼 장비는 왜 관우의 애절한 해명이나 두 형수와 손건의 만류도 들으려 하지 않았을까? 그것은 바로 '신념의 집착' 때문이다.

로스Rose와 앤더슨Andersen은 1982년 다음과 같은 실험을 진행했다. 이들은 우선 실험참가자들에게 잘못된 신념을 주입했다. 그다음 왜 그 신념이 맞는지 설명하게 시켰다. 그리고 처음 잘못된 신념을 완전히 부정하도록 만들기 위해, 이들은 실험참가자들에게 진실을 알려주었다. 피실험자에게 처음 알려주었던 신념은 실험을 위해 일부러 지어낸 것이라고 설명했지만, 75%의 피실험자는 여전히 처음의 그 잘못된 신념을 고수했다.

이 실험 결과를 보면 한 번 잘못된 정보(또는 판단)가 주입되면 쉽게 그 정보가 잘못됐다고 인정하지 않는데, 이러한 현상을 '신념의 집착'이라 부른다.

장비 역시 대다수 사람이 쉽게 빠지는 '기본적 귀인 오류'를 범했다. 장비의 생각은 이미 굳어진 상태이기에 누가 무슨 말을 해도 처음 판단을 바꾸는 것은 불가능했다. 이런 신념과 판단이 마음속에서 확실시되거나 고착되면, 관련된 다른 정보의 판단에도 영향을 끼쳐 이미 고착된 신념과 같은 방향으로 판단하게 된다.

관우가 그동안 장비를 찾아 헤맸다고 손건이 대신 해명하자, 장비는 콧방귀를 뀌며 말했다.

"퍽도 날 찾아 헤맸겠다! 네놈이 내게 그런 마음을 갖고 있을 리가 없다. 분명 날 잡아오라는 조조의 명령을 받고 온 것이겠지!"

관우는 이때다 싶어 얼른 해명하기 시작했다.

"만약 내가 아우를 잡으러 온 것이라면 분명 군대를 이끌고 왔을 것이다. 그렇지 않고서 그 먼 길을 왜 혼자 달려왔겠느냐?"

그러자 장비는 저 멀리 흙먼지를 일으키며 달려오고 있는 군사들을 가리키며 말했다.

"아직도 발뺌할 생각이냐! 저기 달려오고 있는 것이 군사가 아니면 무엇이란 말이냐!"

장비는 화를 주체하지 못하고 관우를 향해 창을 겨눴다. 뒤를 돌아보니 역시나 군사들이 들이닥치고 있었다. 바람이 휘날리는 깃발을 살펴보니 다름 아닌 조조의 군사였다.

관우는 속으로 탄식했다.

'아, 하늘도 무심하시지!'

조조 이놈이 설마 나와 내 형제들을 한꺼번에 잡아 해치울 요량으로 나를 풀어줬던 것인가. 어쨌든 지금 당장은 자신이 무슨 말을 해도 장비가 믿어주지 않는 것이 제일 두려웠다. 하지만 지금 몰려오고 있는 무리가 관우의 구세주가 될지 누가 알았겠는가? 만약 그 구세주가 오지 않았더라면 관우는 절대 이 위기를 넘기지 못했을 것이다.

◈ **심리학으로 들여다보기**

상대방이 어떤 이유를 대도 우리의 눈에는 모두 핑계로 보일 뿐이다. 거절당했거나 약속을 지키지 않은 상황에서 이해심이 먼저 발휘되지는 않는다. 자신의 상황이 곤란할수록 상대가 정당화하기 위해 내세우는 구실에 화가 날 뿐이다. 그러므로 중요한 결정에서는 평정심을 유지해야 한다.

농담은 때와 장소를 가려 해야 한다

군마를 이끌고 온 자는 다름 아닌 조조 수하의 맹장 채양이었다.

채양은 왜 이곳에 나타난 것일까? 채양은 자신의 조카인 진기가 관우에게 목숨을 잃었다는 소식을 듣자마자 복수의 칼날을 갈았다.

그 즉시 조조에게 알리고 관우를 생포해올 수 있도록 출병 명령을 요청했다. 조조 역시 관우가 자신의 수하들을 여섯씩이나 죽인 것이 괘씸하긴 했지만, 그렇다고 채양이 관우를 죽이도록 놔둘 순 없는 노릇이었다.

조조의 생각은 이러했다. 이미 죽은 장수들이 되살아오는 것은 불가능한 일이다. 그렇다면 관우를 살려두어 남은 빚을 갚게 하거나, 후에 그를 써먹을 기회가 오길 기다리는 것이 훨씬 이득이 아니겠는가. 그리하여 조조는 채양을 여남으로 보내 유벽劉辟과 공도龔都를 토벌하고 올 것을 명령했다.

하지만 이게 무슨 운명의 장난인가. 원수는 외나무다리에서 만난다더니 하필 관우가 중간에 경로를 바꿔 여남으로 향하는 바람에 이곳 고성에서 채양과 맞닥뜨리게 된 것이다.

채양의 등장은 관우에게 엄청난 위기였다. 관우의 진짜 무예 실력은 하후돈과 막상막하 수준이었는데 채양과 하후돈의 실력 역시 우열을 가리기 힘들 정도였다. 원한과 증오는 사람의 투지를 최고조로 불타오르게 한다. 지금 채양의 머릿속엔 온통 조카에 대한 복수심으로 가득 차 있었다. 그의 원한과 증오는 문추가 안량의 죽음을 비통해하며 칼을 갈았던 복수심과는 비교도 할 수 없는 수준이었다. 채양이 진기를 이처럼 애지중지했던 것을 보면, 하후돈이 왜 그렇게 끈질기게 관우의 목숨에 집착할 수밖에 없었는지 이해가 된다.

장비는 이미 '신념의 집착' 상태에 빠져 관우가 조조와 한통속이 되어 자신을 잡으러 온 것이라 확신했다. 관우 역시 버럭 소리를 지르며 맞대응했다.

"정 그렇게 날 못 믿겠다면 저기 오는 장군의 목을 베어 내 진심을 보여주마!"

장비 역시 한 치도 물러서지 않았다. 오히려 더 가혹한 조건을 내세웠다.

"좋다! 내가 여기에서 북을 세 번 치는 동안 반드시 저자의 목을 베어야 한다!"

이제는 설득의 여지가 없다고 판단한 관우는 어떻게든 자신의 결백을 밝혀야만 했다. 조조에게 항복한 뒤 쏟아지는 갖가지 비난들 그리고 특히 믿고 의지했던 형제와의 믿음이 오해로 얼룩진 이 상황은 관우를 화나게 만들었다. 그 순간 관우 일생에 세 번째로 강력한 '이목의 집중효과'가 발휘되었다!

이 상태에서 관우는 '천하무적'이나 다름없었다. 이번에도 예외는 없었다. 장비의 북소리가 한 번 채 멈추지도 않았는데 채양의 목은 이미 땅바닥에 굴러떨어졌다. 관우는 채양 수하 중 기수 한 명을 잡아다 장비에게 이 사실을 고하도록 했다. 장비는 허창에서 있었던 관우의 일거수일투족을 캐물은 뒤 그제야 그의 말을 믿었다. 장비는 관우의 머리를 끌어안은 채 통곡하며 모든 오해를 말끔히 풀었다. 관우의 구세주는 다름 아닌 바로 채양이었다. 그의 희생이 아니었다면 과연 장비가 관우의 말을 믿어주었을까?

관우는 생각만 해도 온몸에서 식은땀이 흘렀다. 장비가 이렇게까지 외골수일 거라곤 전혀 생각하지 못했다. 게다가 자신이 허창에서 재물과 여자를 마다하며 철저히 자기관리를 해왔던 것이 얼마나 다행인지 몰랐다. 그렇지 않았다면 장비가 결코 자신의 말을 믿지 않았을 뿐만 아니라 자신의 목도 고성에서 날아갔을지도 모른다.

장비는 두 형수에게 인사를 올린 뒤 관우와 함께 마차를 이끌고 성 안으로 들어갔다. 그때 성의 남문에서 수십 명의 사람이 말을 타고 고성으로 오고 있다는 소식을 듣게 되었다. 장비는 성 밖으로 나가 상황을 살폈다.

알고 보니 그들은 미축糜竺과 미방糜芳 형제가 이끌고 온 자들이었다. 오랜 벗들이 한자리에 모였으니 노랫가락과 웃음소리가 끊이질 않았다. 미축이 그간 있었던 일을 이야기하기 시작했다.

"서주徐州에서 흩어진 이후 저와 미방은 고향으로 돌아가 몸을 피하고 있었습니다. 그리고 이곳저곳 수소문 끝에 관운장께서 조조에게 항복했다는 소식을 듣게 되었습니다."

역시나 장비가 관우에게 그토록 불같이 화를 냈던 것은 지극히 당연한 반응이었다. 조조가 아닌 한에게 투항한다는 말은 어디까지나 자기 합리화를 그럴듯하게 포장한 핑계에 불과했다.

다른 사람의 눈에는 조조의 말처럼 '한나라가 곧 조조이고, 조조가 곧 한나라'로 보이니, 관우의 투항도 '조조에게 항복'한 것으로밖에 보이지 않은 것이다.

"그런데 장비 형님께서 여기에 계신 줄은 정말 몰랐습니다. 우연히 길에서 어떤 무리를 만났는데, 그들의 말이 장씨 성을 가진 이러이러하게 생긴 장군이 고성을 점거하고 있다기에 틀림없이 형님일 것이란 생각이 들어 이렇게 찾아왔습니다."

장비 역시 기쁜 마음에 어깨를 들썩였다.

"오늘 운장 형님께서도 두 형수님을 모시고 이곳에 막 도착했소."

미축과 미방은 순간 표정이 어두워졌다.

"운장께선 이미 조조에게 항복한 것이 아니었습니까? 지금 와서 왜 두 형수님을 이곳에 모시고 온 것입니까?"

미축과 미방은 장비가 성을 낼까 두려워 더는 묻지 않았다. 장비는 이미 관우와 오해를 모두 푼 상태였다. 비록 '조조가 아닌 한에게 투항한다'라는 말이 여전히 이해되지 않았지만 그냥 그렇게 애매한 채로 넘겨버렸다.

뿔뿔이 흩어졌던 형제와 벗이 한자리에 모여 이야기꽃을 피우니 웃음소리가 떠나질 않았다. 그들은 돼지와 양을 잡아 반가운 해후를 자축했다. 관우는 목이 메어 차마 음식을 넘기지 못했다.

"형님 생각을 하니 음식이 차마 넘어가질 않는구나."

그러자 손건이 말했다.

"여남이 이곳에서 그리 멀지 않으니 내일이면 다 같이 현덕 공을 만나 뵐 수 있을 겁니다."

그런데 또 예상치 못한 일이 벌어졌다. 여남으로 갔던 유비가 다시 원소의 땅으로 되돌아가고 있었다. 본래 유벽과 공도의 힘을 빌려 자립하고자 원소를 떠난 것이었는데, 막상 여남에 와 보니 이들은 아무 힘도 없었다. 그동안 유비가 자신감을 가질 수 있었던 이유는 바로 만 명의 사내가 덤벼도 끄떡없는 두 형제가 곁에 존재했기 때문이다. 관우와 장비만 곁에 있어도 뭐든 다 할 수 있을 것만 같았다. 하지만 관우와 장비 없이 유벽과 공도 두 사람에게 의지해 무슨 큰일을 도모할 수 있단 말인가? 만약 지금 상황에서 원소에게 잘못 맞섰다 전쟁이라도 벌이게 되면 떼죽음을 당할 게 분명했다. 결국 유비는 고민 끝에 다시 기주冀州로 돌아갔다.

하지만 관우와 손건이 이런 사실을 알 리 만무했다. 역시나 두 사람은 여남에 가서 허탕만 치고 씁쓸하게 고성으로 돌아왔다. 장비는 자신이 기주로 가 유비를 데려오겠다고 말했지만 관우가 말렸다.

"비록 고성의 규모는 작으나 그래도 가장 안전한 곳임은 틀림없느니라. 절대 다른 이에게 내주어선 안 된다. 형님은 나와 손건이 찾으러 갈 테니 너는 이곳에 남아 성을 지키거라."

그러자 장비가 말했다.

"형님께선 원소가 아끼는 안량과 문추를 죽이지 않았소? 그래도 괜찮겠소?"

"상황을 살피며 움직일 것이니 걱정하지 말거라."

관우는 왜 꼭 혼자 가려 한 것일까? 장비가 유비를 맞으러 가더라도 성을 포기하는 건 아니질 않은가? 관우도 이 고성 정도는 지킬 능력이 있질 않은가? 관우가 이렇게까지 하는 데에는 그 만의 또 다른 이유가 있었다.

관우는 장비와의 해후에서 깨달은 것이 있다. 자신이 어떻게 생각하든 또 어떻게 해명을 하든 조조 진영에 머물렀던 시간, 특히 조조를 도와 안량과 문추를 베었던 사건은 앞으로도 도원결의를 맺은 형제들의 마음속에 찜찜함으로 남아있을 것이다. 겨우 장비를 설득시키긴 했지만 더 큰 난관은 바로 유비였다. 그도 그럴 것이 이전에 유비가 보낸 서신에서도 우려의 목소리가 강하게 느껴졌기 때문이다. 물론 당시 진진의 편에 회신을 보내긴 했지만 어쨌든 이 일은 얼굴을 보면서 해명해야만 했다. 더욱이 기주와 같이 산세가 험한 곳일수록 자신이 직접 찾아가 변치 않은 의리와 진심을 보여주어야 한다고 생각했다. 필요하다면 자신의 과오를 인정한 뒤 유비에게 용서를 구해야만 했다.

그리하여 관우, 손건은 유비를 만나러 길을 나섰다. 관우는 군사 수를 늘리기 위해 주창에게 와우산으로 가 배원소와 그의 무리를 불러올 것을 명령했다.

관우와 손건은 기주에 도착한 뒤, 의논 끝에 손건이 성으로 들어가 유비를 만나보기로 했다. 관우는 근처 장원으로 가 잠시 머물다 갈 것을 청했다. 장원의 지주는 관우와 동성으로 이름은 관정關定이었다. 그는 오래전부터 관우의 이름과 명성을 들어왔던 터라 관우를 매우 정중하게 대접했다.

손건은 기주성으로 들어가 몰래 유비를 만났다. 유비가 말했다.

"간옹簡雍도 지금 이곳에 와 있으니 비밀리에 불러 함께 빠져나갈 대책을 세우도록 하세."

그렇게 간옹까지 세 사람이 함께 모이게 되었다. 간옹은 자신이 생각한 방책을 말했다.

"주공께서는 내일 원소를 찾아가 형주荊州의 유표를 만나 함께 조조를 치는 것에 대해 설득하고 오겠다고 말씀하십시오. 주공께선 그 틈을 타 떠나시면 됩니다."

"그럼 자네는 어떻게 할 셈인가?"

그러자 간옹이 미소를 지으며 대답했다.

"저 역시 방법을 강구해 두었으니 그건 걱정하지 마십시오."

간옹은 유비를 따르는 인물 중 눈에 띄게 출중한 자는 아니었지만, 사람의 심리를 파악하는 것만큼은 원소 휘하의 그 어떤 책사들보다 뛰어났다.

이미 앞서 전풍, 저수 등 원소의 수많은 책사가 있었다. 비록 그들은 뛰어난 통찰력을 갖고 있었으나 설득의 기술에서만큼은 무지했다. 그리하여 매번 원소의 눈 밖에 났다. 반면 간옹이 유비에게 제안한 것은 분명 원소의 확답을 받아낼 수 있는 계획이었다. 왜냐하면 지금 원소의 최대 목표는 조조를 무너뜨리는 일이기 때문이다. 이렇게 상대방의 가장 절실함을 노려야만 원하는 것을 얻을 수 있다. 그럼 간옹은 어떤 방법을 써서 탈출하려는 것일까?

다음날, 유비는 원소를 찾아가 유표와 연합하여 조조를 칠 것을 제안했다. 원소가 말했다.

"나도 그 생각을 안 해본 건 아니네. 이전에 사자를 보내 손잡기를 청했으나, 별로 그럴 뜻이 없어 보였었네."

"명공께선 지켜보기만 하시지요. 나와 유표는 종친 관계이니 제가 가서 설득하면 분명 그러자고 할 것입니다."

원소는 얼굴에 화색을 띠며 그 즉시 유비의 말에 동의했다. 그런데 갑자기 원소가 심각한 표정으로 말을 꺼냈다.

"듣자 하니 자네의 형제인 관우가 이미 조조 곁을 떠났다고 하더군. 분명 자네를 찾아올 듯싶은데 난 그자를 죽여 안량과 문추의 한을 풀어주고 싶네."

그 말을 들은 원소 휘하의 문무대신들은 일제히 술렁거렸다. 순간 움찔한 유비는 곧바로 그의 말에 응수했다.

"안량과 문추가 두 마리 사슴이라면 운장은 한 마리 호랑이입니다. 두 사슴 대신 호랑이 한 마리를 얻는 게 훨씬 더 이득이 아니겠소? 운장을 내세워 조조를 친다면 이번에야말로 제대로 붙어볼 맛이 날 텐데 어찌하여 죽이려 하시오?"

유비는 원소의 약점이 '조조'란 사실을 진작부터 알고 있었다. 그래서 '조조'를 잘만 이용하면 어렵지 않게 원소를 설득할 수 있으리라 확신했다. 역시나 원소는 금세 표정을 바꿔 말했다.

"내가 관우 그자를 너무나도 아끼는 마음에 자네에게 농담한 걸세!"

아, 지금 그걸 농담이라고 하는 말인가? 원소의 이 농담 한마디는 그를 따르는 심복들의 충성에 찬물을 끼얹었을 뿐 아니라, 앞으로 새롭게 합류(어디까지나 관우가 정말 원소 진영에 합류하게 됐을 경우)할 관우에게도 경계심을 불러일으킬 말이었다.

흡족해하는 유비와 달리 원소 수하의 문무대신들은 기가 막히고 어이가 없었다. 안량과 문추는 하북의 최고 맹장이자 대장군이었다. 유비 그 작자의 말대로 안량과 문추가 사슴이라면, 자신들은 개돼지만도 못 하단 말인가! 더 열 받는 것은 원소였다. 어쩜 이렇게 어리석고 사리에 어두울 수 있을까? 유비가 늘어놓는 궤변은 귀담아들으면서 어찌 충신들의 간언은 깡그리 무시한단 말인가!

사실 원소의 책사 중에는 훌륭한 지략과 통찰력을 갖춘 자들이 적지 않았다. 마음 같아서는 유비의 속내를 까발리고 싶지만, 앞서 전풍과 저수의 일(최악의 본보기)로 유비의 임기응변 능력이 만만치 않다는 것을 겪은 터라 다들 입을 굳게 닫아버렸다. 결국, 유비가 있는 자리에선 아무도 강력하게 간언을 올리지 않으니 원소는 자연스럽게 유비의 손에 놀아나게 되었다.

◈ 심리학으로 들여다보기

농담의 수준을 보면 그 사람의 인간관계 수준을 알 수 있다. 가벼운 농담이라고 함부로 해서는 안 되며 장난처럼 하는 말에 상대가 상처받을 수 있다는 점을 기억하자. 천박한 농담을 하는 사람은 재치있거나 유머러스한 사람이 아니라 정확히 그 수준의 인격을 가진 사람이다.

눈물은 상대의 마음을 움직이는 최고의 윤활제다

원소의 책사들이 하나같이 입을 다물고 있자 간옹이 일어나 말했다.

"주공, 소인이 볼 땐 유비 그자는 이곳저곳을 옮겨 다니는 것에 익숙해진 자라 이번에 가면 분명 다시 돌아오지 않을 것입니다."

이 무슨 엉뚱한 말인가? 어제까지만 해도 배짱 좋게 유비에게 유표를 설득하러 간다는 명목으로 도망치라 해놓고 이제 와 왜 유비를 험담하는 것일까? 원소는 속으로 생각했다.

'간옹은 이전에도 유비와 함께 어울리던 자이니 유비가 어떤 자인지도 잘 알고 있겠지.'

원소가 말했다.

"그럼 어떻게 하는 게 좋겠는가?"

"제게 좋은 방법이 하나 있습니다. 제가 유비를 따라가 유표와 연합을 성사시키겠습니다. 그리고 제가 곁에서 유비를 감시하면서 조금이라도 이상한 낌새가 보이면 주공께 이를 알려드리겠습니다."

원소는 간옹의 말을 들은 뒤 매우 흡족해하며 연신 감탄사를 내뱉었다. 말 한마디가 사람을 이렇게 달라 보이게 만들다니! 사실 간옹의 말에는 굉장히 치밀하고도 특별한 설득 방법이 숨어 있다.

간옹의 말이 바로 '상반된 입장'에서 말하는 것이다. '상반된 입장'이란 화자가 주장이 화자 본인의 이익과 완전히 상반되는 것을 의미한다. 일반적으로 사람들은 자신의 이익을 고수하는데 이것은 지극히 정상적인 반응이다. 하지만 이런 식의 화법은 설득력이 확연히 떨어질 수밖에 없다. 왜냐하면 이기적으로 보이기 쉽기 때문이다. 하지만 당신의 주장이 자신의 이익과 전혀 무관할 경우 상황은 크게 달라진다. 사람들의 눈에 당신은 객관적이고 공정하며 심지어 상대방의 입장을 생각해 주는 사람으로 보인다. 당연히 이러한 목소리에 더 설득력이 실리게 된다.

간옹은 유비와 오랜 시간을 함께한 유비의 사람이다. 사람들은 자연스럽게 그와 유비는 한통속이니 둘의 입장도 같을 것으로 본다. 만약 간옹이 유표를 설득하러 간다는 명목으로 유비를 따라가겠다고 말했다면, 아무리 멍청한 원소라도 그의 의도를 의심했을 것이다. 하지만 간옹은 처음부터 유비의 흠을 꼬집으며 유비와 관계에 명확한 선을 그은 다음 원소의 편에 섰다. 여기에 한술 더 떠 자신이 유비의 행동을 감시하겠다고 말하며 더욱더 원소의 편에 선 듯 행동했다. 이렇게 고도로 계산된 꼼수에 어떻게 원소가 넘어가지 않겠는가?

간옹은 흐뭇한 표정을 지으며 자리를 떠난 뒤 유비와 함께 형주로 출발했다. 그 모습을 본 곽도는 끓어오르는 화를 주체할 수 없었다.

'만약 아무 간언도 올리지 않으면 분명 간옹 저자가 원소 밑에는 사람이 없다고 여길 것이다.'

이런 생각이 들자 곽도는 자리에서 일어나 말을 꺼냈다.

"주공, 이번에 유비와 간옹을 함께 보내면 분명 둘 다 돌아오지 않을 것입니다."

그러자 원소는 탐탁지 않은 듯 눈살을 찌푸렸다.

'무엇인들 맘에 들겠느냐? 고작 한다는 것이 남이 했던 말이나 따라 하는 것이라니!'

원소는 그 자리에서 곽도의 말을 잘라버렸다.

"의심이 지나치시구려. 간옹도 다 생각이 있을 것이네."

보통 책사는 주인이 자신의 의견을 내칠 때 어떻게 해서든 설득을 시키려고 노력한다. 하지만 이번에 곽도는 현실적인 처사를 택했다. 전풍과 같은 신세가 되는 건 싫었기 때문이다. 그는 애매하게 몇 마디 대답만 한 뒤 곧장 자리에서 물러났다.

그 시각, 유비는 손건과 간옹을 데리고 급히 성을 벗어나 관우를 만나러 갔다. 하염없이 흐르는 눈물이 모든 것을 말해 주듯 형제의 재회에는 그 어떤 해명도 어떤 변명도 필요치 않았다. 눈물이 모든 억울함을 씻어주었고 모든 잘못을 감싸 안아 주었다.

유비와 관우는 눈물의 해후를 한 뒤, 관정이 데려온 그의 두 아들과 인사를 나눴다. 관정의 차남인 관평關平은 평소 무예를 좋아했는데, 관우를 만나기 전부터 그에게 존경심을 갖고 있어 부친에게 청을 하여 함께 따라온 것이다.

열여덟 나이에 기개와 배포가 있는 관평의 모습(외모의 흡입력)을 본 유비는 관우가 아직 혼례를 치르지 않아 슬하에 자녀가 없는 점을 들어 관평을 양자로 들이는 것이 어떻겠냐고 제안했다. 관정은 이처럼 위대한 영웅과 마주하고 있는 것만으로도 기뻐했다. 그리고 곧바로 관평에게 절을 시킨 뒤 관우를 아버지로, 유비를 큰아버지로 모시도록 했다. 유비는 원소가 곧 자신의 계획을 알아차릴까 걱정되어 서둘러 일행들과 함께 기주를 떠나 고성으로 향했다.

유비 일행이 와우산을 지나치던 중 주창이 수십 명의 수하를 이끌고 나타났다. 관우는 어떻게 된 일인지 물었다.

사정은 이러했다. 배원소가 와우산에 머물고 있는데 하루는 어떤 사람이 말을 타고 지나갔다. 배원소가 말을 약탈하려다 오히려 그 사람의 창에 찔려 죽게 되었다. 그리고 그 사람이 지금 산을 통째로 점거해 버렸다. 주창은 관우의 명을 받고 병사를 소집하러 가다 이 광경을 보게 되었고, 이를 보고만 있을 수 없어 그 사람과 몇 번이나 맞서 싸웠다. 하지만 결과는 주창의 참패였다. 하는 수 없이 몇몇 충직한 부하들만 겨우 데리고 올 수밖에 없었다. 남은 부하들은 그 사람의 위협이 두려워 감히 따라나서지 못했다.

주창의 말에 분노한 관우는 곧장 말을 타고 와우산으로 달려갔다. 그 뒤를 주창이 바짝 뒤쫓았다.

유비가 말고삐를 당겨 산에서 내려가는 순간, 그의 눈에 들어온 것은 다름 아닌 조자룡趙子龍이었다. 유비와 조자룡이 그 자리에서 두 손을 맞잡고 기뻐하니 주창은 한쪽에서 시무룩하게 홀로 자신의 형제 배원소의 죽음만 안타까워했다.

유비는 조자룡에게 그간의 일들을 자세히 물었다. 조운은 하북의 진정眞定 사람이다. 처음에는 원소의 밑에 있었는데, 그의 무능함을 보고 공손찬公孫瓚에게 충성을 맹세했다. 이후 원소가 공손찬을 공격했을 때 조운은 문추와 수십 합을 싸운 끝에(관우가 문추를 단칼에 벤 것이 얼마나 운이 좋았던 것인지 알 수 있다) 공손찬을 구해냈다.

조운은 일찍이 유비, 관우, 장비와도 서로 친분이 있는 사이였다. 후에 공손찬은 원소와의 전투에서 패배한 뒤 자살했고, 원소는 조운에게 여러 차례 자신의 밑으로 들어올 것을 제안했다. 하지만 이미 한 번 주인을 잘못 만난 조운은 더는 같은 실수를 반복해선 안 된다고 생각하여 끝까지 원소의 제안을 거절했다. 조운은 유비를 알게 된 후 줄곧 존경해 왔다. 유비 역시 일찍이 조운을 자신의 사람으로 만들고 싶어 했지만, 당시 조운은 공손찬의 사람이었다. 공손찬이 지략은 부족해도 조운을 무척이나 아꼈기에 조운으로선 아무 이유 없이 떠날 수가 없었다. 결국, 유비는 조운에 대한 마음을 접을 수밖에 없었다.

조운이 자유의 몸이 되었다는 것을 알게 된 유비는 하늘이 자신을 도운 것으로 생각했다. 사람들은 항상 유비가 운이 좋은 사람이라고 부러워했다. 관우, 장비, 조운과 같이 다른 사람은 아무리 원해도 가질 수 없는 최고의 명장을 아무 힘도 들이지 않고 얻은 데다, 그들 모두 유비에게 강직한 충성심까지 갖고 있었다. 하지만 운은 그저 운일 뿐이다. 만약 유비에게 사람과 사람 간의 친밀한 관계를 만드는 재주가 없었더라면 관우, 장비, 조자룡과 같은 당대 호걸들이 그를 위해 목숨을 바치고 충성을 맹세할 일도 없었을 것이다.

진로 선택에 대한 조운의 가치관 또한 굉장히 본받을 만하다. 그의 능력 정도라면 어디를 가도 좋은 대접을 받았을 것이다. 이전에 유비가 공손찬에게서 조운을 빼어오려 할 때, 조운도 유비를 따르고 싶었다. 하지만 그러지 못해 공손찬이 돌이킬 수 없는 선택으로 패망할 때까지 곁에 남아있었다. 조운이 반면교사로 삼은 자는 바로 여포였다. 여포 역시 타고난 무장이었으나 주인에 대한 충성심이 부족했던 탓에 잦은 배신을 일삼았다. 그의 이런 행동은 결국 스스로 명을 단축하는 결과를 낳았다.

진로의 선택 역시 약속이므로 '약속의 일치' 원칙을 따라야 한다. 이 점에서 조운이 보여준 행동은 전혀 흠잡을 것 없이 완벽했다. 조운의 이야기를 들은 관우는 자신의 지난 과거와 비교하며 부끄러워했다.

유비는 관우, 조운, 주창, 손건, 간옹을 데리고 고성으로 돌아오니 장비, 미축, 미방이 이들을 맞이했다. 조조와의 전투에서 패한 후 뿔뿔이 흩어졌던 형제들이 다시 모이고 여기에 조운, 주창, 관평까지 합류하게 되니 유비는 오랜 가뭄 끝에 단비를 만난 것처럼 새로운 희망과 의지가 샘솟았다.

유비와 형제들은 논의 끝에 고성을 포기하고 여남으로 가 유벽과 공도와 힘을 합친 뒤, 여남을 재기의 발판으로 삼기로 했다. 유벽과 공도는 자신들을 떠났던 이들이 다시 돌아오자 적극 환영했다.

한편, 원소는 유비가 약속을 어기고 돌아오지 않자 속았음을 깨닫고 크게 분노하여 곧바로 거병을 명령했다. 이때 곽도가 일어섰다. 원소는 곽도를 쳐다보며 생각했다.

'지난번 네놈이 내게 일러주긴 했지만, 그렇다 하여 주제도 모르고 나를 비웃는다면 당장 네놈의 머리통부터 날려버릴 것이다!'

원소 휘하의 책사들은 다들 비슷한 말로를 겪었다. 우선 간언을 올리면 원소가 그들의 말을 듣지 않았다. 그리고 원소가 실패하면 그때 책사가 나서서 '그것 봐라. 지난번에 내 말을 듣지 않더니 결국 이 꼴이 되지 않았냐'라는 식의 말을 꺼냈다. 가장 대표적인 예가 전풍이다.

하지만 곽도는 이미 설득의 중요한 두 가지 기술을 터득했기에 어리석은 행동으로 원소의 심기를 건드리지 않았다.

곽도의 스승은 다른 누구도 아닌 유비와 간옹이었다. 그가 터득한 두 가지 기술 중 첫 번째는 바로 '상반된 입장'이다. 원래대로라면 곽도는 자신의 말을 듣지 않은 원소의 우둔한 결정을 지적했을 것이다. 하지만 이번엔 전혀 자신의 말이 맞았다는 식의 목소리를 내지 않았다. 이는 곧 자기 입장과 상반되는 행동으로, 역시나 간옹과 마찬가지로 곽도는 원소의 신뢰를 얻는 데 성공했다.

두 번째는 '지금 가장 원하는 것'을 공략하는 기술이다. 현재 원소가 가장 원하는 것은 조조를 무너뜨리는 것이다. 원소는 조조를 무너뜨릴 수 있는 계책이라면 그게 무엇이든지 수용하고 그 반대는 모두 내쳐버렸다. 바로 이것이 유비가 자주 사용하는 처세법이다. 이렇게 유비와 간옹, 두 스승이 몸소 보여준 가르침 덕분에 빠른 학습능력을 갖춘 곽도는 원소를 설득하는 비법을 터득했던 것이다. 곽도가 말했다.

"유비 그자가 무엇을 할 수 있겠습니까? 그가 데려간 병력도 고작 3백에서 5백에 불과하니 염려할 가치도 없습니다. 그보다도 조조야말로 반드시 제거해야 하는 우리의 강적입니다. 비록 유표가 형주荊州를 차지하고 있다 하나 세력이 약하고 무능하여 함께 일을 도모할 만한 자가 아닙니다. 강동江東의 손책孫策은 삼강三江 일대의 여섯 개 군郡을 장악하고 있는 데다 그의 밑에는 책사와 무사가 많이 있으니 반드시 손책과 손을 잡고 조조를 치셔야 합니다."

정말 빈틈없는 설득이었다. 한마디로 정리하면 '유비는 신경 쓸 만한 존재도 안 되며 유표는 너무 무능하다'라는 말이다. 사실 이 말은 원소의 어리석었던 실수를 그럴듯하게 포장하여 에둘러 표현한 것뿐이다. 하지만 결론적으로 이 한마디는 원소가 들키고 싶지 않은 내면의 모순을 단번에 해소시켜 주었으니 원소의 입장에선 속이 한결 후련해졌을 것이다. 또한, 곽도는 원소가 가장 목말라 하는 것, 바로 '조조'라는 라이벌을 해결하기 위한 새로운 방법을 강구해 원소에게 의사결정의 기회를 주었다. 원소는 당연히 그의 말에 동의했다.

원소는 그 자리에서 바로 서신을 쓴 뒤 진진에게 강동으로 가 손책을 만나도록 명령했다. 진진은 이전에도 관우에게 서신을 전하러 간 적이 있다. 윗사람의 기억력이 늘 나쁜 것만은 아니다.

'지난번에 네가 갔으니 이번에도 네가 가거라. 물론 다음에도 네가 가야겠지만!'

◈ **심리학으로 들여다보기**

문은 앞쪽에만 있지 않다. 뒷문으로도 얼마든지 들어갈 수 있다. 하나의 길만 보지 말고 한 방향에 집착하지 말자. 여러 각도에서 보고, 생각하는 열린 사고가 필요하다. 시시각각 변화하는 문화와 사회는 누군가의 혁신적인 도전에 기대를 건다.